W0176990

LEGENDÄRE
EISENBAHN
STRECKEN

© 2015 Fackelträger Verlag GmbH, Köln

Emil-Hoffmann-Straße 1

D-50996 Köln

Alle Rechte der Verbreitung, auch durch Film, Funk, Fernsehen, fotomechanische Wiedergabe, Tonträger aller Art, auszugs-

weisen Nachdruck oder Einspeicherung und Rückgewinnung in Datenverarbeitungsanlagen aller Art, sind vorbehalten.

Die Inhalte dieses Buches sind von Autoren und Verlag sorgfältig erwogen und geprüft, dennoch kann eine Garantie nicht

übernommen werden. Eine Haftung von Autoren und Verlag für Personen-, Sach- und Vermögensschäden ist ausgeschlossen.

Autoren: Rudi Meyer und Emil Turner

Satz und Gestaltung: e.s.n Agentur für Produktion und Werbung GmbH

Gesamtherstellung: Fackelträger Verlag GmbH, Köln

ISBN 978-3-7716-4619-6

Printed in Poland

www.fackeltraeger-verlag.de

LEGENDÄRE EISENBAHN STRECKEN

Rudi Meyer und Emil Turner

INHALT

EISENBAHNSTRECKEN ASIENS 214

EISENBAHNSTRECKEN NORD- UND SÜDAMERIKAS 282

REGISTER 316

BILDNACHWEIS 319

» Man reist ja nicht um anzukommen,

sondern um zu reisen. «

Johann Wolfgang von Goethe (1749–1832)

EINLEITUNG

Schneebedeckte Berggipfel leuchten durch Zirbelkiefern hindurch, knallrote Klatschmohnblüten im Gerstenfeld, eine einsame Forsthütte an einem stillen See, ein Bauer auf einem Esel, sein fremdländisches langes Gewand ist bis zu den Knien emporgeschoben, eine kleine Prozession auf dem Weg zur Kirche, enge Straßen zwischen Häuserschluchten – es sind solch ungezählte Momentaufnahmen, die den Reiz einer Reise mit der Eisenbahn ausmachen. Wie schnell durchblätterte Fotografien reihen sich die Bilder aneinander, Siedlungen, Menschen, Landschaften – Eisenbahnfahren gleicht dem Blick durch ein Kaleidoskop. Formen und Farben fügen sich zu Bildern zusammen, beflügeln die Fantasie und öffnen den Geist.

Die Bahnstationen von Alp Grüm an der Berninalinie von St. Moritz nach Tirano.

Eine Fahrt mit der Eisenbahn ist daher Reisen im besten Sinne: Denn zum Reisen gehört auch der Weg selbst, nicht nur das Ziel. Ein Weg, der aller Bewegung und allem Vorankommen zum Trotz erst einmal zum Ausruhen einlädt, durch die neuen Eindrücke den Geist gleichsam anregt und zur Ruhe kommen lässt. Bahnreisen stimmen atmosphärisch auf das Ziel ein, wecken die Neugierde auf das, was noch kommen mag. Das gilt für mehrstündige bis mehrtägige Fahrten mit regulären Linienzügen, die tatsächlich das Erreichen eines Ziels zum Zweck haben, ebenso wie für lange Reisen mit speziellen Touristenzügen, bei denen der Weg bereits das Ziel ist.

Und dennoch unterscheiden sich die beiden genannten Bahnreisearten voneinander: Erstere sind noch ein wirkliches Abenteuer, gerade dann, wenn man über mehrere Tage hinweg unterwegs ist. Im Linienzug geht es durch Gebirge, durch Täler und Ebenen, man quert Flüsse und durchfährt Tunnel und Städte. Draußen vor den Fenstern spielt sich Ähnliches ab wie bei einem Touristenzug; doch im Innern ist es anders. Die Mitreisenden sind nicht ausschließlich Urlauber, sondern vielleicht Geschäftsleute, die das Fliegen nicht mögen, oder Einheimische, die bereits an der nächsten Station aussteigen. Auf solchen Reisen kommt man mit dem Land oder den Ländern, die man durchfährt, in Kontakt. Der Preis, den man dafür zahlt: Komfort. Der kann – abhängig von dem durchfahrenen Land und der Betreibergesellschaft – recht dürftig sein.

Die legendären Touristenzüge dagegen lassen meist keinerlei Komfort vermissen, sie gleichen rollenden 5-Sterne-Hotels. Und sie sind in der Regel etwas für Nostalgiker, denn sie fahren nicht nur durch Länder und Regionen, sondern meist auch in vergangene Zeiten. Gern im Stil der First-Class-Züge aus den 1920er-Jahren gehalten, bewegen sie sich auf den Spuren des Kolonialismus und zeigen Reiserouten in einer wundersamen Art und Weise, wie sie längst nicht mehr existieren.

Doch unabhängig von der Wahl des Zuges: Eisenbahnreisen bieten etwas, das den meisten Menschen abhandengekommen ist: Muße und die Möglichkeit, in aller Ruhe zu genießen.

EISENBAHNSTRECKEN

EUROPAS

BELMOND ROYAL SCOTSMAN

In fünf Tagen durch die schottischen Highlands

Er gilt zu Recht als einer der nobelsten und exquisitesten Züge weltweit: der Belmond Royal Scotsman. Mit ihm zu reisen heißt, der Weg ist das Ziel.

Kein Verkehrsmittel des britischen Königreichs bietet eine exklusivere Art, die schottischen Highlands zu erkunden, als der majestätische Salonzug Belmond Royal Scotsman, der 1985 seine erste Fahrt unternahm. Allein die geringe Anzahl von nur 36 Gästen zeugt von der Erlesenheit dieser Luxusreise auf Schienen, die in fünf Tagen in gemächlichem Tempo durch Schottland führt und dabei alles erschließt, was diese Region gleichermaßen einzigartig wie unvergesslich macht: die wilde Schönheit der Highlands mit ihren geheimnisvollen Seen und Burgen, weltbekannten Whiskydestillerien und prächtigen Herrenhäusern einerseits und die liebenswerten Ortschaften wie Keith, Dingwall oder Boat of Garten andererseits, wo sich die Reisegäste von der Herzlichkeit und Gastfreundschaft der Schotten überzeugen können.

DATEN UND FAKTEN

Strecke: von Edinburgh durch die schottischen Highlands bis nach Kyle of Lochalsh und über Inverness und Aviemore zurück zum Ausgangspunkt

Streckenlänge: rund 950 Kilometer

Wichtigste Stationen: Edinburgh, Aberdeen, Keith, Inverness, Muir of Ord, Kyle of Lochalsh, Inverness, Carrbridge, Boat of Garten, Perth

Fahrtdauer: 5 Tage

Spurweite: Normalspur

Ausstattung: Zwei Speisewagen, fünf Schlafwagen sowie ein „Observation Car" mit Bar und offener Veranda. Der Zug wird von einer diesel-elektrischen Lokomotive der British Rail Class 47 gezogen.

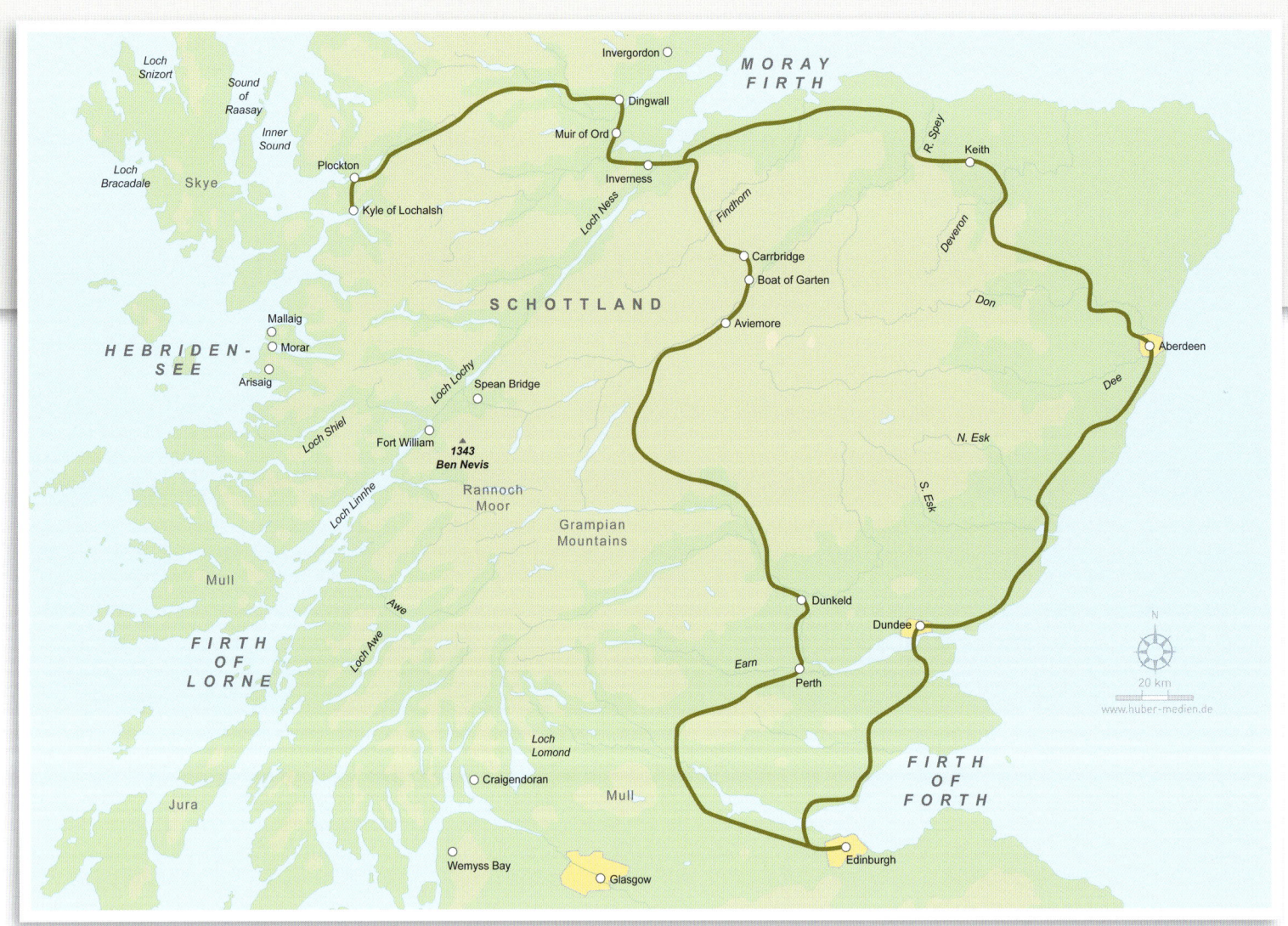

Gleich zwei Züge mit dem Namen „Scotsman" befahren das Schienennetz des britischen König-reichs, doch bereits die Namenszusätze verraten sehr viel über die Welten, die zwischen den beiden Transportmitteln liegen. Während der Flying Scotsman täglich die Strecke zwischen der englischen und der schottischen Hauptstadt zurücklegt und als normaler Personenzug im Einsatz ist, kann sich der Belmond Royal Scotsman rühmen, als einer der nobelsten Züge der Welt nur zu wenigen Anlässen und außerhalb der Wintermonate zu fahren. Der einzige Berührungspunkt zwischen diesen ungleichen Zügen ist die Edinburgh Waverley Station: An diesem Bahnhof beendet der von London kommende Flying Scotsman nach rund 4,5 Stunden seine Fahrt, während genau hier für die 36 Reisegäste des Belmond Royal Scotsman eine unvergessliche Reise ins schottische Hochland erst beginnt.

Mit dem Belmond Royal Scotsman begibt man sich auf eine unvergleichliche Reise durch die schottischen Highlands.

TAG 1: VON EDINBURGH NACH KEITH

Nach dem Empfang der Reisegäste in der First Class Lounge der Edinburgh Waverley Station und der Zuteilung der Schlafkabinen verlässt der Belmond Royal Scotsman am späten Mittag den Bahnhof der schottischen Hauptstadt und führt mit nordwestlichem Kurs auf South Queensferry zu, wo er den Meeresarm Firth of Forth auf einer der weltweit spektakulärsten Eisenbahnbrücken – der Forth Bridge – überquert. Die 2,5 Kilometer lange Auslegerbrücke aus dem Jahr 1890 beeindruckt durch ihre ma-ximalen Spannweiten von 521 Metern und ihre rautenförmigen Fachwerkträger, die einen Großteil der insgesamt 54 000 Tonnen Stahl in Anspruch nehmen, die in der Brücke verbaut sind. Um jegliche Behinderungen des Schiffsverkehrs auf dem Meeresarm zu vermeiden, verläuft die Bahntrasse 50 Meter über dem Meeresspiegel. Dies gewährt selbst großen Schiffen die freie Durchfahrt unter der Brücke und den Reisenden einen fantastischen Ausblick auf die beeindruckende Landschaft, die parallel verlaufende Forth Road Bridge und die neu errichtete Queensferry Bridge.

Am anderen Ende des Ufers taucht der Zug in das Verwaltungsgebiet Fife ein, das mit Kirkcaldy, Leven, Anstruther und St. Andrews über wunderschöne Küstenorte verfügt, wobei insbesondere St. Andrews als Heimat des Golfsports durchaus Berühmtheit erlangt hat. Über Cupar erreicht der Belmond Royal Scotsman den nächsten Meeresarm: den Firth of Tay. Genau hier ereignete sich im Dezember 1879 einer der schlimmsten Unfälle der Eisenbahngeschichte, als bei einem Sturm ein Zug mit 75 Personen von der Brücke gefegt wurde und ins Wasser stürzte. Dreieinhalb Jahre nach dem Unglück begannen die Bauarbeiten an der neuen zweigleisigen Brücke, die heute neben den zum Teil sichtbaren Resten der eingestürzten Brücke verläuft und mit einer Gesamtlänge von 3264 Metern beeindruckende Ausmaße annimmt.

Während die Passagiere in den Genuss einer ersten Teezeremonie kommen, behält der Belmond Royal Scotsman seinen nördlichen Kurs bei und führt mitunter in direkter Nähe zur Küstenlinie an reizenden Ortschaften wie Arbroath oder Stonehaven vorbei und überschreitet dabei eine geologisch hochinteressante Grenze: die Highland Boundary Fault. Diese tektonische Verwerfung, die von Stonehaven in südwestli-

cher Linie bis zum Firth of Clyde verläuft, bildet die geologische Trennlinie zwischen den Lowlands und den Highlands, die durch den Great Glen Fault wiederum in die östlich liegenden Grampian Mountains und die Northwest Highlands geteilt werden.

Eine markante Landschaftsveränderung stellt sich hinter Stonehaven nicht ein; der Zug folgt weiter der Küstenlinie und erreicht Aberdeen. Die 215 000-Einwohner-Stadt hat eine bewegte Geschichte hinter sich: Ob Fischfang, Granitabbau, Textil- und Papierindustrie oder Schiffsbau – für all diese Wirtschaftszweige war Aberdeen einst berühmt, doch sie alle erlebten in unterschiedlichen Phasen

Die imposante Eisenbahnbrücke über den Firth of Forth stellt die wichtigste Verbindung zwischen Edinburgh und der Halbinsel Fife dar und führt die Reisenden von Süden in die im Norden liegenden Highlands von Schottland.

Die hohe Kunst des Reisens. Mit keinem anderen Verkehrsmittel lassen sich die schottischen Highlands auf vergleichbar exklusive und atemberaubende Art und Weise erkunden wie mit dem majestätischen Belmond Royal Scotsman.

Vorbei an pittoresken Naturkulissen führt die fünftägige Fahrt des Belmond Royal Scotsman von den Lowlands durch die Northwest Highlands bis an die Westküste Schottlands.

der Geschichte ihren Niedergang. Neue ökonomische Grundpfeiler der Stadt sind heute die Erdölindustrie, die auf die reichen Vorkommen in der Nordsee zurückgreift, und mit wachsender Tendenz auch der Tourismus. Immer mehr Menschen besuchen die „Silver City", die sich je nach Lichteinfall aufgrund ihrer aus Granit erbauten Gebäude in eine funkelnde Stadt verwandelt – nicht die einzige Sehenswürdigkeit der Küstenstadt, die zudem mit exquisiten Golfplätzen aufwarten kann.

Hinter Aberdeen entfernt sich der Belmond Royal Scotsman von der Nordseeküste, folgt der Strecke Richtung Inverness und erreicht nach rund 90 Kilometern die 4500-Einwohner-Kleinstadt Keith. Hier ruht der royale Zug bis zum nächsten Morgen und mit ihm die 36 Gäste, die nach einem Tag voller Eindrücke und einem erlesenen Abendessen an Bord die erste Nacht in den vornehmen Schlafkabinen verbringen.

TAG 2: VON KEITH NACH KYLE OF LOCHALSH

Die Ortschaft Keith liegt gut 10 Kilometer östlich des River Spey, den der Belmond Royal Scotsman gleich zu Beginn der zweiten Tagesetappe überquert. Der Fluss ist Namensgeber für die sogenannte Speyside, eine Region mit etwa 50 Whiskydestillerien, deren Produkte weltweit in aller Munde sind. „Glenfiddich", einer der bekanntesten Single Malts überhaupt, wird hier ebenso abgefüllt wie die Malts der Brennerei „The Glenlivet", die als erste Destillerie des Landes eine offizielle Brennlizenz von der britischen Regierung erhielt und ihre hochprozentigen Getränke damit ganz legal vertreiben durfte. Auch die Gäste des Belmond Royal Scotsman kommen an Tag 2 ihrer Reise in den Genuss von Schottlands berühmtestem Produkt, denn der Zug hält nach Passieren von Inverness, das auf dem Rückweg ein weiteres Mal angesteuert wird, für einen Zwischenstopp in Muir of Ord, wo die Single-Malt-Brennerei „Glen Ord" besichtigt werden kann. Mit einer Produktion von derzeit 5 Millionen Litern pro Jahr, die aufgrund der steigenden Nachfrage jedoch in den nächsten Jahren auf bis zu 11 Millionen Liter gesteigert werden soll, zählt die Destillerie aus dem Jahr 1838 zu einer der größten des Landes.

Die etwa 110 Kilometer lange Zugstrecke, die im Anschluss an den Brennerei-Ausflug zurückgelegt wird, darf ohne jeden Zweifel als einer der schönsten Abschnitte der fünftägigen Reise, aber auch des gesamten Streckennetzes in Großbritannien bezeichnet werden. Der Zug bewegt sich nun in den Northwest Highlands. Die Landschaft wird rauer, ursprünglicher. Obwohl die Region von den positiven Effekten des warmen Golfstroms profitiert, sorgen hohe Niederschläge, Kälteeinbrüche und Stürme dafür, dass dieser Teil Schottlands kaum landwirtschaftlich genutzt wird. Die menschenleeren Heideflächen und kargen Berglandschaften, die das Bild der Highlands bestimmen und für die sich Schottlandbesucher so sehr begeistern können, sind jedoch nicht allein erschwerten Lebensbedingungen aufgrund klimatischer Umstände geschuldet. Ende des 18. Jahrhunderts setzte das ein, was später als „Highland Clearances" bezeichnet wurde und eines der dunkelsten Kapitel in der Geschichte des Landes beschreibt. Nachdem das Clanwesen durch einen Parlamentsbeschluss 1745 verboten worden war und die Ländereien in den Highlands an englische Verwalter oder königstreue Clanchiefs übergeben wurden, entdeckten diese neue Nutzungsmöglichkeiten der weiträumigen Landschaft. Mit einer wachsenden Textilindustrie stieg zugleich die Nachfrage nach Wolle, und schnell entdeckten die Landbesitzer, dass mit Schafzucht weit mehr Geld zu verdienen sei als mit den Pachten aus der traditionellen Landwirtschaft. Die ansässigen Bauern wurden gezwungen, ihre Heimat zu verlassen. Sie gingen nach England oder an die Ostküste Schottlands, um im Industriesektor als Arbeiter ein Auskommen zu finden, oder wanderten nach Amerika aus. Im Zuge dieser „Umstrukturierungsmaßnahmen", die faktisch einer ethnischen Säuberung gleichkamen, wurden das schottische Clanwesen endgültig zerstört und die Highlands weitgehend entvölkert. Mancherorts zeugen Steinruinen von der jahrhundertelangen Besiedlung und von der Vertreibung der einst hier ansässigen schottischen Clans.

Der Belmond Royal Scotsman führt in Ufernähe vorbei an den hintereinanderliegenden Seen Garve, Luiachart, a'Chuilinn und Achanalt und erschließt damit vier der insgesamt über 30 000 meist lang gestreckten und durch abziehende Gletscher entstandenen Seen, die in Schottland die Bezeichnung „Loch" tragen. Während die Bahntrasse parallel zum Fluss Bran auf einem Höhenniveau von rund 150 Metern verläuft, erhebt sich zur Rechten die Gebirgskette der Fannichs, deren höchster Gipfel der Sgürr Mòr mit 1100 Metern ist. Der in vielen Monaten des Jahres schneebedeckte Sgürr Mòr gehört zu einem der insgesamt 282 „Munros", also Bergen mit einer Höhe über 3000 Fuß (das entspricht 914,4 Metern) und einem – nur unscharf definierten – „eigenständigen" Berggipfel. Sir Hugh Munro prägte diesen Begriff und wurde damit zum Begründer eines schottischen Volkssports, der heute als „Munro-Bagging" von vielen Tausend Menschen betrieben wird und dessen Ziel es ist, möglichst alle Munros des Landes zu besteigen.

Eine der meistfotografierten Sehenswürdigkeiten Schottlands: Eilean Donan Castle im Loch Duich.

Eingerahmt von den Berggipfeln des Creag Dhubh Mhor zur Linken (612 Meter) und dem Sgurr a'Gharaidh zur Rechten (732 Meter) erreicht der Zug Loch Carron, wo der gleichnamige Fluss in den Nordatlantik

mündet. Hier wird der Blick freigegeben auf die dramatische Küstenlandschaft der Northwest Highlands, die sich durch weit ins Land dringende Fjorde und hohe, mitunter senkrecht abfallende Felsenklippen auszeichnet. Im kleinen Fischerort Plockton macht der Zug Halt: Hier bietet sich die Gelegenheit zu einer Bootstour, die zu kleinen Inseln führt, auf denen Seehunde leben.

Doch noch hat der Belmond Royal Scotsman das Ziel der zweiten Tagesetappe nicht erreicht: Entlang der beeindruckenden Küste geht es knapp 10 Kilometer weiter bis Kyle of Lochalsh. Seit 1995 ist dieser Endpunkt der Eisenbahnroute durch die 500 Meter lange Skye Bridge mit der Hebrideninsel Skye verbunden. Mit Blick auf die berühmte Insel klingt der zweite Tag der Reise aus.

TAG 3: VON KYLE OF LOCHALSH NACH BOAT OF GARTEN

Kaum einer der Reisenden lässt sich nach einem Frühstück an Bord des Belmond Royal Scotsman die Möglichkeit auf einen ganz besonderen Ausflug entgehen. Der Reisebus, der den Zug die ganzen fünf Tage über begleitet, bringt die Gäste rund 13 Kilometer gen Osten in die winzige Ortschaft Dornie. Hier liegt Eilean Donan Castle, eine der meistfotografierten Sehenswürdigkeiten Schottlands. Warum das so ist, erschließt sich Besuchern auf den ersten Blick: Auf einer kleinen Landzunge gelegen und über eine steinerne Bogenbrücke mit dem Festland verbunden, erhebt sich die Burganlage Eilean Donan Castle wie in einer Filmkulisse aus dem schimmernden Wasser des Loch Duich und wird dabei von den Hügeln der umliegenden Berge gerahmt. Kein Wunder, dass das Burgensemble, dessen Ursprünge ins 13. Jahrhundert zurückreichen, als Kulisse in zahlreichen Filmen diente, so auch in dem berühmten Film „Highlander" mit Christopher Lambert oder dem James-Bond-Film „Die Welt ist nicht genug".

Zurück im gewohnten Komfort des Belmond Royal Scotsman, führt dieser wieder nach Inverness. Die 55 000-Einwohner-Stadt, die als Tor in die Highlands bezeichnet wird, ist in geologischer Hinsicht von großer Bedeutung, liegt sie doch exakt auf der Great Glen Fault, also jener tektonischen Bruchlinie, die die Northwest Highlands von den Grampion Mountains trennt. Die nachhaltigsten landschaftlichen Gestaltungsprozesse Schottlands gingen von der letzten Eiszeit aus, die vor rund 10 000 Jahren ihr Ende fand. Riesige Gletscher, die gewaltige Geröllmassen vor und unter sich her bewegten, türmten lockeres Material zu lang gestreckten Hügeln, sogenannten Drumlins auf, die an die Form eines Walfischrückens erinnern; sie schufen auf Berggipfeln schüsselförmige Kare und höhlten Täler aus, die sich mit Wasser füllten. Die Great Glen Fault zeigt sich als einer dieser eiszeitlich bedingten

Nachfolgende Doppelseite: 380 Meter Länge misst das Glenfinnan-Viadukt nahe Fort William. Auch der Belmond Royal Scotsman fährt auf einer Reiseroute von Edinburgh nach Arisaig über die berühmte Brücke.

Talgrunde, der mit Loch Ness den berühmtesten See Schottlands beheimatet. Mit einer Länge von 37 Kilometern und einer maximalen Tiefe von 230 Metern ist Loch Ness der wasserreichste und nach Loch Lomond auch der zweitgrößte See des Landes. Diese Ausmaße allein sind zwar rekordverdächtig, doch sie allein erklären nicht die ungemeine Popularität des Sees. Diese liegt in dem sagenhaften Seeungeheuer begründet, das sich in den Tiefen von Loch Ness befinden soll. Entsprechende Aufzeichnungen hierzu gab es bereits im 6. Jahrhundert, und selbst mit modernster Technik ist dem Mythos nicht beizukommen – ganz im Gegenteil: Auf Satellitenaufnahmen deuten Nessie-Anhänger einen länglichen weißen Strich ohne jeden Zweifel als das legendäre Ungeheuer.

Der Belmond Royal Scotsman überquert bei Inverness den River Ness und schlägt jenseits von Culloden einen südlichen Kurs ein, der ihn über Carrbridge, wo ein Zwischenstopp zur Besichtung des Ballindalloch Castle mit seinen beeindruckenden Gärten eingelegt wird, nach Aviemore und von dort nach Boat of Garten führt. Hier, in dieser kleinen Ortschaft mit ihren 700 Einwohnern, geht die dritte Tagesetappe zu Ende. Der nahe gelegene Golfplatz bietet einen perfekten Rahmen für einen sportlichen Ausklang des Tages.

TAG 4: VON BOAT OF GARTEN NACH PERTH

Der vierte Tag der Reise beginnt mit einem Ausflug zum Rothiemurchus Estate, das im Herzen des Cairngorm National Park liegt. Es ist eine Region, die von den heidebewachsenen Hängen der Grampian Mountains, dichten Wäldern und Mooren geprägt wird. Der größte Nationalpark des Landes ist unter anderem die Heimat für rund 25 000 Rothirsche, die die Heidelandschaft durchwandern, während Stein- und Fischadler ihre Kreise hoch oben in der Luft ziehen. Der Nationalpark bietet Wanderern unzählige Möglichkeiten, sich dieses Naturrefugium zu Fuß zu erobern.

Zurück an Bord des Belmond Royal Scotsman führt der Zug an kleinen Ortschaften wie Blair Atholl und Pitlochry vorbei, um in direkter Nähe zum River Tay die kleine Ortschaft Dunkeld zu erreichen. Eine rund 45-minütige Busfahrt bringt Interessierte zum Glamis Castle, jenem imposanten Schloss, in dem „Queen Mum" ihre Kindheit verbrachte und das auf der 10-Pfund-Note der Royal Bank of Scotland zu sehen ist. Die Vorgängerbauten des einmalig schönen Anwesens reichen bis ins 14. Jahrhundert zurück, danach schlossen sich viele Umbauten an. Heute wird Glamis Castle von dem Earl und der Countess of Strathmore bewohnt, die das Anwesen der Öffentlichkeit von Anfang April bis Ende Oktober zugänglich machen.

Die letzte Nacht in den komfortablen Schlafkabinen des Belmond Royal Scotsman verbringen die Reisegäste in Dundee am nördlichen Ufer des Firth of Tay. Ein erloschener Vulkankegel mit 174 Metern Höhe bietet den besten Blick auf die Universitätsstadt, die bereits seit 1191 Stadtrechte besitzt und sich heute als moderne Metropole mit einer einladenden Promenade am Flussufer präsentiert.

Endstation Edinburgh: Die zweitgrößte schottische Stadt ist seit dem 15. Jahrhundert Hauptstadt des Landes und lädt als würdiger Abschluss einer einzigartigen Reise zum Sightseeing und Shoppen ein.

TAG 5: VON DUNDEE NACH EDINBURGH

Knapp 100 Kilometer liegen zwischen Dundee und der Endstation Edinburgh. Noch einmal kommen die Reisenden in den Genuss, mit dem Zug die zwei beeindruckenden Brücken zu befahren, die über den Firth of Tay und den südlich gelegenen Firth of Forth führen. Noch am Vormittag fährt der Belmond Royal Scotsman in die Edinburgh Waverley Station ein und beendet damit eine fünftägige Reise, die von den Lowlands durch die Northwest Highlands bis an die Westküste Schottlands führte und von dort über die Grampion Mountains zurück in die schottische Hauptstadt. Malerische Naturkulissen mit Bergen, Tälern und zerklüfteten Küsten, beeindruckende Kulturdenkmäler, die Schottlands lange Historie erlebbar machen, und einladende kleine Ortschaften mit viel Flair – all das lässt sich auf der fünftägigen Reise mit dem Belmond Royal Scotsman erleben, einem außergewöhnlichen Luxuszug, der seit nunmehr 30 Jahren neue Maßstäbe des Reisens setzt.

DIE SEMMERINGBAHN

Reise mit dem ersten Hochgebirgszug der Welt

Seit ihrer Eröffnung im Jahr 1854 wurde die nur 41 Kilometer lange Strecke zwischen dem niederösterreichischen Gloggnitz und dem steirischen Mürzzuschlag als ein Wunderwerk der Ingenieurskunst bestaunt.

Pferdewagen waren bis in die Mitte des 19. Jahrhunderts das einzige Verkehrsmittel, um den 984 Meter hohen Semmering am östlichen Rand der Alpen zu überwinden. Als Bestandteil des Handelsweges zwischen Wien und den Hafenstädten der italienischen Adria, allen voran Triest und Venedig, stellte der Gebirgssattel seit jeher einen der bedeutendsten Pässe der Ostalpen dar – doch zugleich einen der schwierigsten. Die Notwendigkeit einer Zugverbindung war offensichtlich, doch erst mit Carl Ghega fand sich ein Ingenieur mit dem Mut, die Herausforderung einer Überschienung der Alpenregion anzunehmen. So entstand mit der Semmeringbahn der erste normalspurige Hochgebirgszug der Welt, der 1998 zum Weltkulturerbe erklärt wurde.

Strecke: von Gloggnitz in Niederösterreich nach Mürzzuschlag in der Steiermark, Österreich

Streckenlänge: 41 Kilometer

Wichtigste Stationen: Gloggnitz, Payerbach-Reichenau, Breitenstein, Semmering, Mürzzuschlag

Erste Fahrt: 1854

Spurweite: Normalspur

Besonderheiten: Die Semmeringbahn ist die weltweit erste Bahn, die zum UNESCO-Weltkulturerbe ernannt wurde.

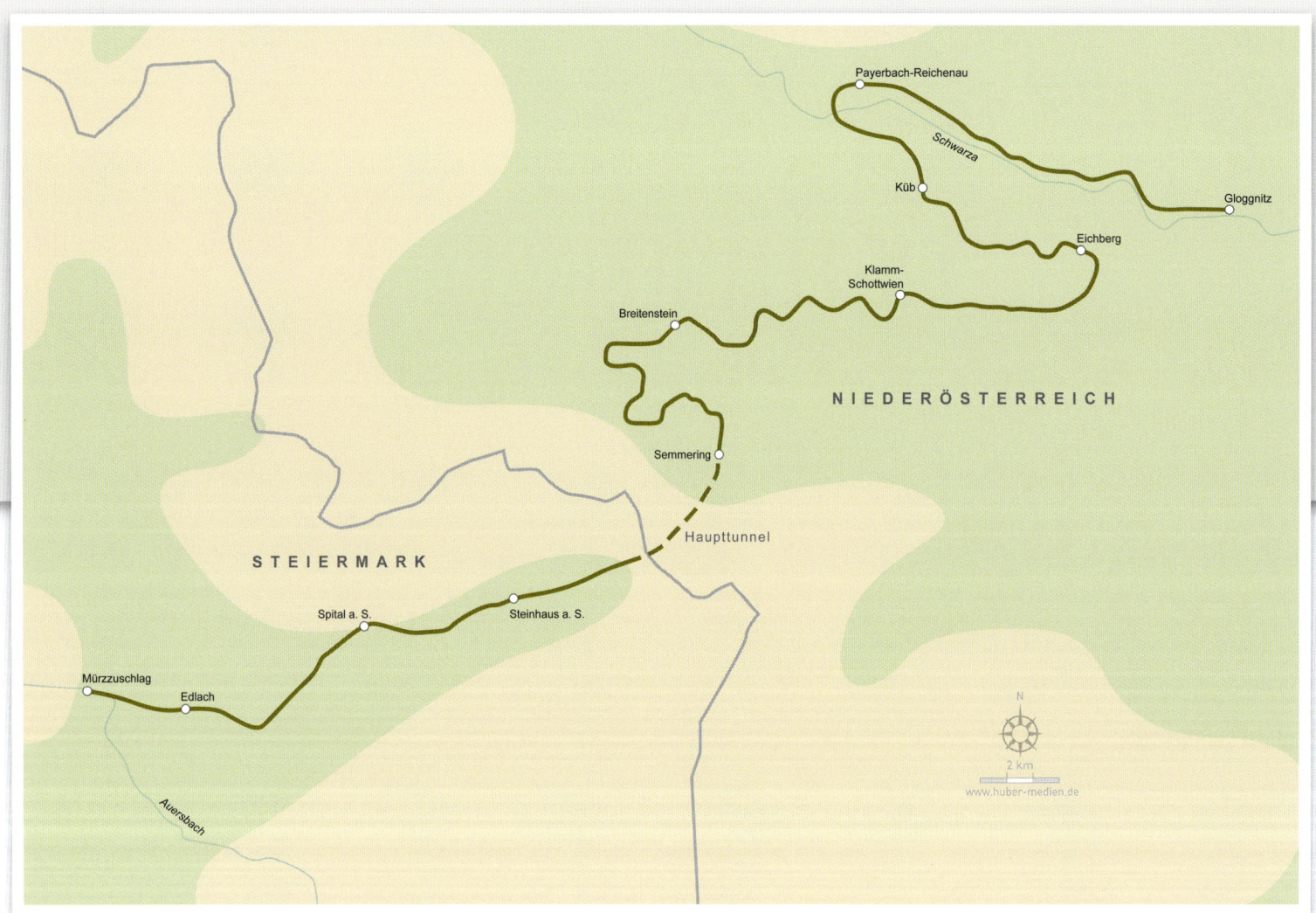

GEGEN ALLE WIDERSTÄNDE – DER BAU DER SEMMERINGBAHN

Bis ins Hochmittelalter hinein führte lediglich ein unsicherer und beschwerlicher Saumpfad über den zwischen Pinkenkogel (1292 Meter) und Hirschenkogel (1340 Meter) gelegenen Semmering, der heute die natürliche Grenze zwischen den österreichischen Bundesländern Niederösterreich und Steiermark bildet. Otakar III., Markgraf der Steiermark, ließ 1160 auf der westlichen Seite des Gebirgssattels ein von Mönchen geführtes Hospital für Kaufleute und Pilger errichten und sorgte damit für die Belebung des Handelsweges, dessen Ausbau jedoch noch lange auf sich warten ließ. Erst Mitte des 18. Jahrhunderts war die Zeit reif für die erste Semmeringstraße. Trotz der großen Erleichterung, insbesondere durch den Bau eines Viadukts über den Myrthengraben, blieben Transporte über den Gebirgspass eine Herausforderung: Um die Steigungen zu bewältigen, musste mitunter mit zwölffachem Vorspann gefahren werden. Schottwien und andere kleine Ortschaften am Fuße des Gebirgspasses entwickelten sich deshalb zu wichtigen Fuhrwerks- und Versorgungsstationen.

Mitte des 19. Jahrhunderts zeigte sich die isolierte Stellung der Semmeringregion in aller Deutlichkeit. 1842 war die Eisenbahnstrecke zwischen Wien und Gloggnitz fertiggestellt worden, zwei Jahre später vollendete man die Strecke zwischen Mürzzuschlag und Graz. Allein der Semmeringpass verhinderte bis dato die eisenbahntechnische Anbindung der nur 21 Kilometer Luftlinie voneinander entfernt liegenden Ortschaften Gloggnitz und Mürzzuschlag und damit die Umsetzung des Traums einer Eisenbahnverbindung von Wien bis an die Adria. Personen mussten in Mürzzuschlag oder Gloggnitz den Zug verlassen und den Semmeringpass mit Fuhrwerken überqueren. Die meisten Ingenieure betrachteten diesen Missstand als gegeben, waren sie angesichts der Steigungen von bis zu 30 Prozent und der Krümmungen einer möglichen Trassenführung von der Unmöglichkeit einer Überschienung des Semmerings überzeugt.

Während die Skeptiker einer Alpenbahn nicht von ihrem pessimistischen Grundton abließen, brach Carl Ghega, Oberinspektor der Südlichen Staatsbahnen Österreichs, 1842 zu einer Studienreise in die USA auf. Hier machte er sich mit fast 40 Eisenbahnstrecken vertraut und gewann neben einem enormen Wissenszuwachs in technischen Fragen vor allem eins: einen uneingeschränkten Fortschrittsoptimismus, der sich nicht zuletzt in der unerschütterlichen Überzeugung niederschlug, dass technische Grenzen temporärer Art sind und folglich überwunden werden können. Mit diesem Vertrauen in die Technik – und in sich selbst – kehrte Ghega nach Österreich zurück und entwarf Pläne zum Bau der Semmeringbahn, die im Juni 1848 vom Ministerium für öffentliche Arbeiten genehmigt wurden.

Ghega war sich bewusst, dass mit der Bewilligung des Trassenbaus nur eine erste Hürde genommen war. Nun, bei der Umsetzung seiner Pläne, musste er sich einer Vielzahl neuer Herausforderungen stellen. Da die Arbeiten an mehreren Abschnitten der Trasse parallel in Gang gesetzt wurden, waren unzählige Arbeiter nötig, die anfangs noch täglich von Wien nach Gloggnitz befördert wurden, bald jedoch in recht erbärmlichen Wohnbaracken unterkamen, in denen nach einiger Zeit Cholera- und Typhusepidemien um sich griffen. Wie sehr sich Ghegas Ausspruch „Es ist selten möglich, einen großen Zweck zu erreichen, ohne Opfer zu bringen" bewahrheiten sollte, zeigt die Opferbilanz des Semmeringbaus. Ein Drittel der insgesamt 1718 zu Tode gekommenen Personen starb durch Seuchen, über 60 Prozent durch verschiedene andere Krankheiten und „nur" 5 Prozent durch Arbeitsunfälle.

Die im Stil des Klassiszismus gehaltenen Bauten der Semmeringbahn fügen sich hervorragend in die Berglandschaft ein. Diese Einheit von Kunst und Technik wurde schon zu ihrer Erbauungszeit gelobt.

Besonders gefährlich erwiesen sich die Arbeitsbedingungen an der 1,2 Kilometer langen und 300 Meter hohen Weinzettelwand, die fast senkrecht aus dem Adlitzgraben aufsteigt und aus porösem Gestein besteht. Ursprünglich sollte die Bahntrasse außen an der Steilwand entlanggeführt werden, doch angesichts eines Felssturzes am 27. Oktober 1850, bei dem 14 Arbeiter starben, wurde dieser Plan verworfen und stattdessen ein System aus drei Tunneln und zwei verbindenden Galerien entwickelt.

Ein weiterer kritischer Bauabschnitt, der sich auch noch Jahrzehnte nach Fertigstellung der Trasse als Schwachstelle erweisen sollte, lag in Gestalt des Haupttunnels vor. Mit 894 Metern Seehöhe bildet dieser Tunnel zugleich den Scheitelpunkt der Semmeringbahn. Bis zu 3000 Arbeiterinnen und Arbeiter waren hier in Zwölf-Stunden-Schichten im Einsatz. Während die Männer – in Ermangelung von elektrischen Bohrmaschinen oder Dynamit – mit einfachsten technischen Mitteln den Tunnel gruben, kleideten Frauen die Tunnelwände mit Mörtel aus. Eindringendes Wasser, das kontinuierlich abgepumpt werden musste, erschwerte die ohnehin kräftezehrenden Arbeiten um ein Zusätzliches. Zweieinhalb Jahre vergingen, ehe der 1430 Meter lange Haupttunnel fertiggestellt und 1854, als Kaiser Franz Josef I. die erste Fahrt mit der Alpenbahn unternahm, mit einer lateinischen Inschrift versehen wurde, die feierlich erklärt: „Franz Josef I. von Österreich hat für den Personen- und Warenverkehr das adriatische mit dem deutschen Meer verbunden."

Die Semmeringbahn darf ganz ohne Zweifel als eine der spektakulärsten Abschnitte dieses viele Hundert Kilometer langen Verkehrsnetzes angesehen werden. 16 Viadukte, 15 Tunnel, 118 Steinbogenbrücken sowie elf Eisenbrücken verteilen sich auf der insgesamt 41 Kilometer langen Strecke, die nach nur fünf Jahren Bauzeit fertiggestellt wurde – eine logistische und technische Meisterleistung.

UNTERWEGS MIT DER SEMMERINGBAHN

Über 160 Jahre ist es her, dass die Semmeringbahn für den Personenverkehr freigegeben wurde. Mehrere Male am Tag verkehren die in den Fahrplan der Österreichischen Bundesbahnen einbezogenen Personenzüge. Die Streckenführung hat sich bis heute nicht geändert – bis auf eine Ausnahme: Fortwährende Wassereinbrüche und Stabilitätsprobleme im Haupttunnel machten den Bau eines weiteren Tunnels unabdingbar, der 1952 eingeweiht wurde.

Die Fahrt mit der Semmeringbahn von Gloggnitz nach Mürzzuschlag dauert lediglich eine Stunde. Doch es ist eine Stunde, in der sich Besucher mit jedem zurückgelegten Kilometer die ungeheure Leistung vergegenwärtigen können, die mit dem Bau einer jeden Hochgebirgsbahn einhergeht. Viadukte, Tunnel, Brücken liegen eingebettet in einer atemberaubend schönen Bergkulisse, die zudem mit kulturellen Highlights nicht geizt. Dies zeigt sich bereits kurz nach Verlassen des Bahnhofs Gloggnitz, dem Ausgangspunkt der Bahnfahrt. Zur Linken erhebt sich das Schloss von Gloggnitz, das viele Jahrhunderte lang als Benediktinerkloster diente und durch seine besondere Anmutung – halb Schloss, halb Burg – besticht. Schon bald darauf wird die Station Schlöglmühl erreicht, die ihren Namen einer einst hier befindlichen Mühle verdankt, die zunächst durch eine Fabrik für Kobaltglas und später durch eine Papier- und Zellstofffabrik ersetzt wurde.

Ein beliebtes und bewundertes Motiv auch in der Werbung waren – und sind – der 688 Meter lange Weinzettelwandtunnel und die Weinzettelwandgalerie.

Die Semmeringbahn verläuft hier parallel zur Schwarza, einem Quellfluss der Leitha, der zu Zeiten der Schneeschmelze und nach starken Regenfällen zu einem reißenden Gebirgsfluss anschwellen kann. Eben jenen Fluss muss die Bahn kurz nach Verlassen der nächsten Station – Payerbach-Reichenau – überqueren, und sie tut dies auf dem beeindruckenden 13-bogigen Schwarza-Viadukt, das mit 227 Metern zugleich das längste Viadukt der Semmeringbahn darstellt.

Überraschenderweise führt die Bahntrasse nicht an Payerbach vorbei, sondern umrundet den Ort gewissermaßen in einer Schleife, um an der anderen Uferseite der Schwarza wieder Richtung Schlöglmühl zu verlaufen. Nach rund 1 Kilometer entfernt sich die Semmeringbahn vom Fluss und verlässt damit auch ihr Höhenniveau von etwa 480 Metern. Kontinuierlich geht es den Berg hinauf, wobei maximale Steigungen von 25 Promille zu bewältigen sind. Im Klartext bedeutet es, dass der Zug auf 40 Metern Strecke 1 Höhenmeter überwinden muss – eine beachtliche Leistung, und ein Großteil der europäischen Ingenieure war zu Lebzeiten Carl Ghegas davon überzeugt, dass dies mit einem normalen von einer Dampflok gezogenen Personenzug nicht zu schaffen sei.

Nach rund 65 erklommenen Höhenmetern taucht die Station Küb auf, die nur 3,5 Streckenkilometer und weitere 65 Höhenmeter von der Station Eichberg entfernt liegt. Trotz der vergleichsweise kurzen Entfernung handelt es sich um

MIT EINEM LOKOMOTIV-WETTBEWERB ZUM ZIEL

Neben der aufreibenden Koordination der Bauarbeiten und der Suche nach Lösungsansätzen bei unerwarteten Schwierigkeiten im Trassenbau musste der Ingenieur Carl Ghega ein weiteres Problem in Angriff nehmen. Noch konnte er nicht sicher sein, dass es mit der Fertigstellung der Semmeringbahn auch tatsächlich Lokomotiven geben würde, die diese anspruchsvolle Strecke mit ihren beträchtlichen Steigungen und Kurvenradien von unter 200 Metern bewältigen können. Aus diesem Grund griff er die Idee der Stuttgarter „Eisenbahn-Zeitung" auf und veranlasste einen Lokomotiven-Wettbewerb, der im Sommer des Jahres 1851 ausgetragen wurde. Zwar wurde keines der vier vorgeführten Modelle für einen originalgetreuen Nachbau ausgewählt, doch nun konnte die Entwicklung von leistungsstarken Lokomotiven in Auftrag gegeben werden, die die Vorzüge aller Modelle in sich vereinten. So entstanden zunächst die dampfbetriebenen „Stütztenderlokomotiven System Engerth" des Konstrukteurs Wilhelm Frei-

herr von Engerth. Ihnen folgten ab 1898 Lokomotiven des Ingenieurs Karl Gölsdorf, unter ihnen die legendäre Baureihe 170 und – in seltenen Fällen – Modelle der Baureihe 310. Letztere galt zu Beginn des 20. Jahrhunderts nicht nur als das schnellste Fortbewegungsmittel der Monarchie, sondern auch als schönste Lokomotive der Welt und wird heute unter anderem für kürzere Fahrten des „Majestic Imperator" eingesetzt.

Das Ende der Dampflokomotiven auf der Semmeringbahn wurde seit den 1950er-Jahren eingeläutet: Auf eine kurze Phase des Einsatzes von Diesellokomotiven folgte bis zum Sommer 1959 die Elektrifizierung der gesamten Semmeringbahn.

Denkmal des Carl Ritter von Ghega am Bahnhof Semmering.

einen höchst „ereignisreichen" Streckenabschnitt, werden doch zwei Tunnel, unter ihnen der 185 Meter lange Pettenbach-Tunnel, sowie drei Viadukte befahren. Während Zugpassagiere vor allem den Ausblick vom Kübgrabenviadukt auf den rund 2 Kilometer entfernten Schneeberg genießen, ist es für alle Außenstehenden, die dem Bahnwanderweg folgen, ein besonders schöner Anblick, wenn ein Zug den Pettenbach-Tunnel verlässt und das dort befindliche Bahnwärterhaus aus Natursteinmauerwerk passiert, um gleich darauf über ein Viadukt den Höllgraben zu überwinden. Das gilt

Für die Semmeringbahnlinie kamen nur die leistungsstärksten Dampfloks ihrer Zeit zum Einsatz. Selbst Robert Stephenson, Sohn des genialen Dampflokkonstrukteurs George Stephenson, hatte es nicht für möglich gehalten, die Steigungen am Semmering mithilfe der Dampfkraft überwinden zu können.

umso mehr, wenn der Zug bei Sonderfahrten von einer der historischen Dampfloks gezogen wird, die nach wie zur Freude aller Eisenbahnnostalgiker gelegentlich zum Einsatz kommen.

Eichberg selbst spielte als Station für den Personenverkehr nie eine tragende Rolle, wohl aber für den Güterverkehr, denn hier wurden in der Zeit zwischen 1890 und 1930 in Bergwerken Magnesit und Talk abgebaut. Ein Besuch der Station lohnt dennoch, eröffnet sich von hier doch ein fantastischer Ausblick auf das malerisch im Tal gelegene Gloggnitz. Wieder vollführt die Trasse eine ausgeprägte Kehre und umrundet dabei Maria Taferl, eine knapp 140 Meter über der Bahnlinie befindliche Wallfahrtskapelle, zu der ein steiler Kreuzweg führt.

Nächste Station auf dem Weg nach Semmering ist Klamm-Schottwien auf 699 Metern Höhe. Eigentlich besitzen die beiden namengebenden Ortschaften alle nötigen Eigenschaften, um die bis dahin erlebte Alpenbahnromantik aufrechtzuerhalten. Klamm, heute ein Ortsteil von Breitenstein, wird gekrönt von den Ruinen der Burg Klamm, deren Ursprünge vermutlich bis in das 12. Jahrhundert zurückreichen, die jedoch seit dem Ende des 18. Jahrhunderts zusehends verfiel und durch Blitzeinschlag, Zerstörungen durch napoleonische Truppen und die illegale Nutzung als „Steinbruch" endgültig zur Ruine wurde. Das noch immer beeindruckende Baudenkmal liegt malerisch auf einer Felskuppe, die zunächst gemächlich nach Süden aufsteigt, um dann als senkrechte Wand 130 Meter tief in den Adlitzgraben abzufallen.

Die 700-Einwohner-Marktgemeinde Schottwien wiederum, die südlich an Klamm anschließt, wird im Osten eingefasst vom Grasberg, im Westen vom 1000 Meter hohen Eselsberg, der einen wunderschönen Blick auf den Adlitzgraben und die Trasse der Semmeringbahn gewährt, und im Süden vom 1523 Meter hohen Sonnwendstein. Einst führte ein Sessellift bis knapp unter den Gipfel des imposanten Sonnwendsteins, doch 2005 wurde dieser abgebaut, womit der Berg zugleich seine Bedeutung als Abfahrt im Skigebiet Semmering einbüßte. Geblieben ist der Wallfahrtsort Maria Schutz am Nordhang des Sonnwendsteins, der neben der Wallfahrtskirche auch das Kloster der Passionisten umfasst. Das Ensemble aus Naturkulisse, Semmeringbahn und traditionsreichen Kulturdenkmälern macht das Gebiet Klamm-Schottwien ohne jeden Zweifel zu einer äußerst sehenswerten Destination.

Einziger, aber unübersehbarer Störfaktor in diesem sonst so idyllischen Bild ist die Semmering-Schnellstraße S6, die Ende der 1980er-Jahre von Gloggnitz nach Geis geführt wurde und sich unmittelbar über Schottwien in Gestalt einer 631 Meter langen und 130 Meter hohen Spannbetonbalkenbrücke auftürmt. An keinem Punkt der Semmeringbahn werden die Kontraste zwischen den Verkehrswegen des 19. und 20. Jahrhunderts offensichtlicher: Wo sich die Steinviadukte der Semmeringbahn harmonisch in die Landschaft einfügen, dominiert die Betonbalkenbrücke mit ihren mächtigen Pfeilern den gesamten landschaftlichen Raum. Dass die Dimensionen der Brücke nicht Ausdruck einer Gigantomanie seitens der verantwortlichen Ingenieure sind, sondern dem zunehmenden und mitunter unerträglichen Verkehrsaufkommen in dieser Region entspringen, versteht sich von selbst. Tatsache ist jedoch auch, dass mit der Auszeichnung der Semmeringbahn zum Weltkulturerbe auch die Würdigung der umgebenden Landschaft mit einhergeht. Bauwerke dieser Art trüben das gesamtharmonische Bild, das die Semmeringbahn umgibt, beträchtlich. Doch bald könnte der Semmeringbahn weitaus größere Unbill drohen. Mit der Genehmigung des Semmering-Basistunnels, der seit 2012 im Bau ist, wird eine auf 3,1 Milliarden Euro Kosten veranschlagte Trasse für Schnellzüge errichtet, die – so die Meinung vieler Kritiker – auch nachhaltige Auswirkungen auf die Semmeringbahn haben wird (siehe Exkurs S. 40).

Bald nach Verlassen der Station Klamm–Schottwien fährt die Semmeringbahn in den Klamm–Tunnel, um gleich darauf mit dem zweigeschossigen Wagnergraben–Viadukt eines der schönsten Bauwerke der Semmeringbahn zu erreichen. Fünf untere Gewölbeöffnungen mit 9,5 Metern Spannweite und neun obere mit 12 Metern Spannweite bilden zusammen ein 39 Meter hohes Viadukt, das

Blick auf die Polleroswand mit dem Krauselklause-Viadukt (rechts im Bild), der Kalten Rinne (links im Bild) und der Raxalpe im Hintergrund.

STREITFALL SEMMERING-BASISTUNNEL

Der Semmering-Basistunnel, dessen Fertigstellung für 2025 geplant ist, führt über eine 27,3 Kilometer lange Strecke von Gloggnitz nach Mürzzuschlag, also eben jenen Ausgangs- und Endpunkten der Semmeringbahn. Neben Aspekten der Umweltverträglichkeit und Streckenführung – der Tunnel vollführt eine nicht recht nachzuvollziehende Schleife von 8,3 Kilometern Länge – sowie der Frage nach dem grundsätzlichen Bedarf dieser Trasse führen viele Kritiker an, dass sich der Bau negativ auf die Auslastung der Semmeringbahn einerseits und auf ihren Status als Weltkulturerbe andererseits auswirken kann. Befürworter des Basistunnels argumentieren hingegen, dass lediglich die Bahn, nicht jedoch die umgebende Landschaft als Weltkulturerbe ausgezeichnet wurde, eine Gefährdung des Status somit ausgeschlossen sei. In der Tat ist es laut UNESCO die Eisenbahnstrecke selbst, die den „universellen Wert" des Welterbes ausmacht; gleichzeitig wird jedoch eingeräumt, dass die umgebende Landschaft eine „Referenz auf die Bedeutung der Bahn darstellt".

Es bleibt abzuwarten, welche langfristigen Auswirkungen der Bau des Semmering-Basistunnels mit sich bringen wird, der immerhin an vier Punkten die Trasse der Semmeringbahn kreuzt. Ein massiver Wassereinbruch im Jahre 1996 in einem Sondierstollen, bei dem 6 Milliarden Liter austraten und abgepumpt werden mussten und der Bergwasserspiegel um etwa 100 Meter absank, geben einen Einblick in die Schwierigkeiten und Unwägbarkeiten eines solch ambitionierten Tunnelbaus, der von den Österreichischen Bundesbahnen mit dem Ausblick auf einen „attraktiveren" Personenverkehr vermarktet wird, verkürzt sich die Reisezeit zwischen Wien und Graz doch damit um 30 Minuten.

sich wie alle Viadukte am besten vom Tal aus begutachten lässt. Reisende der Semmeringbahn wiederum können vom Zug aus einen ersten Blick auf das legendäre „Südbahnhotel" werfen, das 1880/81 auf exakt 1000 Meter Seehöhe errichtet wurde und in dem sich bis zur Vertreibung durch die Nazis prominente Künstler wie Arthur Schnitzler, Gustav Mahler, Franz Werfel oder Stefan Zweig einfanden. Der sogenannte Anschluss Österreichs an das Deutsche Reich besiegelte zugleich den Niedergang des einst so prächtigen Hotels, das mittlerweile in weiten Teilen leer steht und dessen Zukunft völlig ungewiss ist.

Kritiker zweifeln nicht nur die Notwendigkeit des Semmering-Basistunnels an, sondern fürchten auch den Verlust des Weltkulturerbe-Status bei der historischen Semmeringbahn.

Bis zur Station Breitenstein passiert der Zug das zweigeschossige Gamperlgraben-Viadukt samt des sich anschließenden gleichnamigen Tunnels sowie das Rumplergraben-Viadukt. Darauf folgt der 688 Meter lange Weinzettelwand-Tunnel – jener Abschnitt der Semmeringbahn, der in den ursprünglichen Plänen Carl Ghegas als Bahntrasse angedacht war, die außen an der aus dem Adlitzgraben aufsteigenden Steilwand des Weinzettels entlangführen sollte. Der dramatische Felssturz vom Oktober 1750 ließ Ghega von diesem Plan abrücken und stattdessen auf ein System aus drei Tunneln und zwei Galerien umschwenken.

Viele Reisende sind sich einig, dass hinter Breitenstein der schönste Abschnitt der einstündigen Semmeringbahnfahrt beginnt. Es dauert nur wenige Augenblicke, bis die Felsformationen der Spießwand erreicht werden, die über das 87 Meter lange Krauselklause-Viadukt mit der sogenannten Polleroswand verbunden sind. Es ist ein in zweigeschossiger Bauweise errichtetes Viadukt, das mit drei unteren und sechs oberen Gewölbeöffnungen aufwartet. Spätestens mit Erreichen des 337 Meter langen Polleros-Tunnels steigt die Anspannung unter den meisten Reisenden, denn schon bald erreicht die Semmeringbahn ihren imposantesten Abschnitt: den Bereich der Kalten Rinne. Unmittelbar an den Polleros-Tunnel schließt sich das Kalte-Rinne-Viadukt an, das in einem Kreisbogen von 193 Grad verläuft und in zehn oberen und fünf unteren Bogen angeordnet ist. Nicht ohne Grund schmückt das mit 46 Metern höchste Viadukt der Semmeringbahn Postkarten, Briefmarken und den ehemaligen 20-Schilling-Schein von Österreich. Hier stimmt wirklich alles: Die schroffe Polleroswand zur einen, bewaldete Bergausläufer zur anderen Seite und dazwischen das zweigeschossige Viadukt, in dessen Hintergrund sich die 2007 Meter hohe Raxalpe majestätisch erhebt.

Blick zur Villa Silbererschlössl auf dem Semmering.

An das Adlitzgraben-Viadukt schließen sich der 406 Meter lange Weberkogel-Tunnel und der knapp 440 Meter lange Wolfsberg-Tunnel an, der unmittelbar zur gleichnamigen Bahnstation hinführt. Die heutige Anmutung der Station lässt kaum mehr erahnen, dass es sich in der ersten Hälfte des 20. Jahrhunderts um einen bedeutenden Haltepunkt handelte, verließen doch hier im Verlauf von Jahrzehnten unzählige Gäste – unter ihnen Adelige und berühmte Intellektuelle – den Zug, um in einer der zum Teil monumentalen Unterkünfte wie dem „Grandhotel Panhans" oder in Erholungsheimen unterzukommen. Zu letzteren Einrichtungen zählte neben dem Kurhaus Semmering, in dem heute kein Kur- oder Hotelbetrieb, sondern nur noch kulturelle Veranstaltungen stattfinden, auch das „Erholungsheim Breitenstein", die erste von Henriette Weiss errichtete Volksheilanstalt mit internationalem Renommee. In der NS-Zeit in Mitleidenschaft gezogen und nach dem Krieg dem Verfall preisgegeben, wurde die einst so bedeutende Heilanstalt im Winter 2006/07 bedauerlicherweise abgerissen.

Auf dem knapp 1,5 Kilometer langen Weg zwischen Wolfsbergkogel und Semmering passiert die Semmeringbahn noch das Kartnerkogel-Viadukt und den gleichnamigen Tunnel, und dann ist die namengebende Station Semmering erreicht. Mit 14 Pistenkilometern und einer 3 Kilometer langen Erlebnis-Rodelbahn ist der Ort im Winter ein attraktives Skigebiet, während im Sommer Mountainbikefahrer und Wanderer die zahlreichen Hotels und Pensionen bewohnen. An die Ortschaft schließen sich der alte und neue Semmering-Tunnel an. Erhebliche Ausbesserungsmaßnahmen am alten Tunnel machten den Bau eines eingleisigen, südlich verlaufenden Ausweichtunnels unumgänglich. Für beide Tunnelanlagen gilt, dass nach wenigen Hundert Metern nicht nur der Scheitelpunkt von 898 Metern, sondern zugleich die Landesgrenze zwischen Niederösterreich und der Steiermark erreicht wird. Von nun an führt die Semmeringbahn ohne ausgeprägte Kurven oder Kehren stetig bergab, so auch über das fünfbögige Steinhaus-Viadukt und das siebenbogige Holzergraben-Viadukt, das sich an die Station Steinhaus anschließt.

Letzte Station vor dem Zielbahnhof Mürzzuschlag ist Spital am Semmering. Eingebettet in eine Landschaft aus sanft ansteigenden Hügeln, die zu Wanderungen einladen, sorgen Skipisten, die vom Ort auf den 1782 Meter hohen Stuhleck führen, für die Erschließung des größten Skigebiets im Osten Österreichs. Ein letztes Viadukt, das Förschnitzbach-Viadukt, liegt auf der gut 6 Kilometer langen Fahrt von Spital nach Mürzzuschlag. Hier endet die Reise der Semmeringbahn, deren Status als Weltkulturerbe niemand anzweifeln wird, der je die 41 Kilometer lange Strecke in den österreichischen Alpen zurückgelegt hat.

DIE ERZBAHN

Jenseits des Polarkreises

Klirrende Kälte und viel Schnee verzaubern die Landschaft entlang der Erzbahnstrecke in eine fast mystische Welt.

Mit bis zu 14 700 PS ziehen die IORE Elektroloks ungefähr 65 vollgefüllte Erzwaggons von den schwedischen Erzminen in Kiruna und Malmberget an den Bottnischen Meerbusen beziehungsweise in den Hafen der norwegischen Stadt Narvik. Damit sind sie derzeit die stärksten Loks der Welt. Von den Bahnhöfen einmal abgesehen, ist die 473 Kilometer lange Strecke der berühmten Erzbahn nur eingleisig befahrbar, und die Güterzüge haben hier grundsätzlich Vorrang vor Personenzügen. Der wichtigste – und für den Personenverkehr der schönste – Abschnitt der Strecke verläuft heute von Kiruna nach Narvik.

DATEN UND FAKTEN

Strecke: Die Erzbahn verbindet die norwegische Hafenstadt Narvik mit Luleå am Bottnischen Meerbusen in Schweden, doch die Hauptstrecke bildet heute der Abschnitt zwischen Kiruna im Landesinneren und Narvik.

Gesamtlänge: 473 Kilometer

Vollendet: 1903

Verkehrstakt: zwischen Kiruna und Narvik: Personenzüge dreimal täglich (hin und zurück); Erzbahnen 13 pro Tag

Spurweite: Normalspur

Wichtigste Stationen: Malmberget, Kiruna, Abisko, Riksgränsen

1741 wurde in Malmberget, was so viel wie Erzberg bedeutet, zum ersten Mal Eisenerz gebrochen. Es war eine harte Arbeit, und das schwere Erz konnte aus der unwirtlichen Gegend schlecht abtransportiert werden. Denn Malmberget, zur Gemeinde von Gällivare gehörend, liegt etwa 90 Kilometer nördlich des Polarkreises, in einer noch heute dünn besiedelten Gegend, die in historischen Zeiten fast ausschließlich von den Sami und ihren Rentierherden bevölkert wurde. Auch in Kiruna, 80 Kilometer weiter nördlich gelegen, wurde schon im 17. Jahrhundert Eisenerz gefunden. In beiden Orten bauten die Arbeiter – größtenteils zur Arbeit gezwungene Sami – in den Sommermonaten Eisenerz ab, das anschließend in den Wintermonaten mit Rentierschlitten zum nächstgelegenen Hochofen transportiert werden musste. Weil zudem ein schwedisches Gesetz den Export von Eisenerz und Roheisen verbot, war das Brechen der Bodenschätze wenig lukrativ – bis das Exportverbot 1857 aufgehoben und 1888 die erste Strecke der Malmbanan, der Erzbahn, eröffnet werden konnte. Sie verband Gällivare mit dem Hafen von Luleå am Bottnischen Meerbusen, von wo aus das Erz verschifft wurde – zumindest in den eisfreien Monaten. Und die sind hier, nur 100 Kilometer südlich des Polarkreises, selten: Für sechs Monate ist das Meer dieses nördlichsten Teils der Ostsee mit Eis bedeckt.

Vor dem „Erzrausch" lebten fast ausschließlich Sami mit ihren Rentierherden in dem noch heute dünn besiedelten Gebiet um Malmberget.

Nichtsdestotrotz löste die Eröffnung der Eisenbahn einen wahren Erzrausch aus; rund um die Erzgruben von Malmberget und dem ab 1899 an die Erzbahn angeschlossenen Kiruna errichteten die Bauarbeiter ihre Hütten, Städtchen entstanden. Sie müssen seitdem, weil sich die Erzstollen weiter ausbreiten und neue Erzflöze erschlossen werden, immer mal wieder in Teilen umgesiedelt werden, wie etwa die Kirche von Malmberget, die einem Tagebau weichen musste und daher in einer stillgelegten Grube wiederaufgebaut wurde. Nun trifft es sogar die ganze Stadt Kiruna mit ihren rund 18 000 Einwohnern: Allmählich zeigen sich Risse in den Straßen und Gebäuden, denn die unterirdischen Stollen rücken immer näher an das Stadtzentrum heran. Die Einwohner, die jedes Jahr 27 Millionen Tonnen Eisenerz aus dem größten Untertageerzbergwerk der Welt fördern, müssen ihre Zelte in dem alten Städtchen abbrechen und sich 3 Kilometer weiter östlich neu ansiedeln. Die Kirche mit ihrem markanten verschindelten Glockenturm und einige historische Wohnhäuser werden vorsichtig abgebaut und im neuen Kiruna wiederaufgebaut, der Rest wird sich selbst überlassen und mit der Zeit zu Ruinen verfallen.

KIRUNA–NARVIK

Trotz des Baus der Eisenbahnstrecke Gällivare-Luleå gab es ein Problem: Der von Oktober bis teils in den Mai hinein vereiste Hafen der Ostseestadt wurde der Eisenerzflut kaum Herr. Die Lösung lag recht nahe: Der von Kiruna nur 179 Kilometer entfernte, in Norwegen gelegene Ofotfjord ist das ganze Jahr über eisfrei. Obwohl sogar nördlich des Polarkreises gelegen, wirkt der Golfstrom sich wärmend auf das Klima des Fjords aus. Selten sinken die Temperaturen unter –5 °C; das ist zu warm, als dass das Fjordwasser gefrieren könnte. 1903 startete der erste Erzzug von Kiruna zum Ofotfjord, an dem sich seitdem das Städtchen Narvik mit seinem Hafen ausbreitet und in dem nun ein Großteil des noch in Kiruna zu Pellets verarbeiteten Eisenerzes verladen wird. Von da aus wird es in die ganze Welt verschifft; ein Großteil Europas ist von dem Eisenerz Nordschwedens abhängig.

MIT DEM PERSONENZUG VON KIRUNA ZUR REICHSGRENZE

Vom Bahnhof in Kiruna schaut man über den Luossajärvi, den See der Stadt, der trotz der starken Belastung mit Sulfaten und Nitrit gern von den Einheimischen in ihrer Freizeit befischt wird. Hier startet die Fahrt Richtung Narvik, vorbei an den Gruben und Abraumhalden rund um die beiden Erzberge, den 749 Meter hohen Kiirunavaara und den 724 Meter hohen Luossavaara. Die Fahrt führt hinein in die einzigartige schwedisch-lappländische Bergtundra. Am Horizont lassen sich schon die Ausläufer der Skanden ausmachen, dem Skandinavischen Gebirge, das die gesamte Halbinsel durchzieht und hier im Norden die Grenzregion zwischen Norwegen und Schweden markiert.

Entlang der Strecke zeigt sich Einsamkeit: Die Vegetation ist karg und wird zu einem Großteil von krautigen Gewächsen und Fjällbirken gebildet. Seen schimmern immer wieder zwischen den lichten Birkenhainen und Kiefern entlang des Zugwegs und jenseits der Fernstraße E10, die meist parallel zur Bahnstrecke verläuft, hervor. Wer hier, wie die Sami mit ihren Rentierherden, lebt, führt ein entbehrungsreiches Leben, insbesondere im Winter, wenn der Schnee die spärliche Vegetation überdeckt und die Tiere mühsam nach Nahrung suchen müssen. Die Rentierherden der Sami haben für die Erzbahn durchaus eine Bedeutung, denn es kommt recht regelmäßig vor, dass einzelne Tiere bis zu ganzen Herden beim Überqueren der Gleise von den Bahnen mit ihren beinahe 1 Kilometer langen Bremswegen überfahren werden. Die Betriebsgesellschaft der Erzbahn kommt in solchen Fällen zwar für den direkten Schaden pro Tier auf, berücksichtigt aber beispielsweise nicht den Verlust junger oder bereits trächtiger weiblicher Rentierkühe und der damit verbundenen Nachkommenschaft; für die Sami und ihre ohnehin spartanische Lebensweise ein beträchtlicher Verlust. Nur selten finden sich Spuren menschlichen Lebens auf dem Weg Richtung Narvik; ab und zu gruppieren sich einige Häuser um einen Bahnhof, über den die wenigen hier draußen lebenden Personen mit dem Nötigsten versorgt werden.

Die Kirche von Kiruna wurde 1912 von Gustaf Wickman aus Holz errichtet. Das denkmalgeschützte Gebäude wird beim Umzug des Städtchens ab- und an neuer Stelle wiederaufgebaut.

Trotz der vorerst kargen und vermeintlich eintönigen Landschaft ist die Fahrt auf der Erzbahnstrecke von Beginn an und zu jeder Jahreszeit ein wahres Erlebnis. Die Bahnen durchziehen eine unwirtliche Landschaft, die gleichzeitig eine einzigartige Ruhe und Harmonie ausstrahlt. Im Sommer ist das Land sattgrün, das in Herbst und Frühling in allen Schattierungen von Gelb, Grün und Braun erstrahlt. Der Himmel ist häufig verhangen und wolkenbedeckt, es regnet nicht gerade selten. Und das verspricht für die langen Wintermonate eine ganze Menge Schnee, der hier die relative Ebene mit einer dicken Schicht bedeckt und später in den Bergen für exzellente Wintersportbedingungen sorgt.

Allmählich wird das Land hügeliger, der Blick bleibt an mit Flechten und krautigen Sträuchern bewachsenen Anhöhen hängen, moosbewachsene Findlingsfelder werden von Birkenwäldchen beschattet. Eine gute Stunde ist der Zug in der Regel unterwegs, dann kommt der Torneträsk in Sicht, ein 330 Quadratkilometer großer See, direkt an der Grenze zu Norwegen gelegen. Auch an ihm inszeniert die Natur ein einzigartiges saisonales Schauspiel: Im Sommer wuchert eine üppige Vegetation selbst auf den Geröll- und Kiesufern des strahlendblauen Sees, im Winter und bis teils in den Juni hinein bedeckt eine dicke Eisschicht, wie geschaffen zum Eisangeln, den See, der sich kaum noch von den ihn umgebenden schneebedeckten grauen Bergen und dem grauen Himmel abhebt.

Die Malmbanan und ihre Personenzüge führt ihr Weg mal nahe zum Seeufer, mal weiter von ihm weg und ohne Blick auf sein Wasser. Bald ist Abisko erreicht, das mit seinen gut 650 Einwohnern den größten Ort zwischen Kiruna und Narvik darstellt. Hier gibt die Strecke immer wieder spektakuläre Blicke auf Lapporten, auf die „Lappenpforte", frei. Das markante Trogtal, das sich wie ein weites U zwischen den 1554 Meter hohen Tjuonatjåkka und den 1738 Meter hohen Nissuntjårro einschmiegt, ist eines der Wahrzeichen Lapplands.

Die Lapporten bildet das Tor zum Abisko-Nationalpark, der sowohl im Schein der sommerlichen Mitternachtssonne wie des Nordlichts ein Abenteuer darstellt. Letzteres lässt sich hier, 195 Kilometer nördlich des Polarkreises und aufgrund der fehlenden Luftverschmutzung recht häufig beobachten.

Abisko ist auch Ausgangspunkt des nördlichen Kungsleden, dem 440 Kilometer langen Fernwanderweg, der durch das wundersame schwedische Fjäll führt, von einer Schutzhütte oder Fjällstation zur nächsten.

NACH NORWEGEN

Hinter Abisko wird zunächst in dem kleinen Weiler Björkliden der Lokführer gewechselt – der schwedische wartet auf einen Zug zurück, ein norwegischer Kollege übernimmt das Steuer bis Narvik und zurück. Dann gilt es für die Malmbanan nun endgültig, die Skanden zu queren. Die entstanden vor rund 400 Millionen Jahren durch den Zusammenstoß der Urkontinente Laurentia, der im Großen und Ganzen das heutige Nordamerika und Grönland umfasste, mit Baltica, der weite Teile des heutigen Europa barg. Auf kurviger Strecke umrunden die Züge die von Gletschern rundgeschliffenen Berge. An mancher Stelle erscheint der Abschnitt halsbrecherisch; die Gleise führen auf der einen Seite dicht am Fels vorbei, während der Berg zur anderen Seite hin steil abfällt.

Nur selten durchfährt die Erzbahn einen Bahnhof, noch seltener hält sie auch an. Denn die Güterzüge haben auf der meist eingleisigen Strecke grundsätzlich Vorrang vor den Personenzügen.

Die Fahrt ist in zweierlei Hinsicht atemberaubend, im Hinblick auf die Schönheit und Einzigartigkeit der Landschaft und im Hinblick auf die Abgründe, die sich jenseits der Schienen auftun. Äußerst exakt müssen die Fahrpläne von Güter- und Personenzügen aufeinander abgestimmt sein, denn bei den wenigen Ausweich- und Rangiermöglichkeiten und den langen Bremswegen hätten Zugbegegnungen auf dem eingleisigen Schienenweg verheerende Folgen. An den seltenen Ausweichstellen kommt es für die Personenzüge daher recht häufig zu Zwangsbremsungen, um einen oder auch einmal mehrere Erzzüge passieren zu lassen. Für Touristen fast immer ein willkommener Halt, denn so können sie sich noch ausgiebiger der Landschaftsbetrachtung und -fotografie hingeben. Besonders im Winter, der hier sehr lang ist, zeigt sich die Natur von fast unwirklicher Seite. Unter dem Schnee wirken die Felsen weniger schroff, sondern eher wie die weichen, frisch aufgeschüttelten Betten von Frau Holle beziehungsweise Holda, Hulda oder Huldra, wie sie im skandinavischen Raum genannt wird. Ebenso märchenhaft wirken die Bäume, deren Äste von einer zarten Eisschicht umhüllt sind, die wiederum das seltene Sonnenlicht dieser Jahreszeit reflektiert und bricht, sodass das Land schimmert und funkelt. Die Einheimischen, die die Strecke häufiger zurücklegen und vielleicht schon seit Luleå im Zug sitzen, machen es sich in solchen Fällen im Speisewagen und dem teils am Zug angehängten Kinowaggon gemütlich, während die Touristen staunend und völlig verzaubert aus dem Fenster schauen.

So malerisch klingende Stationen wie Vassijaure nahe dem gleichnamigen See oder Katterjokk passierend, erreicht die Erzbahn mit der Siedlung Riksgränsen nicht nur beinahe die schwedische Grenze, sondern auch eines der beliebtesten Skigebiete der Region. Die Skisaison ist hier so lang wie nur in wenigen Regionen der Welt: Bereits ab Mitte Oktober ist eine befahrbare Schneedecke keine Seltenheit, und diese hält sich bis in den Mai, bisweilen sogar bis in den Juni hinein.

Die Bahn hat den letzten Ort vor der Grenze zu Norwegen erreicht, rund 50 Kilometer liegen noch bis Narvik vor ihr, der gebirgigste Teil. Schon seit Abisko passierte sie – wegen der Berge und ihrer enormen Schneemassen – immer wieder Tunnel; die werden auf ihrem Weg nach Narvik von nun ab deutlich häufiger, doch zunächst überquert der Zug die Grenze, heißt nun nicht mehr Malmbanan, sondern nach seinem Ziel, dem Ofotfjord, Ofotbanen. Dann passiert er die Streusiedlung Bjornfjell und den gleichnamigen Berg.

Seit den 1980er-Jahren wurde in diesem Abschnitt die Strecke völlig neu gestaltet: Bis dahin haben die Züge die Norddalbrücke gequert, eine 40 Meter hohe Pendelpfeilerbrücke, die bei ihrem

Vorangehende Doppelseite: Die Winter jenseits des Polarkreises sind lang und das Licht spärlich. Doch auch hierin liegt der Reiz einer Fahrt mit den Personenzügen der Erzbahn, die entsprechend auch in den Wintermonaten stets gut gefüllt sind.

Die markante Lappenpforte gilt als eines der Wahrzeichen Lapplands.

Naturschauspiel der besonderen Art: Polar-
lichter im Nationalpark Abisko.

Bau 1902 so konstruiert wurde, dass sie im Fall von Kriegen schnell hätte gesprengt werden können und so die Bahnverbindung unterbrochen hätte. Als während des Zweiten Weltkriegs im Zuge der Invasion der Deutschen in Norwegen und der Schlacht um Narvik, die als erster Erfolg der Alliier-

ten im Jahr 1940 eine Wende im Verlauf des Krieges einläutete, die Brücke jedoch tatsächlich gesprengt werden sollte, misslang der Versuch: Die eisige Kälte in der Skandenregion ließ die Sprengsätze gefrieren, die Schäden waren so gering, dass die Brücke wenig später wieder befahrbar war.

In den 1980er-Jahren wurde eine neue Bahntrasse eröffnet, wodurch die in die Jahre gekommene Brücke nutzlos wurde und in dem unzugänglichen Gelände nur noch mühsam als Denkmal erhalten wird. In jüngster Zeit allerdings denkt man darüber nach, die Ofotbanen in dem Bereich zweigleisig auszubauen und zu diesem Zweck auch wieder die Norddalbrücke richtig in Stand zu setzen und zu nutzen.

Der Rombaksfjord, ein Seitenarm des Ofotfjords, kommt in Sicht. Er ist, wie alle Fjorde, während der Eiszeiten durch die Richtung Meer fließenden Gletscher entstanden, indem die Talsohle von Flüssen immer stärker vertieft wurde. Der Rombaksfjord ist 20 Kilometer lang und bis zu 344 Meter tief. Insgesamt vier deutsche Zerstörer wurden bei der Schlacht von Narvik 1940 in dem Fjord von ihren Besatzungen selbst versenkt, nachdem sie ihre Munition verschossen hatten. Noch heute ragt die „Georg Thiele" dort, wo sie am Südufer des Fjords auf Grund gelaufen ist, als Mahnmal aus dem Wasser.

Die Tour entlang des Fjords bis zum Ofotfjord ist ein letzter Höhepunkt, bevor der Zug Narvik erreicht. Drei Stunden hat die Fahrt – wenn sie nicht allzu häufig von Erzzügen aufgehalten wurde – gedauert, dann ist der nördlichste Bahnhof Skandinaviens erreicht.

DURCH DAS OBERE MITTELRHEINTAL

Rheinromantik pur vom Zug aus erleben

Majestätisch thront die Marksburg oberhalb der Stadt Braubach. Die Höhenburg aus dem 12. Jahrhundert ist die einzige nie zerstörte mittelalterliche Burg am Mittelrhein.

Wer je durch das Obere Mittelrheintal gereist ist, kann ohne Bedenken behaupten, dass es sich hierbei um eine der schönsten Kultur- und Naturlandschaften Deutschlands handelt. Keine Etappe des Rheins hat Schriftsteller, Maler und auch Komponisten mehr inspiriert als der von Burgen und Schlössern umgebene Mittelrhein. Im 19. Jahrhundert wurde die Gegend von jungen englischen und deutschen Romantikern zum Sehnsuchtsort verklärt. Zahllose Lieder, Gedichte und Gemälde zeugen von der Magie, die der mächtige Strom zwischen Koblenz und Bingen auf die Künstler dieser Epoche ausgeübt hat. Aber auch heute noch können sich Reisende von dem Zauber einfangen lassen, der von dieser außergewöhnlich schönen und sagenhaften Kulturlandschaft ausgeht.

Strecke: von Bingen nach Koblenz

Streckenlänge: 65 Kilometer

Wichtigste Stationen: linksrheinisch: Koblenz – Boppard – St. Goar – Oberwesel – Bacharach – Bingen, rechtsrheinisch: Koblenz – St. Goarshausen – Loreley – Rüdesheim

Erste Fahrt: 1859

Besonderheiten: Das Obere Mittelrheintal wurde 2002 von der UNESCO zum Weltkulturerbe ernannt. Angeschmiegt an den mäandernden Rhein verläuft hier eine der schönsten Bahnlinien Deutschlands.

Als das Komitee der Cöln-Coblenz-Bingener Eisenbahngesellschaft im Jahr 1850 beim Oberpräsidenten der Rheinprovinz um Unterstützung für den Bau einer linksrheinischen Eisenbahnlinie ersuchte, trat die Planung für eine Mittelrheinbahn in ihre alles entscheidende Phase. Doch bis zum tatsächlichen Baubeginn 1856 mussten noch einige bürokratische Steine aus dem Weg geräumt werden: Während die preußische Regierung den Bau zunächst aus militärstrategischen Gründen ablehnte, waren die politisch Verantwortlichen in den Regionen rund um das Rheintal vor allem auf einen Streckenverlauf erpicht, der ihren eigenen Interessen entsprach. 1859 konnte die Strecke in Betrieb genommen werden, und der erste Zug, der auf den Gleisen rollte, wurde in Koblenz feierlich von Prinzessin Augusta und ihrer Tochter in Empfang genommen.

Von den endlos vielen Zügen, die im Laufe der nächsten 150 Jahre das Obere Mittelrheintal befahren sollten, spielt der „Rheingold"-Zug eine besondere Rolle. Für Nostalgiker ist er das Synonym für historische Eisenbahn- und Rheinromantik. Nach seiner Jungfernfahrt im Jahr 1928 verkehrte der Luxuszug zwischen Hoek van Holland und Basel und war anfangs mit seiner erstklassigen Ausstattung nur für gut betuchte Passagiere erschwinglich. Zu Beginn der 1960er-Jahre wurde der Zug modernisiert. Hauptattraktion war nun der Panoramawagen „DomeCar" mit seiner gläsernen Aussichtskuppel. 1976 ersetzte man den Aussichtswagen durch einen TEE-Barwagen, doch wegen der geringen Auslastung wurde der Betrieb des Zuges 1987 gänzlich eingestellt. Die Konkurrenz der schnelleren Intercitys hatte gesiegt.

Koblenz

Lahnstein

Lahn

Mosel

Rhein

Boppard

Sankt Goar ○ ○ Sankt Goarshausen

☀ *Loreley*

Oberwesel

Kaub

Bacharach

Taunus

Lorch

N

10 km
www.huber-medien.de

Rhein

Rüdesheim
am Rhein

Bingen
am Rhein

Heute haben Eisenbahnfreunde wieder Gelegenheit, sich mit dem „Rheingold"-Zug und der Schnell-

zug-Dampflokomotive 03 1010 in die Vergangenheit zurückversetzen zu lassen, denn an ausge-

wählten Terminen fährt der liebevoll restaurierte Zug von Koblenz aus auf seiner Schleife an beiden

Seiten des Mittelrheintals entlang. Wer eine solche Nostalgiefahrt unternimmt, dem sei vor allem

der Aufenthalt unter der gläsernen Kuppel des „DomeCar" empfohlen. Und wer sich insbesondere für alte „Dampfrösser" und ihre Technik interessiert, sollte auf keinen Fall einen Besuch im DB-Museum in Koblenz verpassen. Hier wird die alte Dampflok auch wieder mit Kohle und Wasser befüllt – die ideale Gelegenheit für ein Foto oder eine Plauderei mit dem Bahnpersonal.

RITTERBURGEN MIT EISENBAHNANSCHLUSS

Kulturlandschaften werden geprägt durch Spuren, die der Mensch durch gestalterische Eingriffe in den Naturraum hinterlässt. Im Falle des Mittelrheins zwischen Koblenz und Bingen ist es die Symbiose aus einmalig schöner Naturkulisse einerseits und kulturellem Reichtum andererseits, die 2002 zur Auszeichnung seitens der UNESCO führte. Seitdem darf sich die Region „Welterbe Kulturlandschaft Oberes Mittelrheintal" nennen. Das Prädikat kann kaum überraschen: Weinberge und hoch über dem Rhein aufragende Burgen und Festungen schmiegen sich in die reizvolle Flusslandschaft von Rheinland-Pfalz und Hessen und lassen eine Kulisse von atemberaubender Schönheit entstehen, in der die lange Geschichte der Region zum Greifen nahe ist.

Das 65 Kilometer lange Obere Mittelrheintal weist eine mehr als 2000 Jahre alte Tradition auf und kann sich als eine der wichtigsten Verkehrsadern Europas rühmen. Auf halber Strecke zwischen den Ländern des Mittelmeers und denen des nördlichen Europa gelegen, stellt es seit jeher eine immens wichtige Verbindung für den Handel und den Austausch der abendländischen Kultur dar. Bis heute ist auch die Eisenbahnstrecke, die 1859 ihren Dienst aufnahm, eine zentrale Nord-Süd-Verbindung im europäischen Schienenverkehr. Sie zählt zu den landschaftlich schönsten und meistbefahrenen Bahnlinien Deutschlands.

Im Mittelalter wurden Dutzende Burgen entlang des Handelsweges am Rhein gebaut und dienten dort vor allem als militärische Festungen zur Verteidigung des Territoriums. Allein auf der linken Rheinseite sind zwischen Koblenz und Bingen 16 Burgen in das Schiefergebirge gebaut, auf der rechten sind es auf dem Weg von Rüdesheim nach Lahnstein 14 Burgen. Doch da sie durch neue Waffen überflüssig wurden und als reiner Wohnsitz wenig taugten, verloren sie nach und nach ihre strategische Bedeutung. Einige von ihnen fungierten zwar noch zeitweilig als Zollstationen, doch ein Großteil wurde im Laufe der Jahrhunderte Opfer des Verfalls oder diente als Steinbruch für neue Bauwerke. 1689 fielen die meisten der noch erhaltenen Burgen dem Pfälzischen Erbfolgekrieg, den Ludwig XIV. anführte, zum Opfer.

Historische Aufnahme eines von einer Dampflokomotive angetriebenen Fernschnellzugs bei Oberwesel (1931).

Im 19. Jahrhundert wendete sich das Blatt, denn zur Zeit der Rheinromantik erlebten die alten Gemäuer einen neuen Boom und wurden teilweise wiederaufgebaut. Für die Romantiker mit ihrem unstillbaren Durst nach Mythen und schauriger Lust boten diese Bauwerke in Ergänzung zur einzigartigen Landschaft eine im wahrsten Wortsinne „fantastische" Projektionsfläche.

ENGLAND UND DIE RHEINROMANTIK

Die Geburt der Rheinromantik ist vor allem den Engländern zu verdanken, und gewissermaßen erweckten sie auch den Eisenbahn-Tourismus am Mittelrhein zum Leben. Schon im 18. Jahrhundert machte Laurence Sterne mit seiner „Sentimental Journey" viele Engländer auf das Reisen neugierig, darunter den Maler William Turner oder den Dichter Lord Byron. Byron trat mit seinen Gedichten eine Lawine „naturfühliger" Poesie los – letztlich die Initialzündung für den kaum zu bremsenden Rheintourismus.

Mit der Eisenbahn stand bald ein Transportmittel bereit, das zahlungskräftige Bildungsbürger in Gegenden brachte, die man gesehen haben musste, wenn man etwas auf sich hielt. William Turner hat mit seinen Landschaftsbildern den Reiseboom an den Rhein zusätzlich beflügelt. Da der Maler vor allem auf die Wirkung seiner Bilder zielte und es mit der Realität dabei nicht unbedingt so genau nahm, sind auf seinen Gemälden auch schon mal ein Turm oder eine Burg „verschoben". Heute gibt es entlang des Mittelrheins sogar einen Wanderweg, der sich dem Erbe Turners widmet und sich auf seine Spuren begibt. Viele Maler der vergangenheitsverliebten Epoche stilisierten einen Bildtypus, der technische Errungenschaften wie die Eisenbahn, aber auch Straßenbau und die Renovierung der Burgen, ganz einfach unbeachtet ließ. Stattdessen entstanden Bilder einer heilen Welt, die eine zeitlose und unberührte Ideallandschaft zeigen – und das ausgerechnet im Zeitalter der beginnenden Industrialisierung.

BURGENROMANTIK AUF DEM WEG VON BINGEN NACH KOBLENZ

Auf dem Weg von Bingen nach Koblenz beginnt die lange Reihe der Schlösser, Festungen, Ruinen und Burgen, von denen die meisten zwischen dem 12. und 14. Jahrhundert errichtet wurden, mitten im wild dahinrauschenden Rhein auf einer Felseninsel mit dem Mäuseturm, während sich am Eingang zu einer Felsenschlucht am rechten Ufer die stolz aufragende Burgruine Ehrenfels oberhalb des Bingener Lochs erhebt. Auf sie folgen Burg Rheinstein zur Linken, die in 90 Metern Höhe in den Fels gebaut wurde, Burg Reichenstein und die Ortschaft Trechtingshausen, der sich die imposanten Burganlangen Sooneck und Hoheneck anschließen. Nicht viel später ist Bacharach – im Mittelalter Zentrum des Mittelrhein-Weinbaus – mit seinen ansehnlichen Fachwerkhäusern erreicht. Gleich dahinter prägen auf der rechten Rheinseite zwei Burgen die Kulisse des mittelalterlichen Weinstädtchens Kaub: Burg Gutenfels aus dem 13. Jahrhundert thront in 110 Metern Höhe auf dem Fels, nicht weit davon entfernt liegt Burg Pfalzgrafenstein, die im 14. Jahrhundert erbaut wurde und lange als Zollstation diente.

Inbegriff der Rheinromantik und verklärter Blick zurück im Zeitalter der Industrialisierung: William Turners „Die Pfalz bei Kaub" aus dem Jahr 1817 (Privatsammlung, oben) und die „Ansicht von Nonnenwerth" (1831) von Anton Ditzler (Sammlung Siebengebirge, unten).

Etwa 7 Kilometer stromabwärts erreicht man den Loreleyfelsen – für in- und ausländische Touristen noch immer der Höhepunkt des Mittelrheins. Zwar hat der sagen- und mythenbeladene Strom unzählige Geschichten hervorgebracht, keine davon dürfte jedoch so bekannt sein wie die der geheimnisvollen Zauberin „Loreley". Dabei ist sie gar kein „Märchen aus uralten Zeiten", sondern eine Erfindung des 19. Jahrhunderts, zum Leben erweckt von Clemens Brentano in seiner Ballade „Zu Bacharach am Rheine". Zuvor war die Loreley nichts weiter als ein 120 Meter hoch aufragender

Burg Katz bei St. Goarshausen. Die Hang-
burg wurde um 1360 bis 1371 in direkter
Nachbarschaft zur Burg Maus errichtet.

Schieferfelsen bei St. Goarshausen. Mit Heinrich Heines Gedicht „Die Loreley" aber, der die Zauberin auf dem Felsen platzierte, wurde der Mythos perfekt. Noch heute ist die Vertonung von Friedrich Silcher eines der bekanntesten deutschen Volkslieder weltweit, das von einer ihr blondes Haar kämmenden, schönen Jungfrau erzählt, die auf ihren Geliebten wartet und dabei so betörend singt, dass die vorbeifahrenden Schiffer, statt auf die Riffe zu achten, in die Höhe aufschauen und infolge ihrer Unachtsamkeit von den Wellen verschlungen werden.

Bis heute ist die Loreley ein Touristenmagnet erster Kategorie. Die Bahngleise folgen auf der linken Seite dem in einer Kurve verlaufenden Rhein und zwingen den Zug, langsamer zu werden, sodass man den Felsen auf der gegenüberliegenden Seite beim Blick aus dem Fenster ausführlich betrachten kann. Wer bequem mit dem Zug am Felsen vorbeifährt, macht sich allerdings keine Vorstellung davon, was der mächtige Fluss mit seinen Stromschnellen und Felsen damals für die Schifffahrt an Gefahren bereithielt. Erst in den 1930er-Jahren wurden die Riffe gesprengt, die die Schiffe unter Wasser oft derart beschädigten, dass sie fahruntüchtig wurden oder sogar sanken. Dennoch ist die Fahrt um den Felsen nach wie vor der riskanteste Streckenabschnitt, und vielleicht ist ja doch etwas dran an der geheimnisvollen Loreley: Erst Anfang 2011 havarierte der Frachter Waldhof direkt an ihrem Felsen. Aus Sicherheitsgründen wurde die Eisenbahnstrecke in diesem Bereich während der Bergungsarbeiten mehrere Male komplett gesperrt.

Gleich hinter der Loreley folgen Burg Katz und Burg Maus. Zwei Territorialherren, einer von ihnen der Bischof von Trier, lieferten sich im Mittelalter einen Machtkampf um die Vorherrschaft des Gebiets und setzten sich in diesem Zuge einfach zwei Burgen gegenseitig vor die Nase. „Wie Katz und Maus" urteilte der Volksmund, und bis heute ist den Bauwerken dieser Spitzname erhalten geblieben, der auf den Namen des Grafen von Katzenelnbogen zurückgeht.

Auch bekannt als „die feindlichen Brüder" folgen auf der rechten Rheinseite die Burgruinen Sterrenberg und Liebenstein. Der Sage nach liebten einst die Brüder Heinrich und Konrad beide ihre Adoptivschwester Hildegard und forderten sich ihretwegen zum Duell heraus, was Hildegard im allerletzten Moment verhindern konnte. Sie trat daraufhin ins Bopparder Kloster Marienberg ein, während die beiden Brüder fortan in Frieden miteinander lebten.

Nach all diesen geschichtsträchtigen Mittelalterburgen rückt ab der Bopparder Rheinschleife – der größten des über 1200 Kilometer langen Flusses – wieder die Natur in den Mittelpunkt, die hier mit einer äußerst vielseitigen Flora und Fauna aufwartet. In dem 2000 Jahre alten Städtchen wird es vor allem am Wochenende sehr lebhaft, wenn die Besucher in den zahlreichen Cafés entlang der Uferpromenade bei einem Kaffee oder Glas Rheinwein die fesselnde Aussicht genießen. Gleich hinter Boppard setzen idyllische Ortschaften mit schmucken Fachwerkhäuschen und gemütlichen Gässchen die Rheinromantik fort. Augenfällig wird die um 1200 auf einem 150 Meter hohen Felsen erbaute Burg Marksburg, die einzige mittelalterliche Burg der Region, die nie zerstört wurde. Umso bizarrer erscheint vor diesem Hintergrund, dass vor drei Jahrzehnten japanische Abgesandte der Insel Miyako die Burg kaufen wollten, um sie abzutragen und auf der Insel im Pazifik wiederaufzubauen, allerdings ohne Erfolg. Statt des Originals findet man dort heutzutage eine getreue Kopie der Burg.

Nachfolgende Doppelseite: Burg Rheinstein wurde im frühen 14. Jahrhundert auf einem 90 Meter hohen Felssporn über dem Rhein errichtet, verfiel im Verlauf des 16. und 17. Jahrhunderts zusehends und wurde dann im Zuge der Rheinromantik auf Ersinnen des preußischen Baumeisters Karl Friedrich Schinkel als eine der ersten Ritterburgen am Mittelrhein bis 1829 romantisierend wiederaufgebaut.

MIT FLÜSTERBREMSEN GEGEN BAHNLÄRM

Bei aller berechtigten Eisenbahn-Rheinromantik gibt es doch einen Wermutstropfen, der Zugreisenden allerdings am ehesten verborgen bleiben dürfte: Egal ob Nostalgiebahn, Schnellzug oder Güterverkehr – verglichen mit dem Lärm, den die Eisenbahnen im Rheintal verursachen, mutet die Geräuschkulisse des Straßenverkehrs beinahe wie ein leises Rauschen an. Im Minutentakt donnern die Züge durch das enge Tal. Dabei erfordert die kurvenreiche Strecke außerdem viele Bremsvorgänge, die zusätzlich Lärm erzeugen. Für die Rheintalbewohner zwischen Koblenz und Bingen stellt der Lärm vor allem nachts eine nicht zu leugnende Beeinträchtigung ihrer Lebensqualität dar. Auch die UNESCO bemängelte bei ihrer Zuerkennung der Flusslandschaft zum Weltkulturerbe die erhebliche Lärmbelastung, verlangte aber keine konkreten Gegenmaßnahmen. Durch seine Topografie mit der Grabenschlucht zwischen den Mittelgebirgen ist das Mittelrheintal sehr anfällig für Schall. Die Lautstärke liegt häufig bei über 100 Dezibel – zum Vergleich: Das Arbeitsrecht schreibt schon bei 85 Dezibel einen Hörschutz vor. Rund 500 Personen- und Güterzüge passieren den Streckenabschnitt – beide Seiten des Rheins zusammengenommen – jeden Tag. Dabei sind es vor allem die Güterzüge, über deren Lärm sich die Anwohner beklagen. Die Bundesländer Hessen und Rheinland-Pfalz machten sich in den vergangenen Jahren bereits für das Projekt „Leiser Rhein" stark. Die EU stellte im Jahr 2009 das Geld für 5000 Güterwagen zur Verfügung, damit diese mit geräuschärmeren Bremsklötzen, sogenannten Flüsterbremsen, ausgestattet werden können. Bis 2020 müssen sich die Anwohner jedoch noch gedulden – so lange wird sich die Umstellung noch hinziehen.

Viel Platz ist nicht im Rheintal, sodass auch die Bahntrassen nicht selten

mitten durch die Dörfer führen.

Burg Lahneck und das auf der gegenüberliegenden Seite in leuchtendem Gelb erstrahlende Schloss Stolzenfels markieren zugleich das baldige Ende der Bahnfahrt durch das Obere Mittelrheintal, die mit der Einfahrt in den Koblenzer Bahnhof ihren Abschluss findet.

RECHTE UND LINKE RHEINSTRECKE

Auf beiden Seiten des Flusstals gibt es jeweils eine zweigleisig ausgebaute elektrifizierte Bahnstrecke. Wegen der scharfen Kurven geht es auf dem kurzen Streckenabschnitt zwischen St. Goar und Oberwesel gleich dreimal hintereinander in den Tunnel: am Bankeck, Betteck und Kammereck. Auf der linksrheinischen Strecke fahren hauptsächlich die Fernzüge des Personenverkehrs, die wegen des kurvigen Verlaufs ihr Tempo häufig drosseln müssen. Das bietet mehr Zeit, um die einzigartige Landschaft zwischen Koblenz und Bingen zu genießen und die Seele baumeln zu lassen. Die Fernzüge fahren über Köln weiter Richtung Norden und über Mainz in den Süden.

Die rechtsrheinische Eisenbahnstrecke, die vornehmlich von Güterzügen und Regionalbahnen genutzt wird, führt von Rüdesheim nach Koblenz. Hier durchfährt man zwischen Lahnstein und Rüdesheim den Loreleyfelsen und den Roßstein mittels zweier Tunnel.

Zurzeit sind die drei Tunnel zwischen St. Goar und Oberwesel dringend sanierungsbedürftig, doch in Sachen Restaurierung legt der Denkmalschutz strenge Richtlinien vor. Im Zuge einer Modernisierung müssten nach aktuellen Standards Fluchtwege angelegt und die Gleisabstände vergrößert werden. Da die Tunnelportale jedoch unter Denk-

malschutz stehen, darf diese Maßnahme nicht durchgeführt werden. Alternativ wird der Bau eines neuen Tunnels angedacht, was mit einer neuen Streckenführung in diesem Bereich verbunden wäre.

Auch der Autoverkehr muss in der Gegend Einschränkungen in Kauf nehmen. Da es im Mittelrheintal an Querungen über den Fluss mangelt, wird von vielen Seiten eine Brücke zwischen St. Goar und St. Goarshausen gefordert. Diese Diskussion hat eine große Kontroverse ausgelöst: Für die einen ist sie ein Anschlag auf die Rheinromantik – es wird gar die Aberkennung des Weltkulturerbe-Status befürchtet –, die anderen möchten die Infrastruktur in der Region verbessern. Ob und wann diese Pläne weiterverfolgt werden, ist derzeit noch offen.

Ortsansicht von Kaub mit der über dem Städtchen thronenden Burg Gutenfels aus dem 13. Jahrhundert.

DER GLACIER-EXPRESS

Mit dem Panoramazug durch die Schweizer Bergwelt

Der Glacier-Express ist nicht unbedingt der Schnellste auf den Schienen, dafür lässt er seinen Gästen Zeit, die herrliche Aussicht auf der rund 290 Kilometer langen Strecke zwischen St. Moritz und Zermatt zu genießen.

Es war in der Mitte des 19. Jahrhunderts, als der Walliser Alexander Seiler in Zermatt mit seinem „Hotel Monte Rosa" den Grundstein für den schon bald florierenden Tourismus am Fuße des Matterhorns legte. Zeitgleich, 170 Kilometer Luftlinie entfernt, sorgte Johannes Badrutt mit der Eröffnung der „Hotel-Pension Engadiner Kulm" für ähnlich positive Effekte in St. Moritz und begründete zugleich den bis dahin unbekannten Wintertourismus. Wallis und Engadin – beide Alpenregionen entwickelten sich schon bald zu Urlaubszielen für Gäste aus ganz Europa. Was lag da näher, als die beiden Ortschaften mit einem Zug zu verbinden? 1930 wurde diese Vision Wirklichkeit: Der Schmalspurzug „Glacier-Express" nahm seine erste Fahrt durch die Kantone Graubünden, Uri und Wallis auf und hat sich seitdem zu einem der berühmtesten Wahrzeichen des Alpentourismus entwickelt.

PALACE HOTEL ST.MORITZ
6000 F ½   1800 M ⅝

Den meisten Eisenbahngründungen geht Pioniergeist voraus, doch ganz besonders gilt dies für die Erschließung der Alpenregionen. Zum einen erfordert das geologisch anspruchsvolle Terrain individuelle Lösungen, großes technisches Know-how und Wagemut, zum anderen konnte man sich zu der Zeit, als die Idee einer Bahnverbindung zwischen Zermatt und St. Moritz aufkeimte, keinesfalls sicher sein, ob sich ein tragfähiger Alpentourismus überhaupt entwickeln würde. Wo heute Glanz und Glamour zu Hause sind, gab es vor 150 Jahren noch bittere Armut. Die Abgeschiedenheit machte vielen Dorfbewohnern zu schaffen; zudem vereitelte sie den Ausbau von Tourismus als möglicher Einnahmequelle. Die wenigen Betten, die Gästen zur Verfügung standen, wurden allein von abenteuerlustigen Alpenbesuchern – insbesondere Engländern – in Anspruch genommen, die bereit waren, umständliche und beschwerliche Anreisen auf sich zu nehmen. Mit der Erstbesteigung des Matterhorns im Juli 1865 geriet Zermatt jedoch in die Schlagzeilen – trotz oder gerade wegen des tragischen Endes dieser Besteigung, bei der vier der insgesamt sieben Bergsteiger in den Tod stürzten.

15 Jahre zuvor war in den Engadiner Alpen die Besteigung des 4050 Meter hohen Piz Bernina geglückt. Visionäre wie Johannes Badrutt waren zu diesem Zeitpunkt bereits davon überzeugt, dass die Erschließung und der touristische Ausbau von St. Moritz nur ein Gewinn sein könnten: für Einwohner, denen sich neue Verdienstmöglichkeiten erschließen würden, und für Gäste, die sich ein Bild von der ergreifenden

DATEN UND FAKTEN

Strecke: von Zermatt nach St. Moritz

Streckenlänge: rund 290 Kilometer

Wichtigste Stationen: Zermatt, Brig, Andermatt, Disentis, Filisur, St. Moritz

Fahrtdauer: knapp 8 Stunden

Spurweite: Schmalspur

Ausstattung: Der Glacier-Express fährt mit zwei Waggons der 1. Klasse, einem Servierwagen und drei Waggons der 2. Klasse. Die Züge sind ausschließlich für Gäste reserviert, die die gesamte Strecke fahren. Reisende, die Kurzstrecken buchen möchten, werden auf andere Regionalzüge gebucht.

Besonderheiten: Der Glacier-Express wird von der Matterhorn Gotthard Bahn (MGB) und der Rhätischen Bahn (RhB) betrieben, wobei die Grenze in Disentis/Mustér liegt. Besonders komfortabel für Reisende sind die Panoramafenster des Zuges, die in die Dachwölbung hineinreichen und so einen unverstellten Blick auf die Gebirgslandschaft ermöglichen.

Schönheit des Oberengadins machen könnten. Alexander Seiler und Johannes Badrutt sollten recht behalten: Aus einem kleinräumigen Bergsteigertourismus entwickelte sich nach und nach ein lukrativer Tourismussektor, der heute mit Abstand den wichtigsten Einkommenszweig in den Alpen darstellt. 250 000 Gäste und über 1 Million Logiernächte pro Jahr kann St. Moritz heute aufweisen; Zermatt erreicht sogar 1,8 Millionen Logiernächte pro Jahr. Entscheidenden Anteil an der touristischen Erschließung der Alpenregionen hat der Glacier-Express, der heute innerhalb von acht Stunden die Strecke zwischen Zermatt und St. Moritz zurücklegt und dessen Beliebtheit sich nicht zuletzt in 250 000 Fahrgästen pro Jahr niederschlägt.

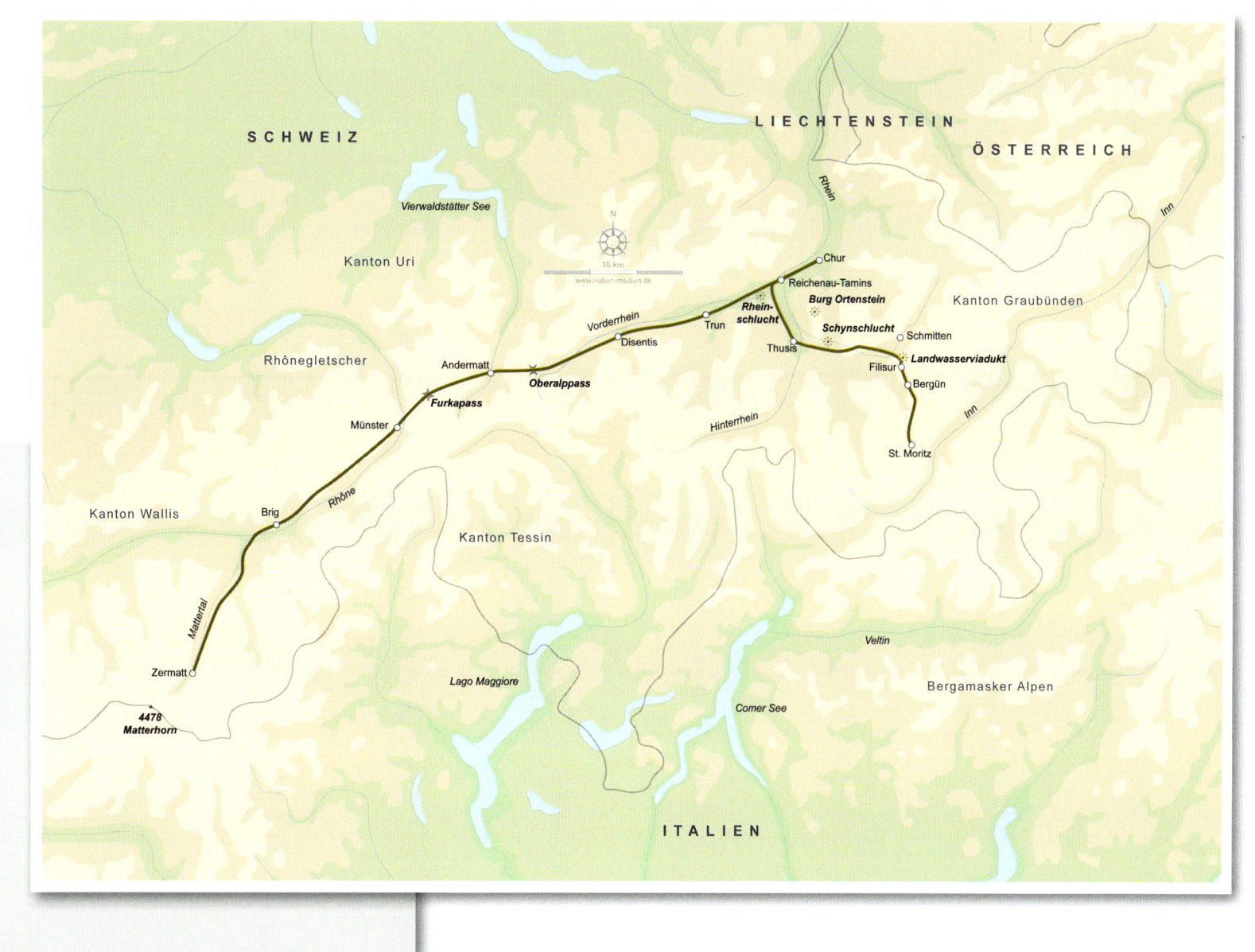

IN ETAPPEN ZUM ZIEL: DER BAU DER BAHNTRASSE

Der erste Schritt in der verkehrstechnischen Erschließung Zermatts bestand in der Errichtung der Visp-Zermatt-Bahn, die im Juli 1891 als meterspurige Bahn ihren Betrieb aufnahm. Dem Zeitpunkt der Eröffnung gingen Jahre voraus, in denen es allein der Hartnäckigkeit einiger Einheimischer sowie passionierter Alpinisten aus dem In- und Ausland zu verdanken war, dass die Bahn gegen zahlreiche Widerstände gebaut wurde. Viele Landbesitzer weigerten sich, einen Teil ihres Landes für die Bahntrasse abzutreten, sodass zermürbende Enteignungsverfahren in Gang gesetzt werden mussten. Erst dann konnte mit dem eigentlichen Trassenbau begonnen werden, der den Arbeitern alles abverlangte: Es galt, Ton-

Der Glacier-Express hat einen entscheidenden Anteil an der touristischen Erschließung der Alpenregionen. Heute legt er die Strecke zwischen Zermatt und St. Moritz innerhalb von acht Stunden zurück.

Das Matterhorn nahe Zermatt bildet dabei den atemberaubenden Auftakt der Tagesfahrt mit dem Alpenzug.

nen Gestein wegzusprengen und abzutransportieren, Mauern, Brücken und Tunnel zu errichten und diese vor Wassereinbrüchen, Eisbildung, Steinschlag und Lawinen zu schützen. Gut zweieinhalb Jahre nahm der Bau der 35 Kilometer langen Trasse in Anspruch, auf der sich Brücken, Tunnel und Viadukte engmaschig aneinanderreihen.

Der zweite Meilenstein wurde in Form der Brig-Furka-Disentis-Bahn (BFD) gelegt, die im Juni 1915 zumindest für den Abschnitt Brig-Oberwald eröffnet werden konnte. Der Erste Weltkrieg brachte die Bahngesellschaft in eine finanzielle Schieflage, sodass diese – kurz nach dem Durchstich des 1874 Meter langen Furka-Scheiteltunnels zwischen Muttbach und Furka – Konkurs anmelden musste. Eine Übernahme und die Neugründung der Furka-Oberalp-Bahn (FO) ermöglichte die Fertigstellung der Trasse, auf der 1926 der durchgehende Zugverkehr zwischen Brig und Disentis aufgenommen wurde – zumindest in den Sommermonaten. In der bis zu sieben Monate langen

Winterpause war die Bahngesellschaft gezwungen, in getrenntem Betrieb auf den Strecken Brig-Oberwald einerseits, und Disentis-Sedrun andererseits zu fahren. Mit jedem Jahrzehnt – und stetig zunehmendem Wintertourismus – wurde die Untragbarkeit dieser Situation offensichtlicher, doch eine ganzjährige Lösung des Problems fand sich erst in Gestalt des 15,35 Kilometer langen Furka-Basistunnels, der 1982 eröffnet wurde. Dieser ersetzte fortan die Bergstrecke Gletsch–Furka-Scheiteltunnel-Realp und verkürzte die Fahrtzeit beträchtlich. Doch zu diesem Zeitpunkt war der Glacier-Express bereits 52 Jahre im Einsatz.

Am 22. Juni 1930 nahm der Glacier-Express zwischen Zermatt und St. Moritz seinen Betrieb auf, nachdem das noch fehlende Stück zwischen Visp und Brig fertiggestellt worden war. Anfänglich kamen neben Elektrolokomotiven der Reihe „Rhätische Krokodile" auch Dampfloks zum Einsatz, die jedoch bis 1942 vollständig aus dem Verkehr gezogen wurden (siehe Exkurs S. 84), wodurch sich auch die anfängliche Gesamtreisezeit von knapp elf Stunden reduzierte.

Es entbehrt nicht einer gewissen Ironie, dass der Glacier-Express in seinem Namen auf den Rhône-gletscher verweist und damit genau auf jenes Naturspektakel, das seit der Eröffnung des Furka-Basistunnels gar nicht mehr vom Zug aus zu bewundern ist und in den Jahren davor ausschließlich in den Sommermonaten. Das Erlebnis einer Fahrt mit dem berühmten Alpenzug wird dadurch

Engadiner Bergwelt bei St. Moritz, Graubünden. Schweiz.

allerdings in keiner Weise getrübt: Der Glacier-Express führt in seiner acht Stunden langen Fahrt von den Walliser Alpen ins Oberengadin über 291 Brücken und Viadukte und durch 91 Tunnel, er passiert Kulturdenkmäler, Bilderbuchortschaften, Täler, Berge und dramatische Schluchten. All das können die Gäste des Glaciers-Express dank der Panoramafenster ohne Einschränkung auf sich wirken lassen und dabei zugleich den Komfort und Service im Zug genießen.

VON ZERMATT NACH ST. MORITZ

Eng schmiegt sich der Bahnhof von Zermatt an die steil aufragenden Flanken des Platthorns und Mettelhorns. Beide Berge erheben sich majestätisch 3345 bzw. 3406 Meter gen Himmel und bieten Alpinisten mit guter Kondition die Möglichkeit, meist ohne Steigeisen und aufwendige Klettermanöver zwei der schönsten Aussichtspunkte der Region zu erklimmen. Von den Gipfeln aus bietet sich ein unvergleichliches 360-Grad-Panorama auf das Mattertal und die umliegende Bergwelt. 41 Viertausender sind es insgesamt, die sich auf die Walliser Alpen verteilen, und doch gibt es einen einzigen Berg, der alle anderen in den Schatten stellt: das Matterhorn, das die Grenze zwischen dem Schweizer Kanton Wallis und der italienischen Provinz Aosta bildet. Mit 4478 Metern ist es nicht einmal der höchste Gipfel der Walliser Alpen, doch seine unverwechselbare, markante Silhouette macht ihn ohne jeden Zweifel zu einem der bekanntesten Berge der Welt.

Mit diesem einmalig schönen Postkartenmotiv im Rücken verlässt der Glacier-Express den Bahnhof von Zermatt. Das berühmte Bergdorf ist seit jeher autofrei, was sich sommers wie winters, wenn Zehntausende Touristen das Bergdorf besuchen, als eine Wohltat erweist. Parallel zum Fluss Vispa verlaufend und diesen teilweise querend, führt der Glacier-Express gen Norden, vorbei an den Ortschaften Täsch und Randa. Unmittelbar hinter Randa ereigneten sich im Jahre 1991 innerhalb von drei Wochen drei dramatische Bergstürze, bei denen insgesamt 33 Millionen Kubikmeter Gestein ins Tal stürzten – darunter Felsbrocken so groß wie Einfamilienhäuser. Durch den letzten Bergsturz wurden die Bahnlinie und die Verkehrsstraße ebenso unter einem Schuttkegel begraben wie auch das Flussbett der Vispa, die sich daraufhin gefährlich zu stauen begann. Während sich von oben Unmengen an Gesteinsstaub auf das Dorf Randa legten, stieg von unten der Wasserpegel des zu einem See heranwachsenden Flusses. Zermatt, Täsch und Randa waren vollständig von der Außenwelt abgeschnitten, bis man erste Geröllmassen fortbewegt und eine schwimmende Pontonbrücke zur Aufnahme des Straßenverkehrs errichtet hatte. Auch die Bahntrasse wurde über eine Strecke von knapp 3 Kilometern neu verlegt, um den Schienenverkehr wiederaufnehmen zu können.

Unter Einsatz der Zahnstange führt der Glacier-Express mehr als 250 Höhenmeter hinab, um die Ortschaft St. Nikolaus zu erreichen, hinter der es in die Kipfenschlucht geht. In unmittelbarer Nähe zur Vispa, mit der sich der Glacier-Express die wenigen verbleibenden Meter, die zwischen den steil aufragenden Felswänden übrig bleiben, streitig zu machen scheint, geht es weiter steil bergab über Stalden-Saas Richtung Visp, wobei mehrere Tunnel und Brücken wie die Spannbetonbrücke über den Mühlebach auf dem Weg liegen. Die Felswände treten zurück und bieten Raum für die ersten Rebhänge, die nun in den Blick geraten, doch zuvor unterquert der Glacier-Express bei Neubrück eine rund 500 Jahre alte Steinbrücke, an deren Kopf sich eine winzige Barockkapelle schmiegt.

Mit Visp, dem Tor zum Mattertal und Saastal, erreicht der Glacier-Express das Rhônetal, das er – auf einen Ostkurs einschwenkend – bis zum Furka-Basistunnel nicht mehr verlässt. Eingerahmt von den bewaldeten Hängen der umliegenden Berge präsentiert sich Visp in seinem Stadtkern durchaus noch als typisches Schweizer Bergdorf, doch entlang der Rhône zieht sich ein langes Gewerbe- und Industriegebiet, das die 7500-Einwohner-Gemeinde als das industrielle Zentrum des Oberwallis auszeichnet. Auch das nur wenige Kilometer weiter östlich liegende Brig hat sich zu einem wichtigen Wirtschaftsstandort entwickelt, allerdings spielt hier weniger der Industrie- als vielmehr der Dienstleistungssektor die entscheidende Rolle. Grund für diesen Umstand ist die Lage von Brig: 1906 wurde der südlich

Stockalper-Palast in Brig (links) und das

ebenfalls von Kaspar Jodok von Stockalper

errichtete Hospiz am Simplonpass (rechts).

liegende Simplontunnel für den Verkehr freigegeben und Brig damit zu einem wichtigen Verkehrskno-

tenpunkt vor allem für den Güterverkehr im Länderdreieck Frankreich, Schweiz und Italien. Vor diesem

Hintergrund erklärt es sich, warum sich im Bahnhofsbereich insgesamt zwölf normalspurige Gleise für

Güterzüge finden, zu denen weitere neun normalspurige Gleise für den Publikumsverkehr hinzukommen.

Der Bedarf ist durchaus gegeben: Sommers wie winters ist Brig ein überaus beliebtes Urlaubsziel. Der

Aletschgletscher im Norden, der Simplonpass im Süden laden zu Ausflügen ein, und die Stadt selbst

ist dank des Stockalperpalastes – einer der bedeutendsten barocken Palastanlagen des Landes – und

ihrer wunderschönen Altstadt selbst eine Reise wert. Dass sich der Stadtkern heute als harmonisches

Gesamtbild zeigt, ist nicht zuletzt das Resultat einer Katastrophe: 1993 kam es hier nach andauernden

und starken Niederschlägen zu Überschwemmungen, bei denen Teile der Ortschaft von meterhohen

Geröll- und Schlammmassen zerstört wurden. Die Jahre nach dieser Katastrophe standen nicht nur im

Zeichen eines erhöhten Hochwasserschutzes, sondern auch im Zeichen der Neugestaltung des Stadt-

kerns, von der heute Einwohner wie Gäste profitieren.

Als Meterspurbahn kann der Glacier-Express nicht in den Normalspur-Bahnhof von Brig einfahren, son-

dern hält an dessen Vorplatz. Von hier geht es weiter entlang der Rhône in nordöstliche Richtung,

zunächst mit mäßiger Steigung im Adhäsionsbetrieb, doch bereits die Talstufe bei Grengiols kann nur

mithilfe der Zahnstange überwunden werden. Der Zug bewegt sich nun durchs Goms, jene Region, die

MIT DER DAMPFLOK
ÜBER DEN FURKAPASS

Im Oktober 1981 wurde das Ende einer Ära eingeläutet, als der letzte planmäßige Zug den Furkapass erklomm und dabei das zu Füßen des Rhône-Gletschers liegende Gletsch passierte. Fortan sollte die Strecke zwischen Oberwald und Realp über den Furka-Basistunnel zurückgelegt werden, der im Juni 1982 eröffnet wurde. So wichtig und richtig der Tunnelbau im Hinblick auf die Möglichkeit eines ganzjährigen Verbindungsweges ist, so bedeutete er doch zugleich das Aus für eine der faszinierendsten Strecken der Alpen. Viele Menschen in der Region wollten das nicht hinnehmen und gründeten deshalb im Dezember 1983 einen Verein, der sich für den Erhalt der Furka-Bergstrecke einsetzte. Über Jahre sammelten dessen Mitglieder Gelder und leisteten Zehntausende ehrenamtliche Stunden Arbeit zur Reaktivierung der Trasse. Eine der aufsehenerregendsten Etappen in der Umsetzung dieses ehrgeizigen Plans war die Rückführung von Dampfloks aus Vietnam. Nach der Elektrifizierung der Furka-Oberalp-Bahn im Jahre 1947 wurden die bis dahin eingesetzten Dampfloks der Schweizerischen Lokomotiven- und Maschinenfabrik Winterthur überflüssig und einige Exemplare nach Vietnam – damals noch Indochina – verkauft. Dort kamen sie zum Einsatz, um das auf 26 Höhenmetern liegende

Tháp Chàm mit dem im zentralvietnamesischen Hochland gelegene Đà Lạt (1488 Meter) zu verbinden. Die Bahnen legten die 84 Kilometer lange Strecke mit Steigungen von bis zu 120 Promille im kombinierten Adhäsions- und Zahnradbetrieb zurück, wobei Zahnstangen des Systems Abts zum Einsatz kamen, eben jenem System, das sich auch bei der Furkabahn findet. In der beispiellosen Aktion „Back to Switzerland" konnte die „Dampfbahn Furka-Bergstrecke AG" drei dieser Lokomotiven erwerben und nach einer Überholung auf der Alpentrasse zum Einsatz bringen. Und so erklimmen den Furkapass seit Anfang der 1990er-Jahre wieder Dampflokomotiven, die viele Jahrzehnte zuverlässig ihren Dienst im fernen Vietnam geleistet haben. Der Betrieb wurde etappenweise wiederaufgenommen, doch seit August 2010 ist die gesamte Strecke zwischen Oberwald und Realp wieder mit diesen wunderschönen Nostalgiezügen zu befahren. Dabei erklimmt der Zug von Oberwald aus zunächst das 400 Meter weiter oben liegende Gletsch. Noch vor 150 Jahren reichte der Rhône-Gletscher fast bis an den heutigen Bahnhof von Gletsch, doch wie vielerorts zieht sich auch hier die Eiszunge kontinuierlich zurück. Der Rückgang ist über Jahrzehnte betrachtet als dramatisch zu bezeichnen, von seiner Faszina-

Seit Anfang der 1990er–Jahre erklimmen wieder drei der originalen Dampflokomotiven den Furkapass.

tion hat der Rhône-Gletscher indes nichts eingebüßt. Dieses Naturschauspiel aus den Waggons eines Nostalgiezuges bewundern zu können, macht die Zugfahrt perfekt.

Die Furkabahn arbeitet sich weiter empor bis zur Station Muttbach-Belvédère auf 2120 Höhenmetern, wo sie in den Furka-Scheiteltunnel einfährt, der an seinem Scheitelpunkt 2160 Hö-

henmeter misst und damit der höchste Alpendurchstich der Schweiz ist. Am Ausgang des Tunnels liegt der Bahnhof von Furka, von wo es stetig bergab bis nach Realp auf 1546 Metern geht. Hier vereinen sich wieder die Trassen der Furka-Bergbahn mit der der „regulären" Bahnstrecke durch den Furka-Basistunnel.

sich bis zur Quelle der Rhône erstreckt und sich zahlreicher Bilderbuchortschaften rühmen kann. Der Fluss wird in 31 Metern Höhe auf dem Rhône-Viadukt überquert, an das sich direkt ein knapp 600 Meter langer Tunnel anschließt, der eine 270-Grad-Kehre vollführt.

Die Panoramawagen des Glacier-Express bieten den Reisenden einen hervorragenden Blick auf die atemberaubende Alpenkulisse. Über Kopfhörer werden die Fahrgäste in sechs verschiedenen Sprachen über interessante Streckendetails informiert.

Vorbei an Lax führt der Glacier-Express in einem kleinen Abstecher ins Fieschertal, um bald darauf nach einem weiteren Zahnstangenabschnitt die Ortschaften Fürgangen und Niederwald zu erreichen. Das Rhônetal weitet sich nun, sodass die hier befindlichen kleinen Ortschaften mit ihren charmanten Walliser Holzhäusern selbst im Winter von Sonnenstrahlen erreicht werden. Erst die Gemeinde Obergoms – ein Zusammenschluss von Ulrichen, Obergestein und Oberwald, wo sich auch der Bahnhof befindet – markiert das Ende dieses großzügigen, sonnigen Tals. Hier befindet sich der Bahnhof für den „Autoverlad"

durch den Furka-Basistunnel nach Realp. Auch der Glacier-Express nutzt diesen 15,35 Kilometer langen Tunnel, der zwar einerseits den ganzjährigen Betrieb der Bahn gewährleistet, andererseits jedoch einen der schönsten Streckenabschnitte der Alpen ausspart. Es ist der Initiative zahlreicher Freiwilliger zu verdanken, dass diese Bergstrecke heute wieder zu befahren ist (siehe Exkurs S. 84).

Hinter Realp durchfährt der Glacier-Express das Urserental, das mit der Richlerenbrücke – einem steinernen Viadukt über die Furkareuss, hinter der die schroffen Felswände des Rienzenstocks aufragen – gleich eine weitere Bilderbuchlandschaft bereithält. Von hier sind es nur noch 4 Kilometer bis zum Bahnhof von Andermatt, das seit jeher eine wichtige Achse in der Nord-Süd-Route über die Alpen darstellt. Der 1400-Einwohner-Kurort am Fuße des Gotthard- und des Oberalppasses steht am Beginn eines groß angelegten Strukturwandels. Der in Ägypten geborene Investor Samih Sawiris möchte hier in den kommenden Jahren das größte Luxusresort der Alpen entstehen lassen. Rund 500 Ferienwohnungen und 850 Hotelzimmer der gehobenen Kategorie sollen aus Andermatt wieder eine mondäne Destination in den Alpen machen, die zudem durch einen 18-Loch-Golfplatz und neue Liftanlagen den Anspruch an Luxustourismus erfüllen wird.

Mit Verlassen des Bahnhofs von Andermatt wechselt der Glacier-Express in den Zahnradbetrieb. Es gilt, Steigungen von bis zu 110 Promille zu bewältigen, um den topografischen Höhepunkt der achtstündigen Fahrt zu erreichen: den Oberalppass mit 2033 Metern Höhe. Der Weg dorthin führt in Kehren und durch Tunnel, vorbei an steil aufragenden Berghängen, die spezielle Lawinensicherungen besitzen, um den ganzjährigen Betrieb des Glacier-Express aufrechterhalten zu können. Kurz vor der Station Oberalppass erreicht der Zug den Oberalpsee, durchfährt an dessen Ufer eine kurze Galerie, um gleich darauf den Kanton Uri zu verlassen und die Landesgrenze nach Graubünden zu überqueren.

Jenseits dieses Scheitelpunkts, hinter dem der Zug in zahlreichen Zahnstangenabschnitten an Höhenmetern verliert, gesellt sich ein klarer, sprudelnder Gebirgsbach hinzu, der sich den Zuggästen bis Reichenau-Tamins als treuer Wegbegleiter erweisen wird. Nichts lässt ahnen, dass es sich hierbei um einen der Quellflüsse des Rheins handelt, der zu einem mächtigen Strom heranwächst und vom Oberalppass aus betrachtet knapp 1230 Kilometer zurücklegt, ehe er bei Hoek von Holland in die Nordsee mündet. Kaum ein anderer Fluss Europas wurde in seinem natürlichen Verlauf derart beschnitten, begradigt, in enge Korsetts geschnürt und durch Staustufen reglementiert wie der Rhein. Vor diesem Hintergrund ist es ein ganz besonderes Erlebnis, den Quellfluss des Rheins im Kontext einer derartigen Naturidylle zu

Nachfolgende Doppelseite: Die bizarren Felsformationen und Steilhänge verleihen der Rheinschlucht, durch die sich der Glacier-Express schlängelt, ihren Ehrentitel „Grand Canyon der Schweiz".

erleben. Zusammen mit dem Glacier-Express führt er durch die Surselva, jener Region Graubündens, die sich bis zur Rheinschlucht nahe Flims erstreckt und die sich nicht nur aufgrund des hier gesprochenen Sursilvan – einem Dialekt des Rätoromanischen – etwas ganz Eigenes bewahrt hat.

Durch das Vorderrheintal geht es über die Ortschaft Sedrun weiter bis nach Disentis (sursilvan: Mustér), einem der Hauptorte des Bündner Oberlands. Vom Zug aus wunderschön anzusehen ist das mächtige Kloster Disentis, das vor rund 1300 Jahren als Benediktinerabtei errichtet wurde. Der reizende Ort markiert zugleich den Übergang zwischen den Streckenabschnitten der Matterhorn Gotthard Bahn (MGB), an die sich nun das 384 Kilometer Streckennetz der Rhätischen Bahn (RhB) anschließt.

Auf Abschnitte, in denen sich das Tal öffnet, folgen Passagen, in denen sich das Tal auf weniger als 200 Meter Breite verjüngt, sodass Vorderrhein, Oberalpstraße und Bahntrasse in unmittelbarer Nähe zueinander verlaufen. Eingebettet in einer herrlichen Landschaft aus bewaldeten Bergflanken und saftiggrünen Almwiesen reihen sich kleine Ortschaften aneinander, die immer wieder neue Eindrücke und Einblicke ermöglichen und deren Geschichte – wie im Fall von Ilanz – mehr als ein Jahrtausend zurückreicht. Wenige Kilometer hinter dieser traditionsreichen Ortschaft verändert sich das Landschaftsbild, und der Glacier-Express fährt in jenen Abschnitt, den viele Zugreisende für den zweifelsohne spektakulärsten

Abschnitt überhaupt halten. Schlagartig verengt sich das Tal, an die Stelle bewaldeter Bergflanken treten immer häufiger weiße Steilwände; Fluss und Bahntrasse verlaufen in vielen engen Kehren. Es ist die als Ruinaulta bezeichnete Rheinschlucht, die dieses dramatisch-schöne Landschaftsbild bereithält. Gut 13 000 Jahre ist es her, dass hier mit dem Flimser Bergsturz der größte alpine Bergsturz aller Zeiten stattfand. Mehr als 10 Milliarden Kubikmeter Stein lösten sich einst zwischen Flimserstein und Piz Grisch ab und stürzten zu Tal, um sich dort auf einer Fläche von rund 40 Quadratkilometern bis zu 750 Meter aufzutürmen. Das Gestein wurde aufgrund des enormen Drucks so sehr verdichtet, dass der Vorderrhein

zu einem 25 Kilometer großen See aufgestaut wurde, der rund tausend Jahre existierte. Dann bahnte sich das Wasser nach und nach seinen Weg durch den Kalkstein und schuf im Laufe der Jahrhunderte die 14 Kilometer lange Rheinschlucht.

Aus den Panoramafenstern des Glacier-Express können Reisende die landschaftsgestaltenden Effekte dieses einstigen Bergsturzes hautnah erleben. Zum Greifen nah erscheinen die Felswände, die bis zu 350 Meter hoch steil aufragen und die sich dank der geringen Distanz als eine Mischung aus Gesteinstrümmern und Kalkpulver identifizieren lassen. Nach einem Wechsel der Rheinseite verlässt der Zug die Schlucht, um gleich darauf die Station Reichenau-Tamins zu erreichen. Hier vereinen sich Vorderrhein und der von Osten einmündende Hinterrhein zum Alpenrhein, der hinter Chur nach Norden abknickt und dem Bodensee entgegenströmt. Der Glacier-Express indes schlägt einen südlichen Kurs ein und bewegt sich damit entlang des Flusslaufs des Hinterrheins, vorbei an Bonaduz, und erreicht nach knapp 14 Kilometern die kleine Ortschaft Thusis. Von hier bis zum 62 Kilometer entfernt liegenden Zielbahnhof St. Moritz befährt der Glacier-Express das Streckennetz der Albulabahn (siehe Artikel Albula- und Berninabahn), deren Einzigartigkeit im Jahre 2008 mit der Ernennung zum UNESCO-Weltkulturerbe eine angemessene Auszeichnung fand.

Die Rheinschlucht ist eine der großartigsten Landschaftsgebiete der Alpen. Auf einer Strecke von gut 18 Kilometern Länge präsentieren sich den Reisenden zerklüftete Kalksteinformationen und bizarre Felstürme.

DIE ALBULA- UND BERNINABAHN

Auf steiler Strecke

Um am Berninapass die im Winter stets tief verschneiten Schienen zu räumen. werden die spektakulären Dampfschneeschleudern eingesetzt. Sie wirbeln den Schnee seitlich in die Luft. sodass er erst jenseits der Schienen wieder niederfällt.

Jahrhundertelang lag das Engadin abgeschieden von der Welt. Es gab zwar Passstraßen über die Alpenpässe, die auch rege von Händlern, Schmugglern und Söldnern der unterschiedlichsten Völker genutzt wurden, für die oftmals in Armut lebende Bevölkerung der Alpentäler aber war die Welt begrenzt. Sie lebten mehr schlecht als recht von der Landwirtschaft und vom Bergbau, und wer jung war und gesund, der verließ das Hochtal und versuchte sein Glück in der Welt. Wie die Engadiner Zuckerbäcker, die sich in ganz Europa einen Namen als Meister ihres Fachs machten. Doch mit dem 19. Jahrhundert kamen die Touristen, entdeckten Luftkurorte wie Davos und St. Moritz und beschleunigten die Erschließung des Ober- und des Unterengadins. Straßen wurden ausgebaut und verbessert, aber vor allem sorgte die Eisenbahn für den Aufschwung des Hochtals, von Norden kommend die Albulabahn und von Süden kommend die Berninabahn.

ALBULABAHN

Strecke: von Thusis am Hinterrhein nach St. Moritz im Oberengadin, Schweiz

Streckenlänge: knapp 62 Kilometer

Vollendet: 1903

Verkehrstakt: Schnellzüge verkehren stündlich, im Sommer werden zudem Touristenzüge mit Panoramawagen eingesetzt

Spurweite: Schmalspur

Wichtigste Stationen: Tiefencastel, Bergün, Preda

Besonderheiten: Auf der Strecke verkehrte einst das legendäre „Schweizerische Krokodil", die Elektrolokomotive, die für den schweren Güterverkehr auf steiler Strecke entwickelt wurde und heute nur noch selten im Einsatz ist.

BERNINABAHN

Strecke: von St. Moritz im schweizerischen Oberengadin nach Tirano im Veltlin, Italien

Streckenlänge: knapp 61 Kilometer

Vollendet: 1910

Verkehrstakt: Linienverkehr stündlich; Fahrten mit dem Bernina-Express (Panoramawagen) saisonabhängig ein- bis viermal täglich

Spurweite: Schmalspur

Wichtigste Stationen: Pontresina, Ospizio Bernina, Poschiavo, Brusio

Besonderheiten: Die Berninabahn ist die höchste Bahnstrecke der Alpen und eine der steilsten Adhäsionsbahnen der Welt.

DIE ALBULABAHN

Dort, wo der Hinterrhein aus der Via-Mala-Schlucht austritt und sich die Schlucht zu einem offenen Tal weitet, liegt mit dem Örtchen Thusis der Startpunkt der Albulastrecke. Der Bahnhof wurde nahe dem Rhein errichtet, der hier noch ganz Gebirgsfluss ist und von der Bahn erst einmal überquert werden muss. Die Brücke über den Hinterrhein ist die erste von 144 Brücken, die die Bahn auf ihrer knapp 61 Kilometer langen Strecke queren wird.

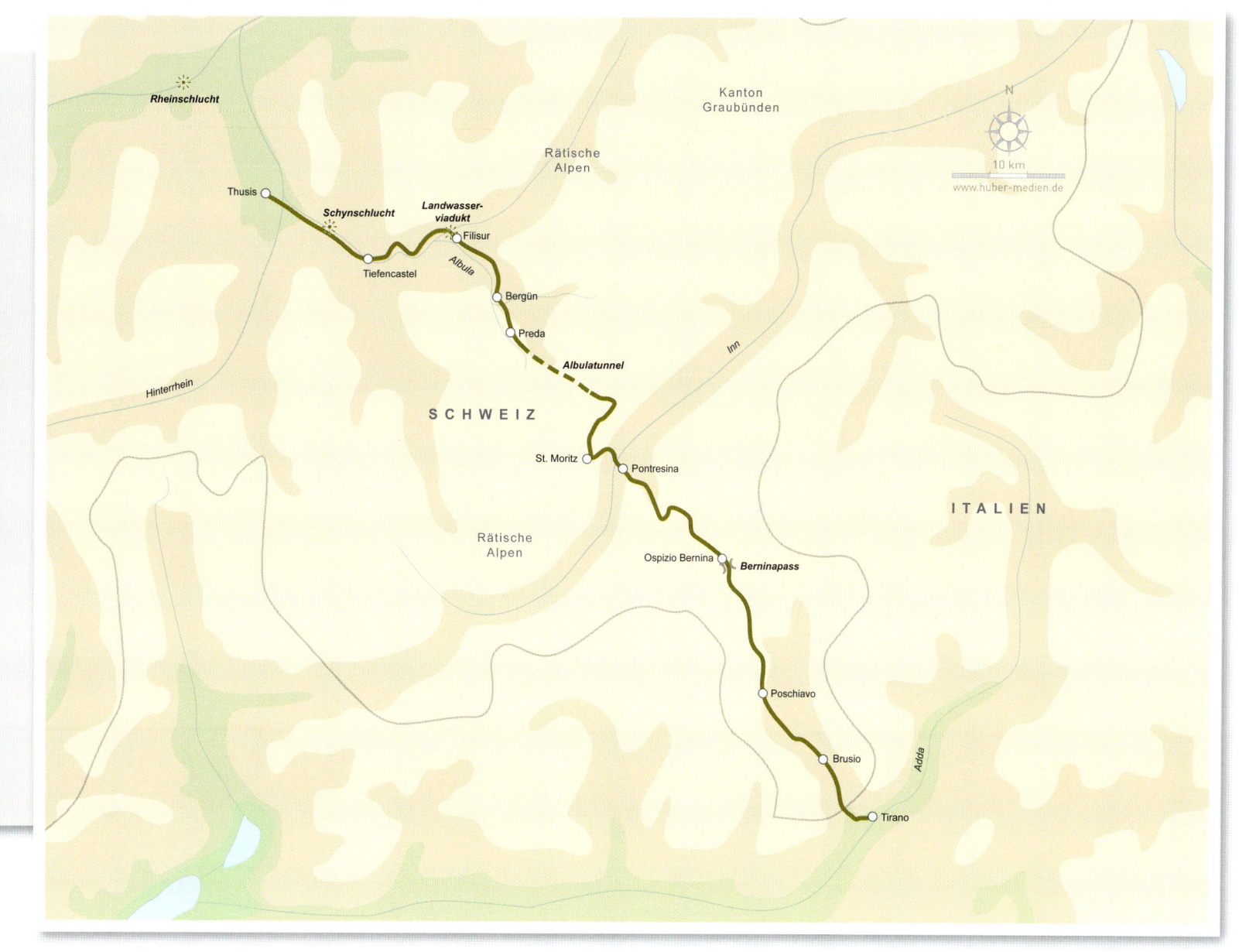

Thusis ist als Ausgangsort für sommerliche Wanderungen durch die berühmt-berüchtigte Via Mala und winterliche Touren zum Skigebiet am Heinzenberg eines der touristischen Zentren des Hinter-rheintals. Sein hübsches dörfliches Zentrum ist von urban anmutenden Neubaugebieten umgeben, und im Bahnhof sammeln sich die Güterzüge, doch sobald die Albulabahn Thusis verlassen und den Rhein überquert hat, lässt die imponierende Bergwelt die Zivilisation vergessen. Fast jeden-falls, denn zunächst durchfährt die Albulabahn noch das Domleschg, das auch als der Obstgarten

Graubündens bezeichnet wird. Vor allem Äpfel gedeihen hier ausgezeichnet. Linker Hand türmen sich die ersten Felsen auf, rechter Hand schließt sich Sils im Domleschg, einst der erste Halt auf der Strecke, fast unmittelbar an; noch gibt es Ausblicke auf das grüne Tal und auch auf die Albula, den rechten Nebenfluss des Hinterrheins und Namensgeberin für Tal, Bahn und auch Albulapass auf 2315 Metern Höhe. Zudem geht es nun in Kurven und Kehren und selten gerade hinauf – oder zumindest beinahe, denn der Albulapass wird nicht über–, sondern mittels eines Scheiteltunnels unterquert.

Immer der Albula folgend und mal zur Rechten, mal zur Linken Fels, dann wieder Streuobstwiesen, geht es an der Burgruine Campell, von den Schweizern liebevoll Campì genannt, vorbei. „Camp bel" bedeutet „schönes Feld", und tatsächlich leuchten, hoch über den steil abfallenden Felswänden der Schynschlucht, die hier an den Überresten der Burg endet, sattgrüne Weiden und Streuobstwiesen auf, bevor die Bahn genau unterhalb des Burgturms nun auch in ihren ersten Tunnel einfährt. Er ist nur kurz, doch ab jetzt werden ihm eine ganze Reihe ähnlicher, wie er gemauerter Tunnel und Galerien folgen, die stattliche Längen von mehreren Hundert Metern erreichen können. Minutenlang bleibt es manchmal dunkel, bevor sich die mit Fichten und Zirbelkiefern bewachsenen Alpenhänge wieder zeigen. Besonders ausgeprägt ist dieser Licht-Dunkel-Effekt an einem sonnigen Wintertag: Bei der Ausfahrt aus dem Tunnel blendet die vom Schnee reflektierte Sonne und lässt den Fahrgast sekundenlang nichts sehen.

Bis hinter den 420 Meter langen Passmal-Tunnel ändert sich kaum etwas an der Landschaft, dann scheinen die Berge etwas mehr in die Ferne zu rücken. Almen strecken sich entlang der Bahnstrecke. Vorbei am für die Albulabahn stillgelegten Bahnhof Solis bietet das Soliser Viadukt, das mit seinen Mittelbogen die Albula in 89 Meter Höhe überspannt, einen grandiosen Blick hinab auf den Fluss, seine Schlucht und auf die Bündner Alpen. Bald danach erhascht man hin und wieder einen Blick auf schneebedeckte Alpengipfel in der Ferne und in der Tiefe auf den Solis-Stausee, den milchig-grünen Stausee der Albula, während die Bahn ihren Weg nach Tiefencastel, dem ersten Halt auf der Strecke, fortsetzt.

Der Parc Ela breitet sich rund um das Städtchen aus, dessen Kirchlein St. Peter Mistail aus der Karolingerzeit mit seinen Fresken einen bleibenden Eindruck hinterlässt. Er ist der größte der regionalen schweizerischen Naturparks. Eine seiner Hauptattraktionen: der 3158 Meter hohe Piz Mitgel, auf dem Dinosaurierspuren aus dem Trias gefunden wurden, aus einer Zeit also, als der heutige Alpengipfel noch auf Meeresniveau lag.

Weiter dem Albulatal folgend und nach einem kurzen Halt in den Örtchen Surava und Alvaneu, erreicht die Bahn einen ihrer Höhepunkte, das Landwasserviadukt.

Das Albulaviadukt II oberhalb von Bergün. Mutige Bahnpioniere benötigten für den Bau der kühnen Linienführung mit schwindelerregenden Viadukten und verwirrenden Kehrtunnels durch eine faszinierende Gebirgslandschaft lediglich fünf Jahre, von 1898 bis 1903.

Die 65 Meter hohe und 136 Meter lange Eisenbahnbrücke ist wohl eine der meistfotografierten Europas. In sechs Bögen überspannt die Kalksteinbrücke das Landwasser, ihr südliches Widerlager bildet der Fels selbst, wo die Bahn auch gleich in einen Tunnel einfährt. Durch Viadukt und Tunnel vollführt die Bahn nun eine Kehre von fast 180 Grad, und zwar mit einem Radius von 100 Metern. Die Linien Albula und Bernina sind reich an solchen Kehr- wie auch an Spiral- und Kreistunneln, und anhand von Landwasserviadukt und Landwassertunnel lässt sich auch für den Laien rasch erkennen, welche Mühsal der Bau der Albula- und Berninastrecken bereitete. Vier Jahre dauerte allein der Bau dieses Tunnels. Die Arbeiter mussten durch Bergsteiger sicher an ihren Bauplatz geführt werden, Baumaterial herbeizuschaffen war ein anstrengendes Unterfangen. Gleichzeitig aber wurden auf den Strecken erstmals zum Bau der Brücken auch Kräne statt ausschließlich Gerüste eingesetzt.

Mit Landwasserviadukt und -tunnel gewinnt der Zug deutlich an Höhe; insbesondere aber schraubt er sich durch eine Reihe von Tunneln hoch in den Himmel hinauf, genauer auf 1789 Meter Höhe: durch den Kreistunnel kurz hinter dem Halt Filisur – wodurch sich gleich zwei Ausblicke auf das Dörfchen bieten –, die beiden Haarnadelkehrtunnel kurz hinter Bergün, mit drei immer höher gelegenen Ansichten auf den typisch Engadiner Ort, in dem die ersten Heidifilme gedreht wurden,

Gruppenfoto der Bohr-und Vermessungsequipe am Südportal des im Jahre 1903 fertiggestellten 5865 Meter langen Albulatunnels. welcher zu seiner Zeit eine Pionierleistung im Tunnelbau war. Der Tunnel verbindet in gerader Linie das Hochtal von Preda und das Val Bever.

Sommerfahrplan der Rhätischen Bahn aus dem Jahr 1899.

und einen Kreis- und einen Spiraltunnel kurz vor Preda. Immer wieder werden diese Tunnel für kurze Abschnitte durchbrochen und geben grandiose Ausblicke auf die Gebirgswelt frei. Galerien schützen vor Steinschlag.

Die Albulabahn hat in Preda nun ihren Scheiteltunnel erreicht, mittels dessen sie das bis zu 2777 Meter hohe Deckgebirge zwischen den Gipfeln Crasta Mora und Piz Bial durchsticht. 5865 Meter ist der Tunnel lang; er ist der einzige Streckenabschnitt, der beinahe schnurgerade verläuft. Unter den Tunneln der Rhätischen Bahn ist er der zweitlängste, nur übertroffen von dem 1999 gebauten Vereinatunnel mit einer Länge von 19 Kilometern. Doch der Bau des Albulatunnels wurde exakt 100 Jahre zuvor begonnen: Die moderne Tunnelbohrmaschine, die beim Vereinatunnel zum Einsatz kam, war noch nicht erfunden. Zwar kamen mechanisch betriebene Bohrmaschinen zum Einsatz, dennoch waren insgesamt 1316 Personen am Bau der Tunnels beteiligt, 16 Arbeiter kamen bei dem Bau ums Leben. Die Arbeiten waren strapaziös. Allein die sauerstoffarme Höhenluft erschwert das Arbeiten in den Alpen. Hinzu kommt, dass das zunächst leicht abbaubare Tuffgestein im Innern des Felsmassivs durch harte Rauwacke abgelöst wurde; ständig stieß man zudem auf Quellen. Wassereinbrüche in den Schollen waren die Folge, ihnen folgte massenweise Dolomitsand, der die Gleise, über die Materialien abtransportiert wurden, unter sich begrub. Doch allen Widrigkeiten zum Trotz dauerte es keine vier Jahre, bis der Tunnel für den Schienenverkehr freigegeben wurde. Mittlerweile muss der in die Jahre gekommene Tunnel neuen Herausforderungen in Form eines stark erhöhten Verkehrstaktes standhalten, weshalb die Rhäti-

sche Bahn den Bau eines neuen Albulatunnels in Angriff genommen hat. Er soll den alten ersetzen, diesen aber nicht überflüssig machen. Als Sicherheitstunnel wird er dienen, wenn der neue Tunnel im Jahr 2022 in Betrieb genommen wird.

Es ist eine raue Bergwelt, auf die die Albulabahn, wenn sie auf 1815 Metern bei Spinas aus dem Felsmassiv jenseits des Tunnels austritt, trifft. Die Felsen über ihr sind nur karg bewachsen, Gräser und Kiefern wachsen am Streckenrand, die mächtigen Gipfel sind auch im Sommer schneebedeckt. Die Landschaft mag rau und karg sein, aber sie hat einen ganz eigenen Zauber: Im Winter ist es ein weiß-kristallines Reich, das nicht zu dieser Welt zu gehören scheint, im Sommer kann man hier oben freier atmen, der Duft der Almen ist unvergleichlich. Ab jetzt begleitet nicht mehr die Albula den Zug, sondern der Beverin, ein Seitenfluss des Inn, welcher hier im Oberengadin, genauer im Lunghinsee, entspringt. Das quirlige Gebirgsflüsschen Beverin ist vom Zug die meiste Zeit aus sichtbar, sein Tal ist relativ weit, und es wird nun wieder urbaner. Mit Bever, Samedan und Celerina reihen sich drei einst typische Engadiner Dörfchen aneinander, die – so dicht am eleganten Luftkur- und Wintersportort St. Moritz gelegen – heute vom Tourismus geprägt sind. St. Moritz, die Endstation der Albulabahn, ist nun bald erreicht. Der Zug folgt seit Bever mal mehr, mal weniger nah dem Inn (im Rätoromanischen En genannt), der sich in St. Moritz in den Moritzsee ergießt, in den letzten der vier Seen der Oberengadiner Seenplatte also. Der Zugreisende hat Glück, denn er darf direkt am Ufer dieses glasklaren Gebirgssees, der sich inmitten einer imposanten Berglandschaft ausbreitet, aussteigen. Ein traumhafter Abschluss einer fantastischen Zugreise und ein ebenso grandioser Beginn einer zweiten Reise. Denn hier in St. Moritz kann man direkt in die Berninabahn umsteigen und über den Berninapass ins sonnige Italien hinabfahren.

Die beiden Strecken der Albula- und Berninabahn gehören seit dem Jahr 2008 zum UNESCO-Weltkulturerbe.

Nachfolgende Doppelseite: Landwasserviadukt mit Portal zum Landwassertunnel. Die 65 Meter hohe und 136 Meter lange Eisenbahnbrücke ist eines der Wahrzeichen der Rhätischen Bahn.

DIE BERNINABAHN

Das Engadin kann man in St. Moritz wahrscheinlich nur noch im Engadiner Museum erleben. Das präsentiert seine Ausstellung einerseits im klassischen Engadinerhaus, dem typischen Bauernhaus der Region mit seinen Sgraffitoverzierungen, den tiefliegenden Fenstern, mit Erkern und Galerien. Andererseits zeigt es typisches Engadiner und Bündner Mobiliar, Alltagsgegenstände, Trachten, also insbesondere Exponate aus der Zeit, als das Oberengadin beinahe ausschließlich von der Landwirtschaft lebte.

Der Rest des Ortes ist vornehmlich touristisch geprägt: Seit im Jahr 1856 hier das erste Hotel eröffnet wurde, das noble „Kulm Hotel" (heute: 5-Sterne-Superior), in dem unter anderem das erste elektrische Licht der Schweiz brannte, trifft sich in St. Moritz der Jetset. So imposant viele der Luxushotels

auch sind – in St. Moritz fehlt es nicht an Bausünden, und so verpasst der Reisende, der sich keines der Luxuszimmer leisten kann, wenig, wenn er in die Berninabahn steigt, um sich erneut ganz der Bündner Alpenwelt hinzugeben.

Anders als die Albulabahn, die sich orografisch links des Inns hält, quert die Berninabahn kurz hinter dem Moritzer Bahnhof und dem Abfluss des Inns aus dem Moritzsee auf das rechte Flussufer. Ein letzter Blick fällt zurück auf den See und die 3000er-Gipfel, die sich um die Oberengadiner Seen-platte gruppieren, dann nimmt der Zug Fahrt auf, bewältigt den ersten Tunnel und folgt für eini-ge Kilometer dem Inn, der temperamentvoll talwärts fließt. Dichte Wälder schützen den Hang, der rechts der Bahn liegt, vor Lawinen und Erosion, auch das Inntal verbirgt sich meist hinter Zirbelkiefern. Nur manchmal erhascht man einen Blick auf das milchig-grüne Wasser. Celerina Staz ist der erste Halt auf der Strecke, und bisher hat der Zug an Höhe verloren, doch ab nun wird es bis zum Berninapass stetig bergauf gehen, für einen kurzen Moment noch Richtung Norden, um dann in einer scharfen Rechtskurve nach Südosten abzubiegen, in die Himmelsrichtung, die die Berninabahn nun als Hauptrichtung beibehalten wird.

Die Berninabahn folgt nun dem Flaz stromaufwärts, ein rechtes Wildwasser. Ab hier beginnt der wohl schönste Teil der ganzen Strecke: Rechts und links des Tals der Bernina, auf die der Zug bei Pontresina als einem Zufluss des Flaz stoßen wird, türmen sich die Gipfel immer höher. Der spitze Gipfel des 3262 Meter hohen Piz Languard fällt auf der linken, der wenig niedrigere Piz Chalchagn auf der rechten Seite ins Auge. Auch Pontresina lebt heute insbesondere vom Tourismus, doch anders als St. Moritz hat es sich ein etwas ursprünglicheres Antlitz bewahrt. Mondä-ne Herbergen, wie das „Grand Hotel Kronenhof", gibt es auch hier, aber mehr beeindrucken die kleine Kirche St. Maria aus dem 12. Jahrhundert mit ihren schönen, gut erhaltenen Fresken und die kleine Punt Ota, die „hohe Brücke", die in einem hohen Stein-bogen die kleine Klamm des rauschenden Berninabachs quert. Die beiden Monumente stehen in direktem Zusammenhang zu-

Typische Bauernhäuser des Engadin mit tiefliegenden Fenstern, Erkern, Galerien und kunstvollen Sgraffitoverzierungen.

Bernina-Express vor der namensgebenden
Berninagruppe, der höchsten Berggruppe
der Ostalpen.

einander, denn im Zuge der Reformation wurden von der Brücke aus Heiligenfiguren aus St. Maria
in den Berninabach „entsorgt".

Auf kurvenreicher Strecke folgt die Berninabahn ihrem namensgebenden Fluss – mal näher, mal ferner – in Richtung seiner Quelle. Die Vegetation wird immer spärlicher. Noch wechseln Zirbelkiefern mit
Lärchen, Grünerlen und Latschen ab, doch die schroffen, immer karger werdenden Felsen entlang der
Bahnstrecke markieren deutlich, wo hier im Berninatal die Baumgrenze verläuft. Hinter dem Halt Morteratsch quert der Zug den Berninabach und hält nun direkt auf die Montebellokurve zu. Kurz vor deren
Scheitelpunkt muss man unbedingt einen Blick zurück werfen, denn dann liegt das Berninamassiv mit
dem Morteratschgletscher im Zentrum und dem knapp 4049 Meter hohen Piz Bernina zu seiner Rechten
offen vor dem Fahrgast.

Wieder nach Südosten fahrend, folgt nun für eine Weile die Passstraße der Schienenstrecke, und auch
der Berninabach, von dessen Lauf sich der Zug für eine Weile abgewandt hatte, schließt sich wieder
an. Die Skigebiete Diavolezza und Lagalb rechts liegen lassend, erreicht die Berninabahn nun bald den
Berninapass auf 2253 Metern Höhe und mit ihm das Ufer des Stausees Lago Bianco. Nur wenige Meter
vor diesem erstreckt sich der Lej Nair, der nicht nur von einem der Hauptquellflüsse des Berninabachs

durchflossen wird, von dem sich der Reisende nun endgültig verabschieden muss. Zwischen diesen beiden Seen verläuft außerdem die Wasserscheide von Donau und Po: Der Berninabach fließt über den Inn der Donau zu, während das Wasser des Lago Bianco über den Poschiavino und die Adda in den Po gelangt.

Kaum eine Landschaft könnte im Verlauf des Jahres ein unterschiedlicheres Gesicht zeigen als die am Berninapass: Im Sommer strahlen sattgrüne mit gelben, blauen und weißen Blüten betupfte Wiesen entlang glasklar blauer Seen vor grau-weißen Alpengipfeln; im Winter lassen sich unzählige Weiß-, Blau- und Grauschattierungen unterscheiden, wenn Seen, Schnee und Fels beinahe miteinander verschmelzen. Meterhoch türmen sich die Schneewände dann manchmal entlang der Bahnstrecke auf, nur die Gleise und der Bahnhof Ospizio Bernina sind frei. Dafür sorgt die Schneefräse des Bahnhofs, die für Wende-

Der Lago Bianco am Berninapass auf 2253 Metern Höhe.

manöver eine eigene sogar überdachte Drehscheibe besitzt. Die Berninabahn hat nun den Scheitelpunkt des Passes erreicht. Hier verlässt sie das Engadin; es wird nun wieder bergab gehen, ins Puschlav, in dem schon Italienisch gesprochen wird. Doch die Höhepunkte der Reise sind damit noch nicht vorbei.

Obwohl beinahe ebenso lang wie die Albulalinie verläuft die Berninastrecke über deutlich weniger Brücken und durch weniger Tunnel als Erstere, genauer 25 Tunnel und Galerien und 52 Brücken und Viadukte. Wurden bislang nur wenige Tunnel durchfahren, holt der Zug dieses Versäumnis hinter dem Berninapass nun auf. Die Bahn erreicht die Alp Grüm auf 2091 Metern, wo sich zwei spektakuläre Haarnadelkurven mit einzigartigen Ausblicken über den Lago Palü bis hin zum Palügletscher befinden. Mittels Kehrtunneln und -galerien werden Felsmassive und das starke Gefälle überwunden. Auf den knapp 17 Kilometern von Alp Grüm bis zum Hauptort des Puschlav, Poschiavo, gilt es 1077 Meter zu überwinden. Das macht sich auch an der Vegetation bemerkbar; es wird zunehmend grüner. Die Baumgrenze ist schnell unterschritten, Wälder dehnen sich entlang der Strecke, die Felswände an den Gleisen sind mit Moosen und Gräsern bewachsen. Obwohl die Tunnel zunehmen, ist die Strecke deutlich offener als die der Albulabahn, ein spektakulärer Ausblick wird vom nächsten abgelöst. Von Cavaglia, von wo aus man eine Reihe von Gletschermühlen erwandern kann, geht es bald im Zickzack auf Poschiavo zu, das eingebettet in den saftigen Wiesen und Weiden seines grünen Tals liegt, an dessen Ausgang sich auch der gleichnamige See erstreckt. Neben den vielen Kirchen und Kapellen des Ortes und dem schönen Rathaus mit Wehrturm beeindruckt ein Gang durch das Spaniolenviertel mit seinen Palazzi. Auch aus dem Puschlav mussten zu Beginn des 19. Jahrhunderts aus wirtschaftlichen Gründen viele Einwohner auswandern und verdingten sich wie die Engadiner als Zuckerbäcker im Ausland. Ihren dort erworbenen Reichtum brachten sie nach Poschiavo zurück, wo sie sich herrschaftliche Palazzi errichten ließen und damit auch zum Aufstieg des Ortes beitrugen.

An die Bahnstrecke schließt sich nun der Poschiavino an, der den Lago di Poschiavo durch- und anschließend der Adda zufließt. Es geht unaufhörlich bergab. Zwischen Miralago am Abfluss des Sees und Brusio drei Kilometer weiter überwindet die Bahn – auch mittels einer scharfen S-Kurve – 185 Höhenmeter, dann schließt sich das berühmte Kreisviadukt von Brusio an, um auf den weiteren 2,3 Kilometern bis Campascio weitere 143 Höhenmeter zu bewältigen. Auf dem neunbogigen Steinviadukt, das einen Viertelkreis bildet und die Strecke zu einer Spirale mit einem Krümmungsradius von 70 Metern formt, herrscht wie auf vielen Streckenabschnitten seit der Abfahrt vom Ospizio Bernina ein Gefälle von 70 Promille. Eine beachtliche Leistung für eine Adhäsionsbahn.

Der Bahnhof von Alp Grüm auf 2091 Metern Höhe. Von hier aus bietet sich ein einzigartiger Ausblick auf den Palügletscher.

Es sind nun keine 3 Kilometer mehr bis zur schweizerisch-italienischen Grenze. Zwei Kilometer dahinter ist Tirano im Veltlin, der Zielbahnhof der Berninabahn, erreicht. Es kann durchaus vorkommen, dass im Frühling dort auf nur noch 441 Metern über dem Meeresspiegel schon die Frühlingsblumen blühen, während man am Berninapass durch meterhohen Schnee gefahren ist. Es war eine abwechslungsreiche Strecke, die hier in dem hübschen italienischen Städtchen bei einem Glas des typischen Veltliner Weins, dem Valtellina, ausklingen sollte.

DER MAJESTIC IMPERATOR

Nostalgiereise von Wien bis an die Adria

Knapp zehn Stunden währt die Fahrt von

Wien bis nach Opatija an der Adriaküste.

In einem der mondänsten Züge weltweit

könnte es ruhig ein wenig länger dauern.

„Eine Fahrt mit der Eisenbahn kann ich beim besten Willen nicht als Reise bezeichnen. Man wird lediglich von einem Ort zum anderen befördert und unterscheidet sich damit nur sehr wenig von einem Paket." Mit diesen Worten setzte der Engländer John Ruskin (1819–1900) der Eisenbahneuphorie des 19. Jahrhunderts ein überraschend abschätziges Urteil entgegen. Vielleicht lag es am Reisekomfort, den Elisabeth I., Kaiserin von Österreich, Königin von Ungarn und zugleich Zeitgenossin von John Ruskin, sicherlich in weitaus höherem Maße genossen haben dürfte. Sie notierte während einer Zugfahrt in ihr Tagebuch: „Ziele sind nur deshalb begehrenswert, weil die Reise dazwischenliegt". Ihre Begeisterung für Zugreisen dürfte mit Sicherheit auch dem mondänen k.u.k.-Hofsalonzug zu verdanken sein, der eigens für das österreichische Königshaus gebaut wurde und heute dank einer Privatinitiative wieder als Replik unter dem Namen Majestic Imperator Train de Luxe im Einsatz ist.

DATEN UND FAKTEN

Strecke: von Wien, Österreich, bis nach Opatija (Abbazia), Kroatien

Streckenlänge: rund 600 Kilometer

Wichtigste Stationen: Wien, Wiener Neustadt, Graz, Maribor, Ljubljana, Opatija

Fahrtdauer: 10 Stunden

Spurweite: Normalspur

Ausstattung: Die Strecke wird mit fünf Abteilwagen, einem Coupé- und einem Salonwagen gefahren, die alle gleichermaßen luxuriös eingerichtet sind.

Besonderheiten: Der Majestic Imperator folgt auf dem Weg gen Süden der Strecke der Semmeringbahn und führt damit über eine der schönsten Alpenbahntrassen überhaupt, die zudem den Status des Weltkulturerbes genießt.

Zweimal im Jahr verlässt der Majestic Imperator in den Morgenstunden den Bahnhof von Wien, um eine rund 600 Kilometer lange Reise gen Süden anzutreten, die von Wien über die Trasse der Semmeringbahn, über Graz, Maribor und Ljubljana an den kroatischen Küstenort Opatija führt. Knapp zehn Stunden nimmt die Fahrt in einem der mondänsten Züge der Welt in Anspruch. Die Reisenden des 21. Jahrhunderts können sich während dieser unvergesslichen Stunden in die Zeiten der k.u.k.-Monarchie zurückversetzen, als Elisabeth I., besser bekannt als Sisi, und ihr Gemahl Franz Joseph I. mit der mitunter 100 Personen umfassenden Entourage in dem berühmten Hofsalonzug zu reisen pflegten.

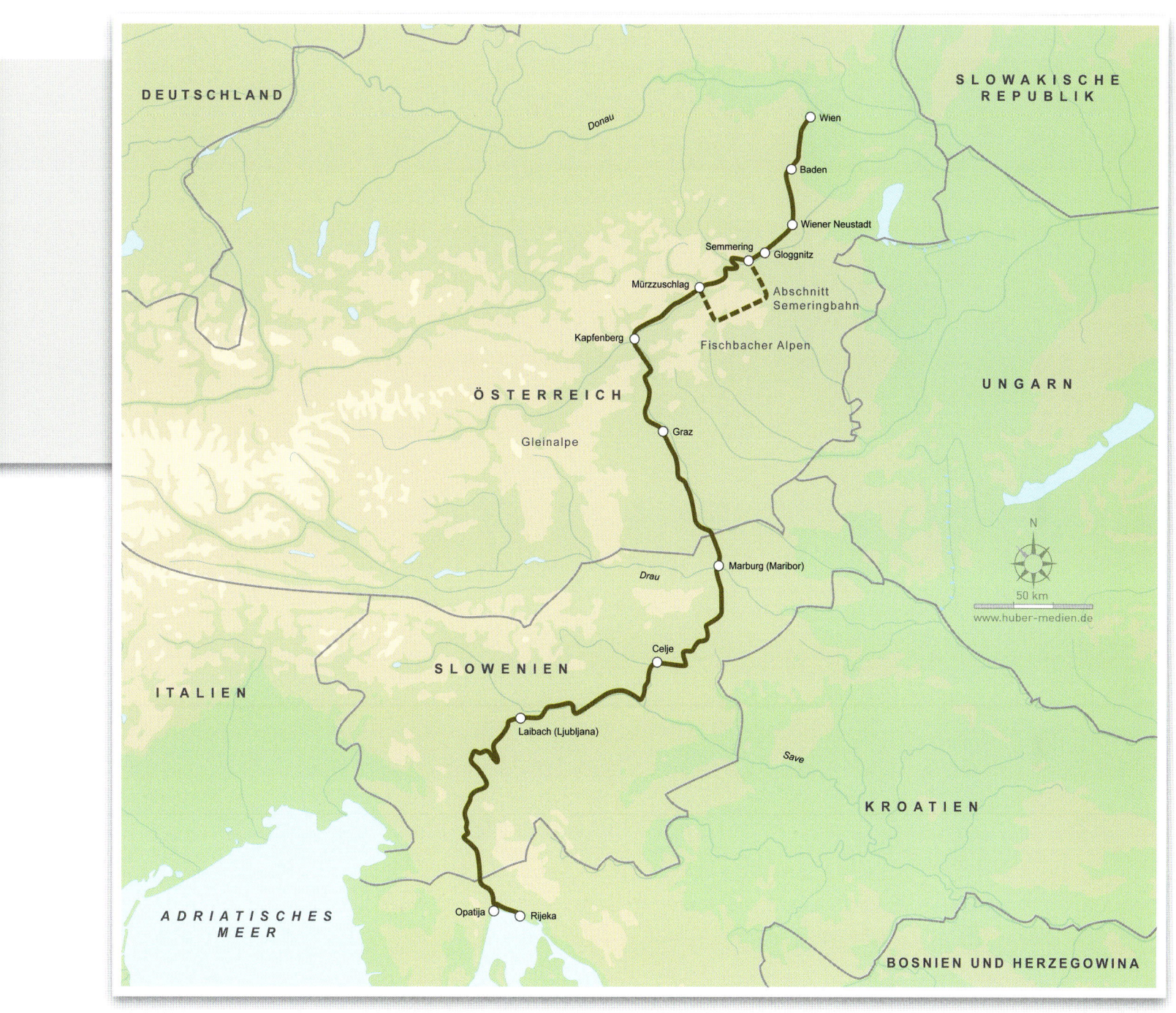

Elisabeth von Österreich-Ungarn (2.v.r.) und ihr Gemahl Kaiser Franz Joseph I. (r.) waren begeisterte Nutzer der Hofsalonzüge, die zu Zeiten der k.u.k.-Monarchie eine Blütezeit erlebten.

Empfang für Kaiser Franz Joseph I. am k.u.k.-Hofsalonzug.

DER HISTORISCHE K.U.K.-HOFSALONZUG

Bereits 1873 wurden Kaiserin Elisabeth I. zwei Salonwagen zur Verfügung gestellt: ein beheizter Schlaf-wagen samt Toilette und Boudoir sowie ein Salonwagen. Ihnen gesellten sich im Laufe der Jahre wei-tere unterschiedliche Waggons hinzu, bis schließlich 1891 der erste komplett aufeinander abgestimmte k.u.k.-Hofzug gebaut wurde, dessen Kosten sich auf umgerechnet rund 40 Millionen Euro beliefen. Verantwortlich für die technische Präzision und die noble Ausstattung dieses Palastes auf Schienen war das renommierte Waggon- und Lokomotivwerk unter der Leitung von Franz Ringhoffer. Dieser baute in der zweiten Hälfte des 19. Jahrhunderts gemeinsam mit seinen Söhnen den Betrieb kontinuierlich zur größten Waggonfabrik der Habsburgermonarchie aus, produzierte Speisewagen für die belgische Bahngesellschaft, Straßenbahnwagen für das Verkehrsnetz von Prag und nicht zuletzt acht unver-gleichlich schöne Waggons für den Hofzug der österreichischen Königsfamilie.

Die drei- und vierachsigen Waggons vereinten technischen Komfort wie Druckluft- und Vakuumbremsen, Dampfheizung und elektrische Beleuchtung mit höchsten ästhetischen Ansprüchen. Mit kostbaren Teppichen geschmücktes Eichenparkett, Deckenmalereien, Wandbespannungen aus Seide, Intarsien, feinstes Geschirr und Kristall boten dem Königspaar allen erdenklichen Luxus, der Franz Joseph dennoch nicht von seinem strengen Tagesablauf abhielt: Um halb sechs ließ sich der Monarch wecken, worauf der Lokomotivführer die Geschwindigkeit drosselte, damit sich der König bei der bevorstehenden Rasur keine Verletzungen zuzog.

Mit dem Ende des Ersten Weltkriegs und der Abdankung des letzten Kaisers von Österreich, Karl I., war das Ende des legendären Hofzuges besiegelt. Die letzte Fahrt brachte Karl I. zusammen mit seiner Familie ins Exil in die Schweiz. Erhalten geblieben sind allein der erste Salonwagen von Kaiserin Elisabeth I. sowie der kaiserliche Speisewagen aus dem Hofzug von 1891, der zum Vorbild des Majestic Imperator wurde, der heute rund 300 Waggoneinsätze pro Jahr verbuchen kann, wobei die Tagesreise von Wien bis Opatija sicherlich einen der Höhepunkte dieser nostalgischen Fahrten bildet.

DER MAJESTIC IMPERATOR TRAIN DE LUXE – DIE VERWIRKLICHUNG EINES TRAUMS

Der Österreicher Gottfried Rieck hat den Eisenbahnerberuf von der Pike auf gelernt: erst als Heizer auf einer Dampflok, dann viele Jahre als Lokführer bei den Österreichischen Bundesbahnen und schließlich im Einsatz bei der Bundesbahndirektion. Die Geschichten über den k.u.k.-Hofzug faszinierten ihn von Beginn an, und hieraus erwuchs der Traum zu dessen Wiederauferstehung. Den Grundstein legte ein vierachsiger Personenwagen von 1905, der in den berühmten Ringhoffer-Werken produziert worden war. Nach überlieferten Plänen wurde dieser Waggon zum ersten Baustein des Majestic Imperator Train de Luxe, der heute aus einem Salon-, einem Coupé sowie fünf Abteilwagen mit den bedeutungsvollen Namen „Excelsior", „Fourgon", „Equipage", „Ambassador" und „Elisabeth" besteht. Jeder dieser 500 000 bis 700 000 Euro teuren Waggons erfüllt bis ins kleinste Detail die Erwartungen, die man gemeinhin an einen kaiserlich-königlichen Zug stellt: Mit Intarsien versehene Täfelungen aus Mahagoni und holzgeschnitzte Stühle schmücken die Speisewagen ebenso wie Deckengemälde, edelste Stoffe, erlesene Teppiche und feinstes Geschirr. Und ganz im Andenken an die einstige Kaiserin ist der Waggon „Elisabeth" in ihrer Lieblingsfarbe Blau gehalten.

HÖCHST EXKLUSIV – HOFZÜGE FÜR KÖNIGSFAMILIEN UND REGIERUNGSOBERHÄUPTER

Das österreichische Königshaus war nicht das Einzige, das sich den Luxus eines Hofzuges leistete. 1842, also einige Jahre nach dem Bau der „Stockton and Darlington Railway" in England, die nicht nur den weltweit ersten personenbefördernden Zug darstellte, sondern zugleich mit ihrer Gleisspurweite von 1435 Millimetern zum Vorbild für die tausendfach kopierte Normalspur wurde, befuhr der erste Hofsalonzug des britischen Königreichs die Schienen. Der mondäne Zug, den nur Angehörige des Königshauses nutzen durften, legte damals die Strecke von London nach Windsor zurück.

Die Hofsalonzüge waren für die Monarchen ein Gewinn in vielerlei Hinsicht: Sie boten einen höchstmöglichen Reisekomfort, ermöglichten als Nachtzüge das Zurücklegen weiter Strecken und dienten zugleich als ein landesweit vorzuführendes Repräsentationsmittel. Queen Victoria fand so viel Gefallen an der Fortbewegung per Zug, dass schon bald in allen Teilen des Landes Salonwagen bereitstanden, die bei Bedarf eingesetzt werden konnten. Erst 1977 wurden diese Waggons zugunsten eines einzigen Hofzuges – dem Royal Train – reduziert.

Es wäre ein Irrglaube, anzunehmen, dass die Entwicklung des Passagierflugverkehrs seit den 1930er-Jahren das Ende der Hofzüge besiegelt hätte. Machthaber und Regierungsoberhäupter auf der ganzen Welt wollten auch weiterhin nicht auf den Komfort und das Statussymbol Hofzug verzichten: Im Dritten Reich standen knapp 80 Salonwagen für Adolf Hitler, Hermann Göring und andere Nazigrößen bereit. Nach Kriegsende wurde einer dieser Salonwagen mit der Nummer 10205 zu einem vielgenutzten Verkehrsmittel für die deutschen Bundeskanzler. Auch Dänemark, Frankreich, die Niederlande und das ehemalige Jugoslawien ebenso wie die Türkei, USA und Israel, Japan oder Thailand sowie zahlreiche andere Länder sind oder waren im Besitz von Salonwagen.

Zwei der fragwürdigsten Anekdoten im Zusammenhang mit der Geschichte von Hofzügen betreffen Italien und Libyen einerseits, Russland und Nordkorea andererseits. Als Libyen im ersten Jahrzehnt des 21. Jahrhunderts seinen Plan zum Bau eines 3170 Kilometer langen Eisenbahnnetzes in Normalspur bekanntgab, bemühten sich Unternehmen aus Europa, Russland und China um dieses lukrative Milliardengeschäft. Unter den Anwärtern einer wirtschaftlichen Zusammenarbeit befand sich auch Italien, und so reiste der damalige italienische Ministerpräsident Silvio Berlusconi eigens nach Libyen, um Muammar al-Gaddafi zum 40. Jahrestag des Militärputschs von 1969 einen zum Salon-Triebwagen umgebauten

Wenngleich sie mit einer Gleisspurweite von 1435 Millimetern zum Vorbild für die Normalspur wurde, reiste es sich mit George Stephensons „Locomotive No. 1", dem ersten Personenzug weltweit, noch wenig komfortabel.

Zug der Reihe IC4 als Staatsgeschenk zu überreichen. Getestet wurde die vierteilige Einheit, bestehend aus zwei Salon-, einem Konferenz- und einem Triebwagen, von dem einzigen Lokführer des Landes auf einer 5 Kilometer langen Normalspurstrecke nahe Tripolis. Zum Einsatz kam der Salonwagen indes nie: Der Bürgerkrieg von 2011 vereitelte den Plan zum Ausbau eines Eisenbahnnetzes.

Ganz im Gegensatz zu Libyen dürfte der Staatszug Nordkoreas der Hofzug mit der höchsten Kilometerleistung überhaupt sein. Die Flugangst des einstigen Staatsoberhaupts Kim Jong-il ist bekannt, wenngleich nie offiziell bestätigt. Ob Staatsbesuche nach China oder Russland: Stets reiste der nordkoreanische Machthaber per Zug und nahm dabei mehrwöchige Anfahrten in Kauf. Dabei benutzte der dem Luxus alles andere als abgeneigte Kim Jong-il selbstverständlich nicht irgendeinen Zug, sondern einen Sonderzug, der die Eigenschaften eines Luxuszuges mit dem eines Panzerwagens in sich vereinte. Der Zug hat russische Wurzeln und wurde vermutlich einst als persönliches Geschenk von Josef Stalin an Kim Jong-ils Vater überreicht. Angepasst an die persönlichen Bedürfnisse – und Ängste – des Machthabers besitzt der Zug neben Panzerglasscheiben auch eine Schutzlackierung, die ihn für Satelliten und Infrarot-Sensoren nahezu unsichtbar machen soll. Zudem fuhr dem Staatszug immer eine Lok im siebenminütigen Abstand voraus, um mögliche Probleme rechtzeitig zu melden und im Zweifel Minen „aufzudecken", sowie eine Lok als Nachhut, um Angriffe aus dem Hinterhalt abzuwehren. Im Innern bot der Staatszug allen nur erdenklichen Komfort wie einen großen Spa-Bereich, zwei gepanzerte Mercedes-Limousinen für mögliche Ausflüge sowie eine Nobelküche zur angemessenen Versorgung des nach außen hin so bescheiden auftretenden Diktators.

Gediegenes, königliches Ambiente: Die Salonwagen des Majestic Imperator Train de Luxe stehen ihrem Vorbild in nichts nach.

Viele Prominente wie der einstige US-Präsident Jimmy Carter oder Prinz Abdullah von Jordanien waren Gäste im Nostalgiezug Majestic Imperator.

Was sich Gottfried Rieck in früheren Jahren nie erträumt hätte, ist heute Wirklichkeit: Dank eines stetig wachsenden Interesses an und der Nostalgie um die ehemaligen Hofsalonzüge kann er sich heute als stolzer Besitzer eines der schönsten Züge der Welt rühmen, den schon Prominente wie der ehemalige US-Präsident Jimmy Carter oder Prinz Abdullah von Jordanien besuchten. Doch während die exklusive Vermietung der Waggons für Feierlichkeiten wie Hochzeiten oder Geburtstage für die meisten Menschen unerschwinglich sein dürfte, bietet die Tagesfahrt von Wien nach Opatija einer weitaus größeren Bevölkerungsschicht die Möglichkeit, sich den Traum einer unvergesslichen Bahnreise zu erfüllen.

VOM „KAISERLICHEN" WIEN ZUM SEEBAD OPATIJA

Unter den neugierigen Blicken begeisterter Zaungäste verlässt der Majestic Imperator in den Morgenstunden den Bahnhof von Wien, durchfährt die Vororte der „kaiserlichen" Stadt, die sich noch so viel aus der Zeit der k.u.k.-Monarchie erhalten hat, und steuert mit südlichem Kurs auf Wiener Neustadt zu, von wo es mit südwestlichem Kurs Richtung Gloggnitz und damit zum Ausgangspunkt der Semmeringbahn geht (siehe Kapitel Semmeringbahn). Längst hat eine mit wunderschönen Kulturdenkmälern durchsetzte Alpenlandschaft das urbane Umfeld Wiens abgelöst, und nun überwindet der majestätische Zug auf der 41 Kilometer langen Strecke zwischen Gloggnitz und Mürzzuschlag den 898 Meter hohen Semmering, der bis zu seiner Überschienung durch den Ingenieur Carl Ghega den Traum einer Eisenbahnverbindung zwischen der österreichischen Hauptstadt und dem Mittelmeer vereitelte.

Bis Kapfenberg hält der Zug den südwestlichen Kurs bei, um dann mit mehreren kleinen Schleifen das südlich liegende Graz anzusteuern. Knapp 275 000 Einwohner zählt die wunderschöne Landeshauptstadt der Steiermark, die mit einer Vielzahl beeindruckender Sehenswürdigkeiten aufwarten kann. Dass die Kulturhauptstadt von 2003 zugleich den Status des UNESCO-Weltkulturerbes trägt, spricht für sich. Der Grazer Schlossberg, ein gut 470 Meter hoher Dolomitfelsen, bildet mit dem legendären Uhrturm, bei dem der Minutenzeiger entgegen unserer heutigen Gewohnheiten kleiner ausfällt als der Stundenzeiger, dem Glockenturm und weiteren Überresten der einstigen Burg den Kern des historischen Zentrums. Die Auswahl historischer Gebäude zahlreicher Epochen ist überwältigend: Während sich der Dom als Sakralbau in spätgotischem Stil präsentiert, ist das sich direkt anschließende Mausoleum Kaiser Ferdinands II. im manieristischen Stil gehalten. Die Epoche des Barock lebt bei einem Bummel über die Herrengasse oder bei einem Besuch des imposanten Schloss Eggenberg am Rande des Zentrums auf, während Liebhaber des Späthistorismus an der Fassade des Rathauses ihre Freude haben werden. Dass Graz trotz seines beeindruckenden Architekturerbes den Sprung in die Moderne durchaus nicht scheut, hat die Stadt unter anderem mit dem Kunsthaus Graz, das sich zu einem neuen architektonischen Wahrzeichen entwickelt hat, oder der „Insel in der Mur" eindrucksvoll bewiesen. Der rege Kulturbetrieb, ein imposantes Stadtbild und eine wunderschöne Umgebung locken jedes Jahr Millionen Besucher in die Stadt, die mit ihren 50 000 Studenten zudem ein sehr jugendliches Flair verströmt.

Parallel zur Mur, die im Nationalpark Hohe Tauern entspringt und gut 450 Kilometer zurücklegt, ehe sie nahe der kroatisch-ungarischen Grenze in die Drau mündet, hält der Majestic Imperator seinen Kurs gen Süden bei. Zum Teil liegen nur wenige Meter zwischen Bahntrasse und Flusslauf, dann wieder entfernt sich der mondäne Zug vom Wasserlauf, führt durch Ortschaften wie Kaindorf und Leitring, um kurz hinter Spielfeld die österreichisch-slowenische Grenze zu erreichen, an die sich nach rund 20 Kilometern die reizvolle Stadt Maribor anschließt. Am Fuße des Pohorje-Gebirges (zu Deutsch: Bachergebirge) gelegen und umrahmt von weintragenden Hügeln, ist die Kulturhauptstadt von 2012 im Sommer der

Schloss Schönbrunn in Wien und die Villa Angiolina, mit der die Entwicklung Opatijas zum mondänen Seebad seinen Anfang nahm, bilden gewissermaßen den Ausgangs- und Zielpunkt der Reise mit dem Majestic Imperator.

ideale Ausgangspunkt für Wanderungen und Radtouren, während im Winter Zigtausende Wintersportler anreisen, um die Pisten des Skigebiets Maribor Pohorje zu nutzen, oder als Zuschauer das traditionelle Weltcup-Damenrennen „Goldener Fuchs" zu besuchen, das seit 1964 hier ausgetragen wird.

Der Majestic Imperator überquert die Drau nahe des Zentrums von Maribor, sodass man einen Blick auf die malerisch zu beiden Seiten des Ufers gelegenen Häuser werfen kann, und taucht ein in eine liebliche Landschaft: Kleine Ortschaften liegen eingebettet inmitten einer hügeligen Umgebung, in der Felder, Wiesen und Wälder dominieren und mitunter nur einzelne Höfe von der Besiedlung dieser idyllischen Region zeugen. Hinter der kleinen Stadt Poljčane schwenkt der Zug auf einen Südwestkurs ein, um mit einigen Kehren die 49 000-Einwohner-Stadt Celje zu erreichen, die ein wirtschaftliches Zentrum zwischen Maribor und Ljubljana bildet und von Burg Cilli aus dem 13. Jahrhundert gekrönt wird. Im Umland der drittgrößten Stadt Sloweniens befinden sich berühmte Heilbäder wie Dobrna, deren Tradition dank heilender Quellen viele Jahrhunderte zurückreicht.

Unmittelbar hinter Celje nähert sich die Bahntrasse dem Fluss Savinja (Sann) und begleitet diesen auf zahlreichen Kilometern, nicht ohne auch die zum Teil engen Kehren des Flusses zu vollführen. In Zidani

Most mündet die Savinja in die Save; dies ist auch der Ort, an dem der Zug der altösterreichischen Südbahntrasse gen Westen folgt, während die Bahnstrecke zur kroatischen Stadt Sisak südöstlichen Kurs einschlägt. In unmittelbarer Nähe zur Save geht es nun durch eine dramatisch schöne Landschaft mit bewaldeten Berghängen, die bis an die Bahntrasse heranreichen. Auf der Höhe von Litija treten die Berghänge zugunsten von Wiesen und Feldern zurück, der Zug entfernt sich von der Save und folgt nun der Ljubljanica in das Zentrum von Sloweniens Hauptstadt. Bereits für das 4. Jahrtausend v. Chr. sind Pfahlbauten im Laibacher Moor südwestlich der heutigen Metropole belegt. Dort, wo die Römer eine militärische Festung errichtet hatten, entstand eine kleine Stadt, die unter Habsburger Herrschaft zur Hauptstadt des Herzogtums Krain wurde und dank der Streckenanbindung Richtung Wien Mitte des 19. Jahrhunderts zusätzliche Bedeutung erlangte. Heute präsentiert sich die 280 000-Einwohner-Metropole mit ihrer unter Denkmalschutz stehenden Altstadt nicht nur als wirtschaftliches, sondern mit mehr als 10 000 Kulturveranstaltungen im Jahr auch als kulturelles Zentrum des Landes.

Etwa 100 Kilometer führt der Majestic Imperator gen Süden und durchfährt mit Notranjsko-Kraške eine Region Sloweniens, die durch ihren Waldreichtum und spektakuläre Höhlensysteme besticht; dank des Cerkniško jezero verfügt sie zudem über ein einzigartiges Karstbecken, das bei maximalem Wasserstand den größten See des Landes und ein bedeutendes Naturrefugium bildet.

Mit Erreichen der slowenisch-kroatischen Grenze wird das allmähliche Ende der majestätischen Zugfahrt eingeläutet. Nun sind es nur noch 20 Kilometer bis zum Bahnhof von Opatija-Matulji, der hoch über dem Seebad Opatija liegt. Den Grundstein für den florierenden Riviera-Tourismus im 19. Jahrhundert legte der Kaufmann Iginio Scarpa, als er eine renovierungsbedürftige Villa in eine komfortable Sommerfrische – die Villa Angiolina – umbaute. Die kulturelle und wirtschaftliche Hautevolee gab sich hier ein Stelldichein und sorgte dafür, dass andere Hoteliers nachzogen und die Entwicklung Opatijas zum mondänen Seebad ihren Lauf nahm. Nach einem vorübergehenden Niedergang entdecken nun immer mehr Menschen aus Europa und der ganzen Welt die Schönheit des malerischen Küstenorts, der mit dem Lungomare über eine herrliche 12 Kilometer lange Uferpromenade verfügt, die von zahlreichen Villen gesäumt wird.

Alles in allem ist das Seebad Opatija der perfekte Rahmen für das Ausklingen einer unvergesslichen Bahnfahrt mit einem der schönsten und edelsten Züge der Welt, der heute dank der Initiative engagierter Eisenbahnfreunde wie Gottfried Rieck wieder auf Mitteleuropas Bahntrassen zu bewundern ist.

ORIENT EXPRESS

DER ORIENT-EXPRESS

Die Wiederauferstehung eines Mythos

Von Paris bis Istanbul – 3000 Kilometer quer über den europäischen Kontinent – führte die traditionelle Strecke des legendären Orient-Express.

„Neuauflage für den Orient-Express" – mit dieser und ähnlichen Schlagzeilen reagierten Zeitungen im Januar 2014 auf die Ankündigung der französischen Bahngesellschaft SCNF, den legendären Fernverkehrszug wieder auf die Schiene zu bringen. Im Dezember 2009 hatte der Orient-Express seine letzte Fahrt zwischen Straßburg und Wien unternommen. Nun soll er in einem Zeitrahmen von fünf Jahren und Investitionen in Höhe von 40 bis 60 Millionen Euro wieder zu dem werden, was er einst war: ein exklusiver Sonderzug, der alle Erwartungen an Design, Technik und Ausstattung erfüllt. In der Auswahl der Strecken will sich die SCNF an den historischen Orient-Express-Routen orientieren. Als Favorit gilt indes die klassische Strecke zwischen Paris und Istanbul.

DATEN UND FAKTEN

Historische Hauptstrecke: von Paris nach Konstantinopel

Wichtigste Stationen: Paris, Straßburg, München, Salzburg, Wien, Budapest, Belgrad, Sofia, Konstantinopel (Istanbul)

Streckenlänge: 3094 Kilometer

Historische Fahrtdauer: knapp 82 Stunden (Express Tag- und Nachtfahrt)

Spurweite: Normalspur

Verkehrsart: Personenzug

Besonderheiten: Aus der historischen Hauptroute Paris–Konstantinopel entwickelte sich ein Netzwerk mit zahlreichen europäischen Zubringer- und Teilzügen, das 126 Jahre lang in seinen Grundzügen Bestand hatte und Maßstäbe für Luxuszugreisen in aller Welt setzte.

VORGESCHICHTE: TRAIN ECLAIRE UND PULLMANWAGEN

Die Anfänge des Orient-Express liegen im ausgehenden 19. Jahrhundert: Im Oktober des Jahres 1882 fuhr ein Zug mit dem programmatischen Namen „Train Eclair", zu Deutsch: Blitzzug, von Paris nach Wien und zurück. Initiator dieser legendären Fahrt, mit der auf dem europäischen Kontinent die Epoche der Luxuszüge eingeleitet werden sollte, war der belgische Unternehmer Georges Nagelmackers, der zuvor die „Compagnie Internationale des Wagons-Lits" (CIWL) gegründet hatte. Nagelmackers hatte während eines einjährigen Amerikaaufenthalts die in Europa unbekannten Pullman-Schlafwagen (siehe Exkurs S. 132) kennengelernt und begeisterte sich augenblicklich für die Idee des luxuriösen Reisens auf Schienen. Voller Tatendrang kehrte er nach Europa zurück, wurde jedoch schnell ausgebremst, denn die praktische Umsetzung seiner Ideen, die er in der Abhandlung „Projekt zur Einführung von Schlafwagen bei den Eisenbahnen auf dem Kontinent" zusammenfasste, erwies sich als durchaus schwierig: Angespannte politische Verhältnisse, uneinheitliche Schienennetze und Bahngesellschaften, die sich um die internationale Nutzung von Trassen stritten, schienen das Projekt direkt in den Anfängen zum Scheitern zu bringen. Umgekehrt konnte Nagelmackers auf prominente Unterstützung hoffen, denn kein Geringerer als König Leopold II. von Belgien zählte bei der CIWL zu den Aktionären der ersten Stunde.

Ende der 1870er-Jahre bescheinigte die europäische Fahrplankonferenz die bedeutende Zunahme des Verkehrs mit dem Orient, und 1883 gelang der entscheidende Vertragsabschluss zwischen der

CIWL und acht bedeutenden europäischen Bahnunternehmen. Die wichtigsten Passagen des Vertrages lauteten: „Die Züge, denen der Name Orient-Express-Züge zu geben ist, sollen in beiden Richtungen wöchentlich ein oder zwei Mal, eventuell auch (...) noch öfter verkehren. (...) Die Züge werden aus zwei Gepäckwagen, einem Salon-Restaurationswagen und mindestens zwei Schlafwagen gebildet. (...) Die Wagen der Expresszüge müssen den anerkannt besten Systemen sowie im Innern allen Anforderungen in Bezug auf Bequemlichkeit, Geräumigkeit und Komfort entsprechen." Zugleich wurde in diesem Vertrag die direkte Eisenbahnverbindung von Paris nach Konstantinopel festgelegt. Am 5. Juni 1883 verließ der erste Orient-Express den Pariser Ostbahnhof, um die im Vertrag vereinbarte Strecke zurückzulegen – was 81 Stunden und 30 Minuten in Anspruch nahm. Der Luxuszug fuhr fortan zweimal in der Woche über Straßburg, München, Wien, Budapest und Szeged weiter in

rumänisches Staatsgebiet und dort über Orsova und Bukarest nach Giurgiu, wo die Fahrt endete. Hier mussten die Passagiere mittels einer Dampfbarkasse nach Rustschuk (heute: Russe) am bulgarischen Donauufer übersetzen, eine einfache Zugfahrt nach Varna absolvieren, um schließlich mit einem Schiff der österreichischen Lloyd nach Konstantinopel zu gelangen.

1888 brachte die Fertigstellung mehrerer Trassen im osteuropäischen Raum eine erhebliche Erleichterung der Reisebedingungen mit sich, denn fortan konnte der Zug durchgehend über Budapest, Belgrad und Sofia fahren, was eine Reduzierung der Fahrtzeit um über 14 Stunden mit sich brachte. Der Orient-Express bot damit nicht nur eine höchst komfortable Art des Reisens, sondern war allen gewöhnlichen Schnellzügen um mindestens 18 Stunden in der Reisezeit überlegen.

DIE ANFÄNGE DES ORIENT-EXPRESS

Es versteht sich von selbst, dass der Orient-Express angesichts seiner Ausstattung und seines Services an Bord von Beginn an als exklusiver Zug gehandelt wurde, der vor allem in den Anfangsjahren, als die Fahrt noch ein gesellschaftliches Ereignis war, von zahlreichen berühmten Persönlichkeiten genutzt wurde. Blaublütige wie König Ferdinand I. von Bulgarien oder Leopold II. von Belgien waren ebenso unter den Gästen wie bedeutende Politiker, Filmstars oder Künstler und Literaten. Zu Letzteren zählten unter anderem F. Scott Fitzgerald, Leo Tolstoi oder Agatha Christie, deren weltberühmter Kriminalroman „Mord im Orient-Express" 1934 erschien. Dass eine Reise mit dem Orient-Express nicht nur im Roman, sondern auch im wahren Leben zum Schauplatz eines Abenteuers und Verbrechens werden konnte, beweist ein Vorfall vom 3. Mai 1891: Durch einen mutwillig verursachten Gleisschaden zum Stillstand gezwungen, wurden die Fahrgäste des Luxuszuges von bewaffneten Banditen zur Herausgabe ihrer Wertgegenstände gezwungen. Es folgte die Geiselnahme mehrerer Passagiere, die nach einer erfolgten Lösegeldübergabe in Höhe von 8000 Goldpfund in die Freiheit entlassen wurden.

Der Vorfall, der sich knapp 100 Kilometer vor Konstantinopel ereignete, hätte beinahe zur Intervention seitens Wilhelms II. geführt, der Soldaten und Polizisten zur Aufklärung des Falls in das Osmanische Reich entsenden wollte. Alleine das beherzte Eingreifen der türkischen Armee und überzeugende Präventionsmaßnahmen gegenüber weiteren Übergriffen konnten den Monarchen, der fünf entführte Deutsche zur Staatsangelegenheit erklärte und offenbar als persönliche Beleidigung empfand, von derartigen Maßnahmen abbringen.

Er war das Synonym für Fernweh und Sehnsucht, für Luxus und Verruchtheit. Wo anders als in Paris, der Hauptstadt der Belle Époque, hätte der Mythos auf Schienen zu seiner Jungfernfahrt starten können.

Nachfolgende Doppelseite: Historischer Wartesaal im Istanbuler Bahnhof Sirkeci, dem Endbahnhof des Orient-Express.

KOMFORT AUF SCHIENEN – DIE PULLMANWAGEN

Die Nacht, die George Mortimer Pullman Mitte des 19. Jahrhunderts auf einer Zugreise im US-Bundesstaat New York verbrachte, kann nicht gemütlich gewesen sein. Unfähig, in den unbequemen Sitzgelegenheiten Schlaf zu finden, fasste er den Entschluss zur Entwicklung von Eisenbahnwaggons, die eine komfortablere Art des Reisens – und Schlafens – versprachen. Dies war die Geburtsstunde der legendären Pullmanwagen, die bis heute der Inbegriff für Luxus sind. Man darf sich die ersten so entworfenen Waggons allerdings nicht als rollende Paläste vorstellen. Wo sich heute Gäste von Luxuszügen in abgetrennte Schlafabteile mit geräumigen, bequemen Betten zurückziehen, sorgten Ende der 1860er-Jahren bereits Vorhänge für eine bis dahin ungekannte Privatsphäre und Waschräume für einen bis dato unbekannten Komfort. Nach und nach kamen Teppiche, Vorhänge, Polstermöbel und Nischen wie Bibliotheken und Kartentische hinzu.

George Mortimer Pullman hatte mit seinen Schlafwagen den Nerv der Zeit getroffen. Bis 1925 wuchs die Firmenflotte auf knapp 10 000 Wagen. Das Unternehmen beschäftigte nicht weniger als 28 000 Schaffner und 12 000 Diener. Da Pullman als Diener fast ausschließlich Afro-Amerikaner einsetzte, wurde er vorübergehend zum größten Arbeitgeber für die amerikanische Bevölkerung mit afrikanischen Wurzeln.

Ab 1876 tauchten auch auf europäischen Schienen erste Pullmanwagen auf, die im Hinblick auf Ausstattung und Technik aber nur wenig mit dem amerikanischen Vorbild gemein hatten. Nagelmackers fürchtete die Konkurrenz aus Übersee, wusste andererseits um das Renommee der Firma. Ohne dass es die Öffentlichkeit wahrnahm, geriet die in London gegründete Pullman Car Company schon bald in den Besitz der von Nagelmackers gegründeten CIWL.

Georges Nagelmackers (1845–1905), Gründer der „Compagnie Internationale des Wagons-Lits" und Initiator des Orient-Express.

Werbeplakat für Luxus-Bahnreisen im London–Vichy–Pullmannwagen der „Compagnie Internationale des Wagons-Lits" (CIWL) aus dem Jahr 1927.

WELTKRIEGE, NIEDERGANG UND WIEDERGEBURT

Der Erste Weltkrieg beendete jäh die aufstrebende Entwicklung der CIWL: Die gesamte Flotte, bestehend aus 64 Speise- und 35 Schlafwagen, wurde von staatlicher Seite beschlagnahmt. Fortan waren diese Luxuswaggons unter dem Namen „Mitteleuropäische Schlafwagen- und Speisewagen-gesellschaft" – kurz „Mitropa" – im Einsatz, insbesondere als direkte und obendrein luxuriöse Direkt-verbindung zwischen Berlin und Konstantinopel mit den Stationen Wien, Budapest, Belgrad und Sofia.

Nach Kriegsende konnte die CIWL ihre Waggons – soweit diese den Krieg überstanden hatten – wieder auf die Schiene bringen. Die Routen verlagerten sich aus unterschiedlichen Gründen. Auf diese Weise entstanden unter anderem der Simplon-Orient-Express oder der Arlberg-Orient-Express, der jedoch mit Ausbruch des Zweiten Weltkrieges ebenso eingestellt wurde wie die bis dato nach wie vor bestehende klassische Strecke zwischen Paris und Istanbul. Das Ende des Zweiten Weltkrieges brachte zwar vorübergehende Ruhe in das von Kriegen zerrissene Europa, doch dafür stand der CIWL spätestens seit den 1950er-Jahren eine neue Herausforderung bevor: die Konkurrenz

Historischer Querschnitt durch einen Spei-sewagen des Orient-Express (kolorierte Xylographie aus dem Jahr 1896).

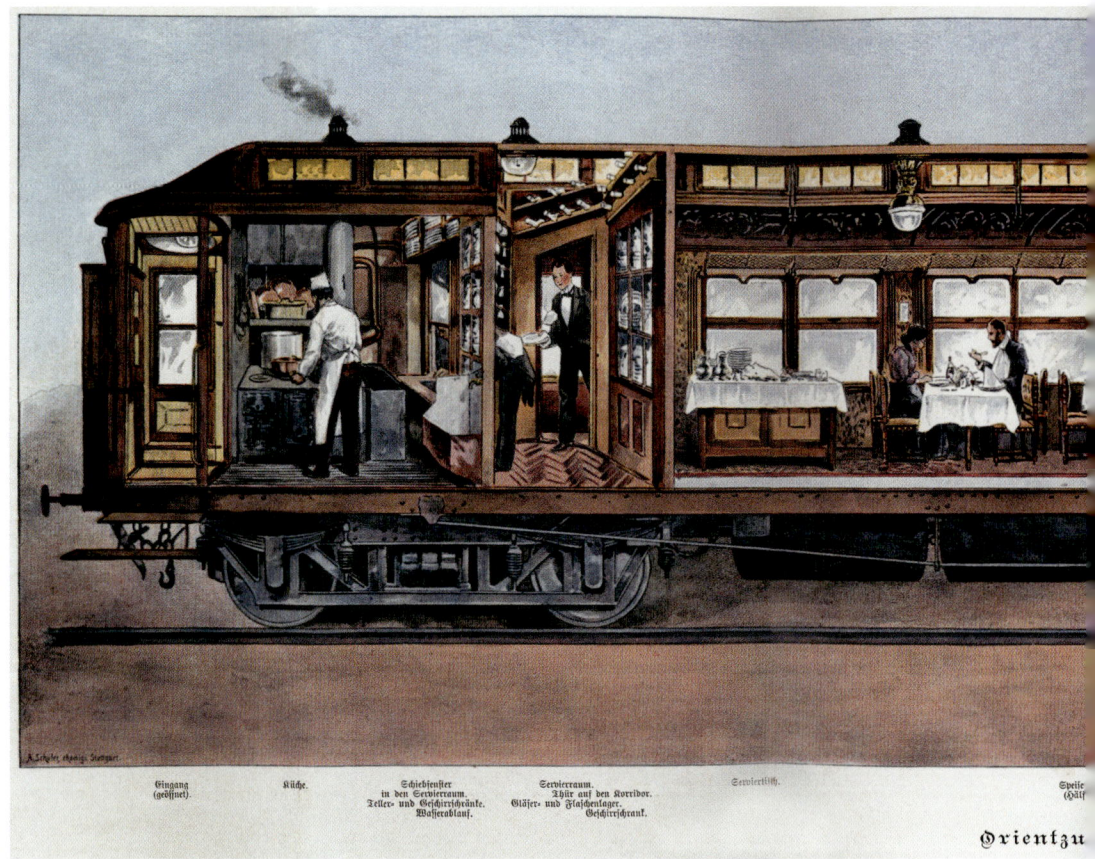

mit der Luftfahrt. Die gut betuchte Kundschaft legte weite Strecken nicht mehr auf Schienen, sondern hoch oben im Luftraum zurück, sodass der Betreibergesellschaft CIWL nichts anderes übrig blieb, als den einstigen Inbegriff für Luxus und Komfort in einen gewöhnlichen Schnellzug zu verwandeln. Dies läutete den endgültigen Niedergang des legendären Zuges ein. Eine Verkürzung der Strecke von Paris nach Wien und schließlich von Straßburg nach Wien ließ den Orient-Express sieben weitere Jahre fortbestehen, bis er mit einem Fahrplanwechsel im Dezember 2009 nach einer 126–jährigen Geschichte endgültig eingestellt wurde.

Doch nun steht die Neuauflage des historischen Fernverkehrszuges an. Bislang ist es rein spekulativ, auf welchen Strecken der Orient-Express verkehren wird und wie genau er aussehen wird. Die französische Bahngesellschaft SNCF, die sich 1977 die Markenrechte an dem Luxuszug sicherte, ließ lediglich vermelden, dass bereits Partnerschaften mit zahlreichen Firmen zur Ausstattung des Zuges bestehen – die Namen lassen keinen Zweifel daran, dass man in puncto Komfort und Luxus keinerlei Kompromisse machen wird. Der Mythos Orient-Express kann wiederaufleben!

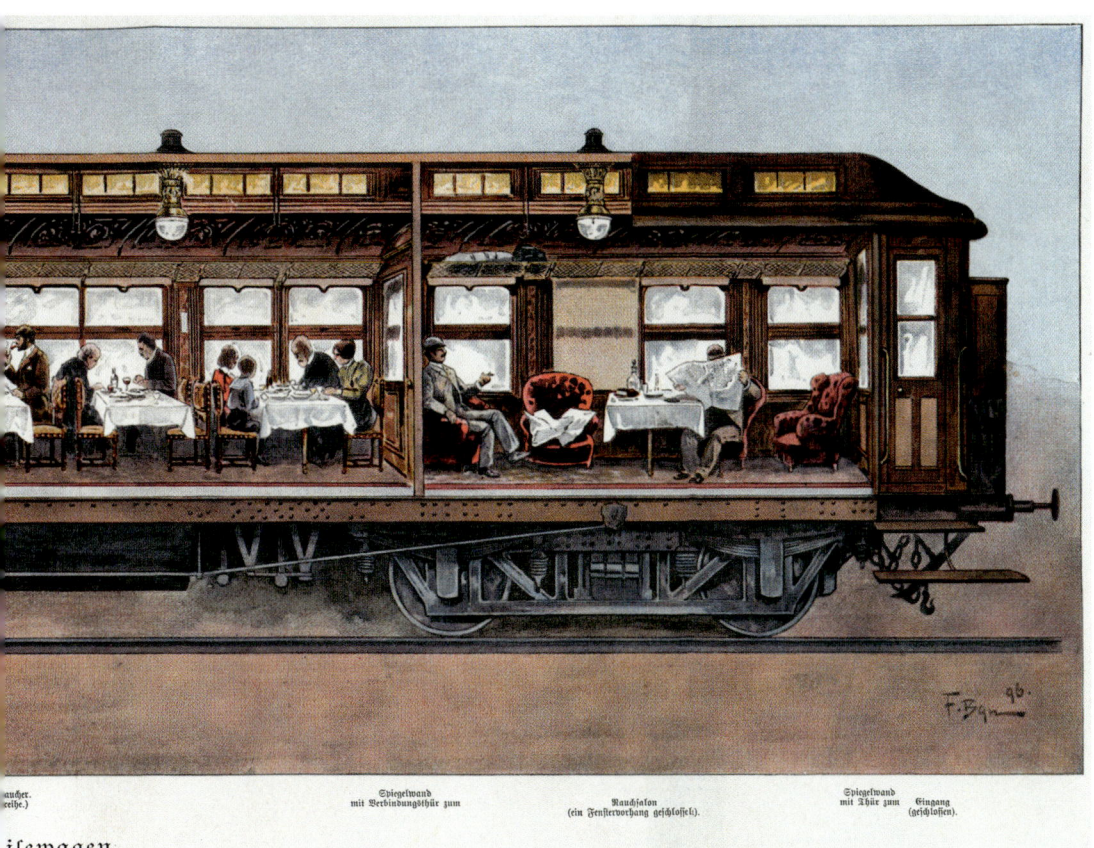

DIE CEVENNENBAHN

Die ungezähmte Natur des Massif central und der Cevennen

Spektakuläre Naturlandschaften von ursprünglicher Schönheit bieten sich den Reisenden der Cevennenbahn. Die tiefen Schluchten, die der Tarn in das Karstgebirge gegraben hat, zählen sicherlich zu den beeindruckendsten Sehenswürdigkeiten entlang der Strecke.

Wer die südfranzösische Stadt Montpellier gen Norden verlässt, taucht in eine faszinierende Naturlandschaft voll ursprünglicher Schönheit ein. Weitgehend ungezähmte Flüsse wie Tarn, Gardon oder Allier graben seit Jahrmillionen immer tiefere Schluchten in die karstigen Hochplateaus, und mediterrane wie montane Landschaftsformen gewähren eine unermessliche Artenvielfalt. Cevennen heißt die Region, in der sich die Natur auf eine in Europa selten gewordene Weise entfalten darf. Richtung Norden schließen sich das Zentralmassiv und die Region Auvergne mit einzigartigen Vulkanketten an. Es ist ein großes Geschenk, dass es mit der Cevennenbahn eine Zugverbindung gibt, die Reisenden während einer fünfstündigen Fahrt von Clermont-Ferrand nach Nîmes die Facetten dieser einmaligen Naturkulisse erschließt.

Im Juni 1842 verabschiedete die französische Regierung ein Gesetz über den Ausbau des nationalen Eisenbahnnetzes. Ausgehend von Paris, sollten sich Zugverbindungen sternförmig in alle Teile des Landes ausbreiten – ein infrastruktureller Vorstoß, der einen gigantischen Bauboom nach sich zog. Innerhalb der nächsten 20 Jahre entstanden Tausende Kilometer Bahntrassen, überwiegend finanziert von privaten Eisenbahngesellschaften, die nach und nach zu immer größeren Gesellschaften fusionierten. Auf diese Weise wurde auch die „Compagnie du chemin de fer Grand-Central de France" – kurz: Compagnie du Grand-Central – im Jahre 1853 aus der Taufe gehoben. Eines der erklärten Ziele der Gesellschaft war es, Paris über Clermont-Ferrand auf direktem Wege mit dem Süden des Landes zu verbinden. Mit diesem Vorhaben wurde die Überwindung des Zentralmassivs und der Cevennen jedoch unausweichlich; umgekehrt versprach es die Möglichkeit, die ökonomisch bedeutsamen Erz- und Kohlebergbaugebiete der Region an ein Schienennetz anzuschließen.

Eine spektakuläre Naturlandschaft von ursprünglicher Schönheit bietet sich dem Reisenden, wie diese Schlucht, die der Fluss Tarn in das Karstgebirge gegraben hat.

DATEN UND FAKTEN

Strecke: von Clermont-Ferrand nach Nîmes

Streckenlänge: 303 Kilometer

Wichtigste Stationen: Clermont-Ferrand, Issoire, Langeac, Langogne, Alès, Nîmes

Fahrtdauer: rund 5 Stunden

Spurweite: Normalspur

Verkehrsart: Personenzug

Besonderheit: In den Sommermonaten verkehrt auch ein Touristenzug zwischen Langeac und Langogne, der in knapp 2 Stunden die Gorges de l'Allier durchfährt.

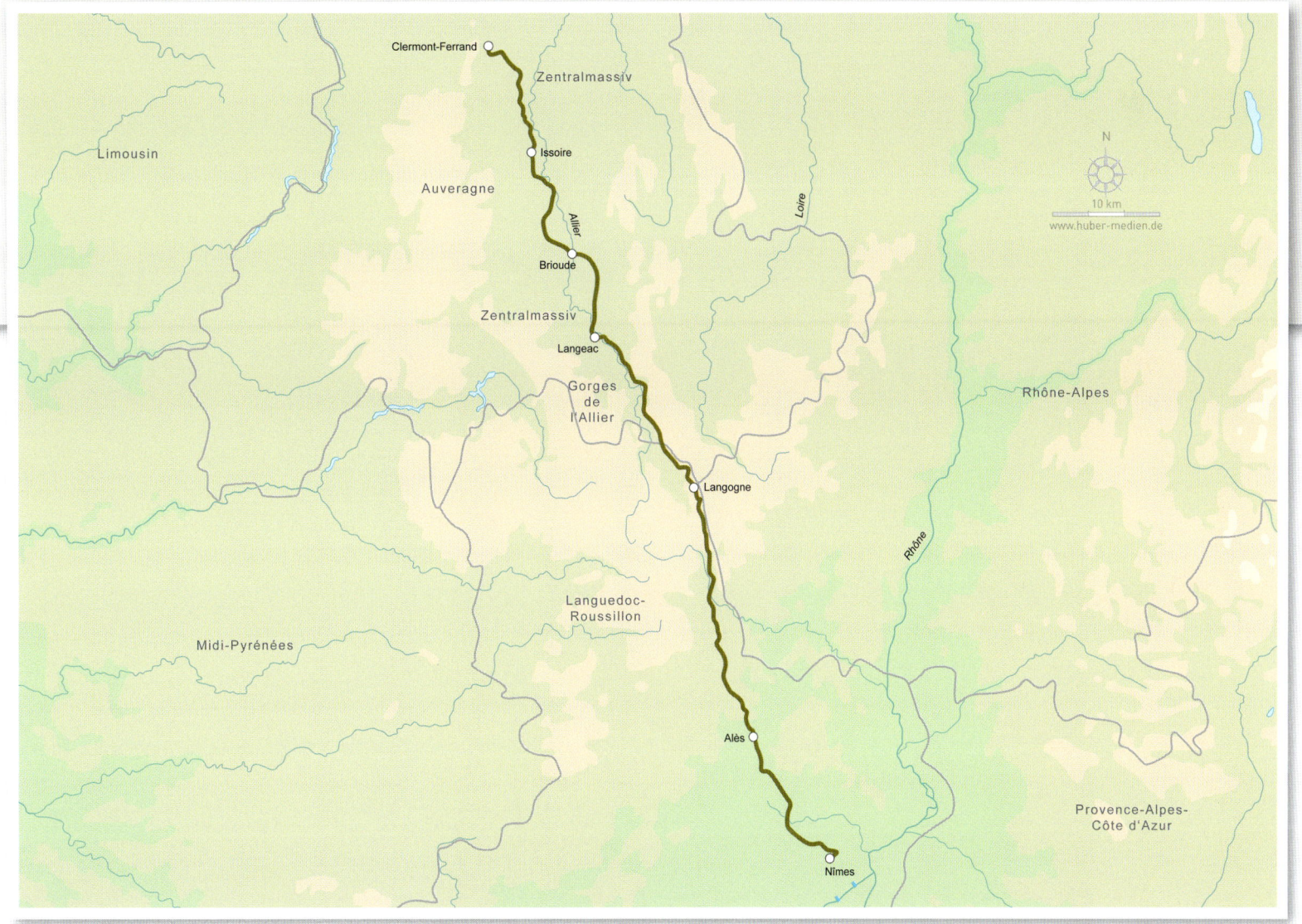

Bereits seit 1840 bestand eine Bahnverbindung zwischen Alès, Nîmes und Beaucaire, für die der französische Ingenieur Paulin Talabot verantwortlich zeichnete. Es war die Zeit, in der sich die Region um Alès zu einem wichtigen Steinkohlerevier mit rund 100 Minen entwickelte, in denen zu Spitzenzeiten jährlich zwei Millionen Tonnen Kohle gefördert wurden. Indem Alès an das Schienennetz angeschlossen wurde, konnten die südfranzösischen Städte bedeutend einfacher mit fossilen Rohstoffen beliefert werden. Doch der Lückenschluss mit den nördlich der Auvergne verlaufenden Trassen erforderte aufgrund der schwierigen geografischen Bedingungen enormes Geschick und Ingenieurskunst. Nach eingehenden Untersuchungen des Terrains entschied man sich, die Trasse weitestgehend parallel

Nicht nur Natur, auch kulturelle Highlights bietet die Strecke. Blick auf die Apsis der romanischen Basilika Notre-Dame-du-Port in Clermont-Ferrand.

zum Allier verlaufen zu lassen, der in den Cevennen entspringt, Richtung Norden fließt und nach 420 Kilometern in die Loire entwässert. Nicht nur in technischer Hinsicht, sondern auch aus Sicht der Reisenden hätte man kaum eine bessere Wahl treffen können, denn die stürmischen Wasser des Flusses, in dem unter anderem Atlantische Lachse heimisch sind, haben ein tiefes Tal in das Gestein gegraben und eine atemberaubende Landschaft geschaffen. Dank der Personenzüge, die zwei- bis dreimal am Tag zwischen Clermont-Ferrand und Nîmes auf der Trasse der Cevennenbahn verkehren, kann man die Gorges de l'Allier sowie andere Highlights der Region vom Zugfenster aus erleben.

VON CLERMONT-FERRAND BIS LANGEAC

Morgens, mittags und am späten Nachmittag verlässt ein Personenzug mit Ziel Nîmes den Bahnhof von Clermont-Ferrand. Die Hauptstadt der Auvergne mit ihren 142 000 Einwohnern ist ein schöner Ausgangspunkt der fünfstündigen

Reise, bietet sie doch mit der aus dunklem Lavagestein erbauten Kathedrale, der romanischen Basilika Notre-Dame-du-Port oder dem im Mittelalter errichteten Quartier Montferrand zahlreiche architektonische Sehenswürdigkeiten, bevor die Natur überwiegend die Regie übernimmt.

Die Cevennenbahn verlässt Clermont-Ferrand Richtung Osten, um bald darauf mit südlichem Kurs eine Landschaft zu durchfahren, in der sich kleine Ortschaften mit agrarisch geprägten Abschnitten und Waldgebieten abwechseln. Mitunter verläuft die Trasse nur wenige Meter vom Ufer des Allier entfernt, der sich hier als ruhig dahinfließender Strom erweist.

Nach 35 Kilometern erreicht die Cevennenbahn die 14 000-Einwohner-Gemeinde Issoire, die durch eine strikte räumliche Zweiteilung auffällt: Im Norden des Stadtgebiets dominieren Fabrikgebäude der Aluminium-Industrie, die hier einen wichtigen Produktionsstandort unter anderem für die Fertigung von Flugzeugteilen errichtet hat. Nach Süden schließt sich der historische Stadtkern an, dessen Herzstück die romanische Kirche Saint-Austremoine ist, deren Ursprünge bis ins 10. Jahrhundert reichen. Im Unterschied zu Issoire, dessen Bedeutung als industrielles Zentrum des Alliertals und wichtigster Arbeitgeber der Region unbestritten ist, sind die Tage des wenige Kilometer stromaufwärts gelegenen Brassac-les-Mines als Standort der Kohleförderung längst gezählt: 1978 schlossen die letzten Minen, die in Hochzeiten rund 5000 Menschen eine Arbeit geboten hatten. Auf die einstige Bedeutung des Kohlebergbaus in der Auvergne verweisen zahlreiche weitere Ortschaften, die sich rechts und links der Bahntrasse befinden und den Namenszusatz „les-Mines" tragen.

Hinter dem mehrgleisigen Bahnhof von Arvant zweigt eine Trasse nach Westen ab, während die Cevennenbahn ihren südlichen Kurs beibehält. Von hier an erobert sich die Natur immer mehr Raum, einzig Brioude darf sich mit seinen 6600 Einwohnern noch einmal als Auvergne-Städtchen größeren Ausmaßes beweisen, bevor Ortschaften und Siedlungen zunehmend zurücktreten und sich der Zug durch eine

Die Steinkohlereviere in den Cevennen wurden bereits in der ersten Hälfte des 19. Jahrhunderts an das Schienennetz angeschlossen, um den Transport der Kohle zu optimieren.

Nachfolgende Doppelseite: Zwischen St.-Jean-du-Gard und Anduze verkehrt als Touristenattraktion eine historische Dampfeisenbahn.

immer menschenleerere Landschaft aus bewaldeten Hügeln und zahlreichen Wasserläufen bewegt, die den Allier speisen. Mehrfach hat die Cevennenbahn seit ihrem Start den Fluss gekreuzt, um mal auf die eine, mal auf die andere Seite zu wechseln. Sie hat genau 100 Kilometer Strecke zurückgelegt, wenn sie dies ein weiteres Mal tut und dabei das 285 Meter lange Costet-Viadukt mit seinen 18 Bögen befährt, das einen Vorgeschmack gibt auf die lange Reihe spektakulärer Bauwerke, die sich hinter Langeac anschließen werden.

VON LANGEAC DURCH DIE GORGES DE L'ALLIER

51 Tunnel und 16 Viadukte – hinter diesen Zahlen verbergen sich die ungeheuren Leistungen und Mühen, mit denen der Bau der Bahntrasse zwischen Langeac und Langogne verbunden war. Die Cevennenbahn verläuft auf einem Großteil der 67 Kilometer langen Strecke in unmittelbarer Nähe zum Allier, der sich hier tief in das Felsgestein gegraben hat. Überall dort, wo der Fluss mäandert und besonders enge Kehren vollführt, war der Bau von Tunneln unumgänglich, die zusammengenommen über 7,7 Kilometer lang sind.

Der Bahnhof von Langeac liegt nur einige Kilometer zurück, da entfernt sich die Cevennenbahn vom Flusslauf und umfährt in einem Bogen die kleine Gemeinde Chanteuges, die mit der gleichnamigen Abtei ein wahres architektonisches Juwel präsentiert. Die einstige Abtei, deren Geschichte bis in die Anfänge des 12. Jahrhunderts zurückreicht, erhebt sich eindrucksvoll und für die Zugreisenden gut sichtbar auf einem Felssporn und überrascht durch ihren wehrhaften Charakter.

Schnell nähert sich der Zug wieder dem Allier und passiert – einige Höhenmeter über dem Fluss verlaufend – die kleinen Ortschaften Saint-Arcons-d'Allier und Saint-Julien-des-Chazes, hinter der sich ganz unvermittelt eine nahezu mystische Szenerie auftut: Nah am Ufer und eng angeschmiegt an einen senkrecht aufragenden Basaltfelsen, kommt die Kirchenruine Sainte-Marie-des-Chazes ins Blickfeld, die in ihrem Inneren eine wertvolle Holzstatue der Heiligen Jungfrau bereithält.

Die Cevennenbahn erreicht Prades. Auf den folgenden 11 Kilometern Strecke bis Monistrol-d'Allier wird sie zehn Tunnel und drei Viadukte befahren. Immer unwegsamer wird die Schlucht, und der vorhin noch eher gemächlich dahinfließende Allier entwickelt sich zunehmend zu einem Wildwasserfluss – sehr zur Freude der Kanuten und Kajakfahrer, die in immer größerer Anzahl dem Zug entgegenpaddeln. Ihr Abenteuer beginnt viele Kilometer flussaufwärts in St.-Étienne-du-Vigan, wo sich – abgesehen von einem 13 Kilometer langen gesperrten Abschnitt – bis Prades die Gelegenheit bietet, mäßig bis sehr schwierige Wildwasserabschnitte zu befahren.

Ein eiserner Steg verbindet die durch den Allier voneinander getrennten Dorfhälften von Monistrol-d'Allier. Neben Wassersportlern, die jenseits der gesperrten Zone hier ihre Kajaks wieder zu Wasser lassen können, finden sich auffallend viele Wanderer in der kleinen Ortschaft ein. Sie folgen dem Fernwanderweg GR 65, der an dem kleinen Ort vorbeiführt und weitgehend der Via Podiensis – der historischen Route des französischen Jakobsweges – entspricht. Die Dichte an Tunneln und Viadukten nimmt jenseits von Monistrol-d'Allier weiter zu: 14 Tunnel und sechs Viadukte sind es, die den Weg bis zum nächsten Haltepunkt Alleyras bereiten. Als besonders schönes Exemplar der Bahnarchitektur erweist sich das 134 Meter lange Viaduc de Fontannes, über das die Cevennenbahn auf die orografisch linke Seite des Flusses wechselt, der hier einige Kapriolen in Gestalt enger Kehren schlägt. Es ist der wohl abenteuerlichste und dramatischste Abschnitt der Cevennenbahn, lässt die Trasse doch kaum Platz zwischen den senkrecht aufsteigenden Felsen auf der einen und der klaffenden Tiefe Richtung Flussgrund auf der anderen Seite. Knapp 4 Kilometer vor Alleyras quert die Cevennenbahn erneut den Allier. Wenige Meter oberhalb verläuft der Barrage de Poutès, der 1941 errichtet wurde und den Fluss zu einem breiten Wasserbecken aufstaut.

Die Cevennenbahn bleibt ihrem Kurs Richtung Süden treu und führt weiterhin durch die menschenleere, waldreiche Schlucht des Allier. Die kleine Ortschaft Chapeauroux kündigt sich durch ein beeindruckendes Viadukt von 433 Metern Länge an. Hier weitet sich das Tal vorübergehend, gibt den wenigen Häusern von Chapeauroux und dem gegenüberliegenden Le Nouveau-Monde Raum, bevor die Berghänge und Felswände näher zusammenrücken und den Allier wieder zu einem Wildwasserfluss werden lassen, der in zahlreichen Schleifen verläuft. Die 15 Kilometer zwischen Chapeauroux und St.-Étienne-du-Vigan sind der für Kajakfahrer anspruchsvollste Abschnitt auf dem Allier.

Blick über den Allier auf die Ruine der Kapelle Sainte-Marie-des-Chazes aus dem 13. Jahrhundert.

Nach drei Stunden Fahrt erreicht die Cevennenbahn die 3000-Einwohner-Ortschaft Langogne, die sich in direkter Nähe zum großen Stausee Lac de Naussac befindet, der vom Allier gespeist wird und sich zu einem beliebten Erholungsgebiet entwickelt hat. Auf der Höhe von Langogne verlässt der Zug die Gorges de l'Allier und damit das Kernstück der Cevennenbahn. Das Abenteuer auf dieser vielfältigen Trasse ist damit aber noch nicht beendet, sondern setzt sich bis Nîmes fort.

VON LANGOGNE NACH NÎMES

Einen schönen Auftakt für den dritten und letzten Abschnitt der Cevennenbahn bildet das fünfbögige Viaduc des Brasses, das in 22 Metern Höhe über den Allier führt. Der Zug überwindet auf den nächsten 20 Kilometern 110 Höhenmeter, um am Bahnhof La Bastide-Saint-Laurent-les-Bains auf 1025 Metern den höchsten Punkt der Strecke zu erreichen. Hier teilt sich die Bahntrasse: Während der nach Westen verlaufende Strang dem Verlauf des Allier folgt, erreicht der Zug Richtung Nîmes die vielfältige Landschaft der Cevennen. Hier kann der Blick wieder schweifen, sich an Feldern, sanften Bergkuppen und den grünen Hochplateaus erfreuen, die der Wanderschäferei ein ideales Terrain bieten.

Das beeindruckende Viadukt von Chamborigaud über dem Fluss Luech.

Auf der Höhe von Prévenchères rückt der Fluss Le Chassezac an die Trasse heran, verläuft einige Kilometer parallel, um schon bald zu einem See gestaut zu werden, über den ein 90 Meter langes Viadukt führt. Auch der Lac de Villefort wird auf einem Viadukt überquert, das mit 257 Metern allerdings bedeutend größer ausfällt. 73 Meter ragen die Pfeiler der Bogenbrücke vom Grund des Stausees empor, und je nach Wasserstand können diese Ausmaße für Reisende durchaus als schwindelerregend empfunden werden.

Mit zahlreichen Kehren durchfährt der Zug die Cevennen: Einige Bergkuppen werden umfahren, andere mittels Tunneln unterquert. Génolhac, am Fuße des Mont Lozère gelegen, rückt ins Bild und wenige Kilometer weiter jenes Viadukt, das die Aufmerksamkeit jedes Reisenden auf sich zieht und in keiner Serie fotografischer Erinnerungen fehlt: das Viaduc de Chamborigaud. 1867 wurde die 398 Meter lange und in einem Krümmungsradius von 240 Metern errichtete Bogenbrücke fertiggestellt. Wo zuvor noch mit Farnen und kleinen Bäumen bestandene Böschungen die Trasse eng begrenzten, fällt hinter einer kleinen Kurve der Blick ganz unvermittelt in unerwartete Tiefen: In 46 Metern Höhe rollt die Bahn über das breite Flusstal des Luech.

Knapp 30 Kilometer sind es von hier bis zur Station Alès. Die Landschaft verändert sich zunehmend: Zwar folgt die Cevennenbahn nach wie vor einem Flusslauf – es ist nun der Gardon –, doch nach Stunden, in denen die Natur das Zepter in der Hand hielt, verdichten sich die Ortschaften zunehmend, und Gewerbe- und Industriebereiche rücken ins Blickfeld. Spä-

Unzählige Tunnel und zahlreiche Viadukte zeugen noch heute von der ungeheuren Ingenieursleistung beim Bau der Cevennenbahn im 19. Jahrhundert.

testens mit Erreichen von La Grand Combe wird deutlich, dass man sich nun inmitten des einstigen Kohlereviers der Cevennen befindet. Während seit dem 19. Jahrhundert Tausende Bergbauarbeiter das „Schwarze Gold" förderten, wurde über Tage ein weiterer Rohstoff produziert – doch ganz ohne schwere Geräte. Nach einem eisigen Winter im Jahre 1709 ging ein Großteil der in den Cevennen so verbreiteten Kastanienbäume ein. Auf der Suche nach einem neuen Wirtschaftszweig entschied man sich dazu, Hunderttausende Maulbeerbäume zu pflanzen, und etablierte damit in der Region die ökonomisch äußerst bedeutsame Seidenraupenzucht. Zu Spitzenzeiten im 19. Jahrhundert wurden allein in Alès, das heute mehr als 41 000 Einwohner zählt, mehr als 6 Millionen Kilogramm Seide hergestellt.

Die Cevennenbahn befährt ab Alès die Bahntrasse, die bereits 1840 unter der Leitung von Paulin Talabot errichtet worden war und das Zentrum des Kohlebergbaus mit Nîmes und Beaucaire verband. In der verbleibenden halben Stunde Fahrt zeugen Viadukte und Tunnel noch einmal von der ungeheuren Leistung der Ingenieure und Arbeiter, die im 19. Jahrhundert den ehrgeizigen Plan einer Trassierung des Massif central in die Tat umsetzten. Nîmes, das mit einem faszinierenden Reichtum sowohl an antiken Baudenkmälern wie hochmoderner Architektur aufwarten kann, bildet den furiosen Abschluss einer Bahnreise, die zu den schönsten des Landes gezählt werden darf.

TREN AL ANDALUS

Pracht, Glanz und Historie Andalusiens

Mit dem eleganten Tren Al Andalus kann man eine Zeitreise in die Ära der muslimischen Herrschaft auf der Iberischen Halbinsel unternehmen. die von 711 bis 1492 währte und ihren architektonischen Höhepunkt in der Alhambra bei Granada fand.

Die britische Königin Elisabeth II. gilt als die weltweit reisefreudigste Monarchin – kein Wunder, denn das Reisen wurde ihr schon früh schmackhaft gemacht. Elisabeth war gerade einmal zwei Jahre alt, als ihre Eltern, König Georg VI. und Queen Mum, 1928 beschlossen, sich neben den Royal Trains, die auf der britischen Insel ständig in Bereitschaft waren, nun auch einen eigenen Zug für ihre Sommerurlaube anfertigen zu lassen. Die luxuriösen Salonwagen, die in den Jahren zwischen 1928 und 1930 in Frankreich gebaut wurden, sollten der Familie größtmöglichen Komfort für ihre Reisen von Calais an die Côte d'Azur bieten. Entsprechend mondän wurden die kleinen Paläste auf Rädern ausgestattet, die heute unter dem Namen „Tren Al Andalus" auf Südspaniens Breitspurtrassen unterwegs sind.

Vielfältige Natur- und Kulturräume passiert der „königliche" Zug auf seinem Weg von Cádiz nach Granada.

Jeden Sonntagmittag rollt der noble Hotelsalonzug in den Bahnhof Santa Justa in der südspanischen Stadt Sevilla ein. „Tren Al Andalus" prangt in goldenen geschwungenen Buchstaben auf den beige-weinroten Wagen. Ein Hauch von Luxus lässt sich von außen schon erahnen, im Inneren kann man sich dann vollends in die Zeit der Belle Époque zurückversetzen und sich wie einst die briti-

DATEN UND FAKTEN

Strecke: von Sevilla über Ronda und Granada bis nach Córdoba und zurück nach Sevilla

Streckenlänge: 1200 Kilometer

Wichtigste Stationen: Sevilla, Cádiz, Jerez, Ronda, Granada, Córdoba

Fahrtdauer: 6 Tage

Spurweite: iberische Breitspur (1668 Millimeter)

Verkehrsart: Personenzug

Besonderheiten: Die Wagen wurden Ende der 1920er-Jahren in Frankreich gebaut, ursprünglich dienten sie der britischen Königsfamilie für Urlaubsfahrten.

schen Monarchen zu Beginn des 20. Jahrhunderts fühlen, als sie von Calais an die Côte d'Azur reisten. Am besten lässt sich das Gefühl von Luxus und Eleganz auf einer sechstägigen Reise erleben, die durch die wunderschöne Landschaft Andalusiens führt. Bereits in den 1980er-Jahren machte der Al Andalus seine Rundreise durch den maurisch geprägten Süden Spaniens. Nach der Pleite der betreibenden Eisenbahngesellschaft wurde der Luxuszug zunächst stillgelegt. Sechs Jahre und eine liebevolle Renovierung der historischen Wagen später nahm er anlässlich der Zweihundertjahrfeier der Verfassung von Cádiz seine Fahrt am 6. Mai 2012 zur Freude vieler Menschen wieder auf.

Wenn der Zug den Bahnhof von Santa Justa verlässt, dauert es einige Minuten, bis alle Wagen mit lautem Geratter auf der Strecke sind. Der Zug ist lang, groß und eindrucksvoll, denn er fährt auf der iberischen Breitspur von 1668 Millimetern.

DIE SPURWEITEN DER WELT

Als die Eisenbahn zu Beginn des 19. Jahrhunderts noch in den Kinderschuhen steckte und jedes Land diese neue Transportform erst für sich entdecken musste, entstanden die unterschiedlichen Spurweiten. Es gab damals kaum zusammenhängende Eisenbahnnetze, und lange Zeit konnte man sich nicht auf eine einheitliche Spurweite einigen. Längere Transporte von Waren, aber auch von Personen in andere Länder waren somit schwierig, da eine Umspurung der Züge an den Grenzen aufwendig und teuer war. Doch die Unterschiede brachten auch Vorteile mit sich: So konnten durch die verschiedenen Spurbreiten in den angrenzenden Ländern auch Invasionen mit dem neuen Transportmittel erschwert werden.

In Spanien fuhren die Eisenbahnen zunächst auf einer Spurbreite von 1672 Millimetern – eine breite Spur mit schweren, stabilen Gleisen, die große Lokomotiven trugen und auf der mit hohen Geschwindigkeiten gefahren werden konnte. In Portugal setzte man hingegen auf Trassen mit 1665 Millimetern Breite. Diese beiden Maße wurden später zur iberischen Breitspur von 1668 Millimetern gemittelt.

Auch in Irland, in dem Gebiet der früheren Sowjetunion, Finnland, dem Baltikum, in Chile, Argentinien, Indien, Brasilien und Australien gibt es bis heute zum Teil sehr große Eisenbahnnetze in Breitspur. Allein in Indien fahren Züge auf einer Gesamtstreckenlänge von über 50 000 Kilometern auf einer Breitspur von 1676 Millimetern.

In Deutschland wurde traditionell auf schmaleren Spuren gefahren, die Breitspur konnte sich hier von Beginn an nicht durchsetzen. Die heutige Standard-Spurbreite, die Normalspur mit 1435 Millimetern, wurde in England, dem Mutterland der Eisenbahn, zum ersten Mal als Standard im Jahr 1846 gesetzlich vorgeschrieben. Im Laufe der nächsten Jahrzehnte zogen etliche andere europäische Länder nach. Heute fahren auf 60 Prozent des weltweiten Eisenbahnnetzes Normalspurzüge.

In der Zeit des Nationalsozialismus plante Hitler zusätzlich zu dem bestehenden Normalspur-Eisenbahnnetz den Bau der sogenannten Dreimeterspur. Sie sollte Berlin mit München und Hamburg mit Linz besonders schnell verbinden. Die geplante 3000-Millimeter-Spur wurde indes nie realisiert.

Eine Stephenson-Dampflokomotive aus der Zeit um 1859 (Kupferstich, 1862).

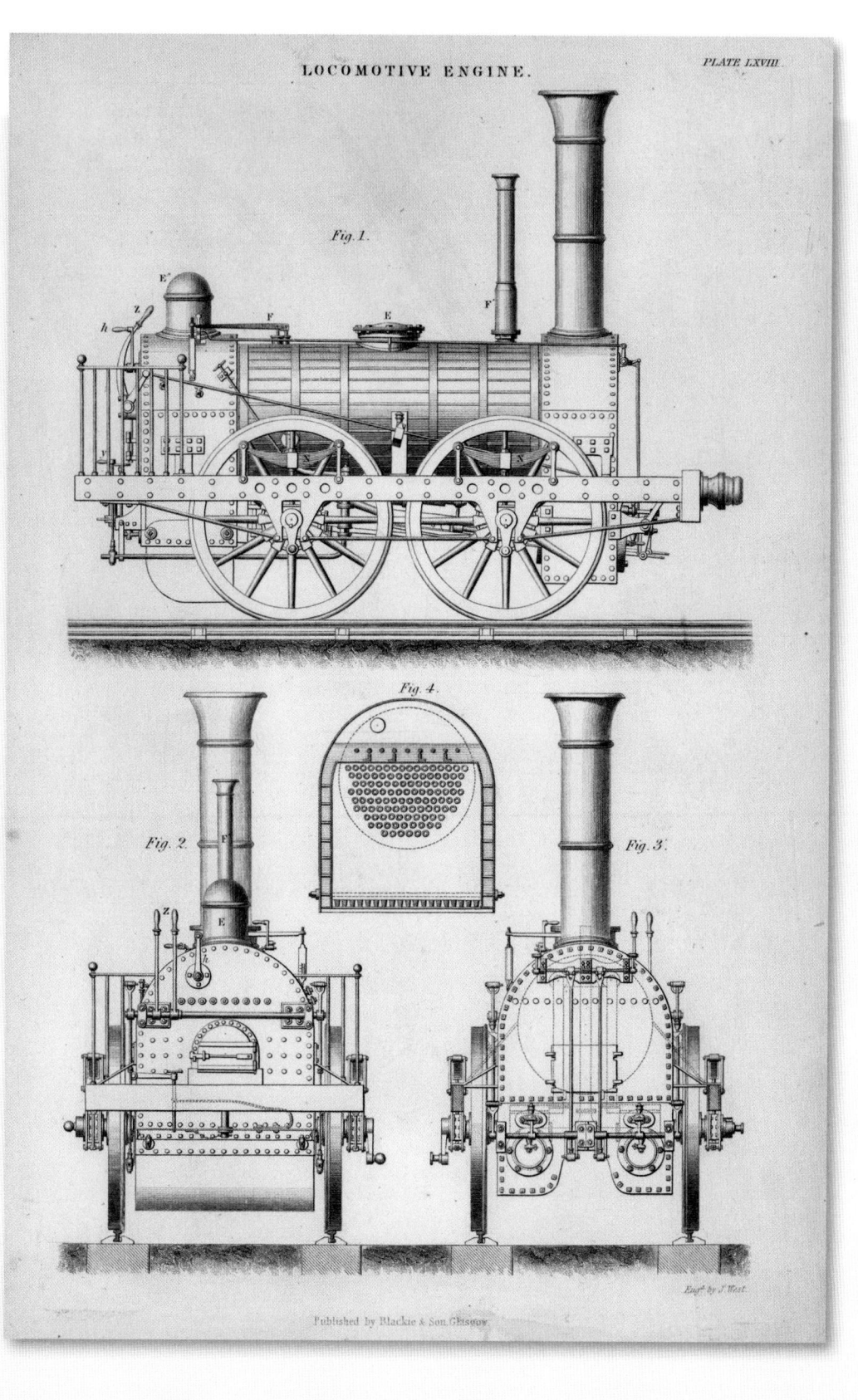

DER AL ANDALUS: EINE KÖNIGLICHE REISE
IN DIE ZEIT MAURISCHER HERRSCHAFT

Die erste Tagesetappe führt die Gäste des rollenden Luxushotels von Sevilla aus rund 120 Kilometer südwestlich in die kleine Gemeinde El Puerto de Santa María, wo Boote und Busse für einen Transfer ins nahe gelegene Cádiz bereitstehen. Die malerische Stadt, die dank ihrer strategisch günstigen Lage am Atlantik zu einiger Bedeutung im handeltreibenden Gewerbe gelangte, wird als eine der ältesten Europas gehandelt. Heute leben hier gut 120 000 Menschen in den vier malerischen Vierteln der Altstadt und in den modernen Hochhäusern der Neustadt. Ein Bummel durch Cádiz bietet Gelegenheit, sich ein Bild dieser andalusischen Küstenstadt zu machen, deren beeindruckendstes Bauwerk die Catedral de Cádiz mit ihren gewaltigen Türmen aus dem 18. Jahrhundert ist, in der sich aufgrund einer über 100 Jahre andauernden Bauzeit mehrere Stilrichtungen vereinen.

Von El Puerto de Santa María aus führt der Tren Al Andalus wieder in Richtung Nordosten - die hügelige Landschaft mit sich im Wind bewegenden, gelben Kornfeldern lädt zur Entspannung ein, bis nach 40 Kilometern die Wiege des Sherrys erreicht wird. Jerez heißt die andalusische Stadt, in der die Zuggäste in ihren komfortablen Abteilen die erste Nacht verbringen, und Jerez ist gleichzeitig auch das spanische Wort für Sherry. Die traditionsreichen Weinkellereien, in denen sich große Künstler wie Orson Welles oder Pablo Picasso auf den Fässern verewigt haben, laden am nächsten Tag zu einem Besuch ein. Hier dürfen die lange gereiften, edlen Tropfen probiert werden, bevor das nächste Highlight der Stadt wartet: die königlich-andalusische Hofreitschule, die 1973 gegründet wurde und die lange Tradition in der Zucht von Kartäuserpferden und deren Dressur fortsetzt.

Der Tren Al Andalus führt weiter Richtung Norden. Mit einer Höchstgeschwindigkeit von 120 Stundenkilometern rollen die vier Salon- und sieben Abteilwagen zurück nach Sevilla, wo der Zug nun einen

Malerisch auf einem rundherum steil abfallenden Felsplateau liegt Ronda. Drei Brücken. hier die im 18. Jahrhundert errichtete Puente Nuevo („Neue Brücke"). führen in die Altstadt.

östlichen Kurs einschlägt. Das flache Land verändert sich allmählich, Korkeichenwälder ziehen vorüber, erste Berge rücken ins Blickfeld. Die Zugreisenden können die atemberaubend schöne Landschaft von ihren Abteilen, den beiden Speisewagen, dem Teesalon- oder Barwaggon aus genießen. Die Abteile in den Schlafwagen weisen mit ihren Holzvertäfelungen und Intarsien ein äußerst edles Dekor auf. Die Betten lassen sich tagsüber zu Couchgarnituren umbauen, sodass auch während der Fahrt ein Aufenthalt in der eigenen Suite nicht ungemütlich wird. Ein zusätzlicher Luxus, auf den die Königsfamilie zu Beginn des 20. Jahrhunderts noch nicht zurückgreifen konnte, sind die in jedem Zimmer individuell regelbaren Klimaanlagen. Zu den luxuriösen Abteilen gehört selbstverständlich auch jeweils ein kleines, aber hochmodernes Badezimmer.

Auch den beiden Speisewagen mangelt es nicht an edlem Interieur: Zarte Goldverzierungen an den Wänden, schwere, zu den Seiten gezogene Vorhänge, hübsche Tischlampen gepaart mit erlesenem Geschirr, gestärkten Tischdecken und samtigen Stühlen lassen jede Mahlzeit an Bord des Zuges königlich schmecken. Gleiches gilt für die Bar mit dem wohlklingenden Namen Giralda, benannt nach dem berühmten Minarett der Hauptmoschee in Sevilla, oder den Teewagen, der in königlichem Blau gehalten ist und in dem echte Tiffany-Lampen das Bild abrunden.

Riesige Weideflächen mit grasenden Rindern ziehen vorüber, ehe sich der Al Andalus stampfend steil bergan kämpft, um das auf 723 Höhenmetern gelegene Ronda zu erreichen. Die kleine Stadt mit ihren rund 36 000 Einwohnern drängt sich auf einem nach allen Seiten hin steil abfallenden Felsplateau, das durch die bis zu 170 Meter tiefe Schlucht El Tajo in zwei Hälften geteilt wird. Die im Norden liegende Neustadt wird über drei Brücken mit der im Süden liegenden Altstadt verbunden, die durch ihre schmalen, verwinkelten Gassen, weiß gekalkten Häuser und jahrhundertealten Sakralbauten besticht. Nicht wenige Schriftsteller haben sich von dem Zauber der andalusischen Stadt Ronda einfangen lassen, unter ihnen Rainer Maria Rilke, Ernest Hemingway oder Orson Welles, der auf eigenen Wunsch in der Nähe der berühmten Stierkampfarena begraben liegt. Die Arena „Plaza de Toros de Ronda" wurde 1785 gebaut und gilt als die älteste und zugleich schönste Stierkampfarena Spaniens. Dafür sorgt nicht zuletzt die doppelgeschossige, komplett überdachte Tribüne, auf der insgesamt knapp 6000 Zuschauer Platz finden.

Elegantes Mobiliar aus Leder, Messing und feine Intarsienarbeiten prägen das Interieur der einzelnen Wagen.

Der Tren Al Andalus ruht die Nacht in Ronda, um am Nachmittag des nächsten Tages die Fahrt gen Nordosten wiederaufzunehmen. Vorbei an Sonnenblumen- und Getreidefeldern rollt der Zug dem knapp

200 Kilometer entfernten Granada entgegen. Dabei erweist sich gerade die Anfahrt von Westen aus als besonders spektakulär: In der Schwemmlandebene am Zusammenfluss des Rio Darro und Genil erstreckt sich die jahrtausendealte Stadt Granada auf einem Höhenniveau von rund 730 Metern, dahinter, auf einer Anhöhe gelegen, thront die weltberühmte Alhambra. Und diese ohnehin schon grandiose Kulisse wird gerahmt durch die oft schneebedeckten Gipfel der Sierra Nevada, dem höchsten Gebirge der Iberischen Halbinsel. Es ist kaum zu glauben, aber die Gipfel der Sierra Nevada, allen voran der 3384 Meter hohe Pico del Veleta, sind ein ausgewiesenes Skigebiet – und das in einer Region Europas, die in erster Linie für ihr trocken-heißes Klima in den Sommermonaten bekannt ist. Wintersportfans können in der einmalig schönen Umgebung mehr als 100 Pistenkilometer für sich nutzen und dabei den Blick auf das zu Füßen liegende Granada und das am Horizont sich abzeichnende Meer genießen.

Für die Reisenden im Tren Al Andalus klingt der Tag am Fuße dieses Gebirges und inmitten der traditionsreichen Stadt Granada aus, die es am nächsten Tag zu entdecken gilt. Niemand lässt sich dabei einen Besuch der weltberühmten Alhambra und der Generalife-Gärten entgehen. Die zahlreichen Paläste der Festung wurden als Residenz für die maurischen Könige gebaut und bestechen durch ihren Kontrast

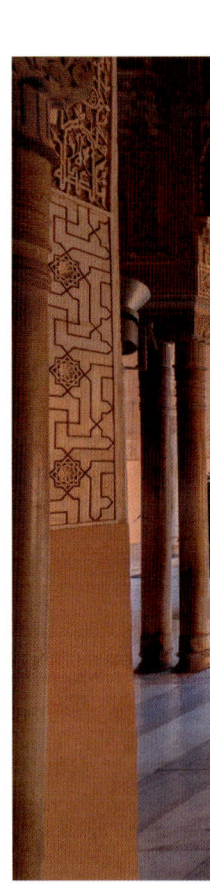

aus Wehrhaftigkeit nach außen und überwältigender Pracht im Inneren. Der Blick wandert unweigerlich immer wieder nach oben zu den kunstvoll geschnitzten Stuckdekorationen und Holzvertäfelungen, die die Hallen der Herrscher schmückten. Oberhalb der Alhambra liegt der Generalife, die einstige Sommerresidenz des Emirs. In den weitläufigen Gärten mit ihren kunstvoll geschnittenen Hecken, farbenfrohen Blumenarrangements und Wasserfontänen entfaltet der Zauber, den die Alhambra umgibt, seine ganze Wirkung.

Die Zeit bis zum Abendessen in einem der zahlreichen Restaurants Granadas bietet sich für einen Spaziergang durch das älteste Viertel der Stadt, dem Albayzín, an, in dem in maurischer Zeit wohlhabende Händler und Handwerker lebten. Hier gilt es, sich einfach treiben zu lassen, denn Gäste werden in dem labyrinthartigen Gewirr aus schmalen Gassen an einem Abend kaum ein Ordnungssystem erkennen können. Mit einem letzten Blick auf die geradezu mystisch anmutende Alhambra geht es zurück in die komfortablen Schlafabteile des Tren Al Andalus, der sich in den frühen Morgenstunden des nächsten Tages – während die meisten Gäste noch schlafen – wieder in Bewegung setzt und Linares-Baeza ansteuert.

Vor der prächtigen Kulisse der schneebedeckten Sierra Nevada thront die Alhambra mit ihren Palästen, Brunnen und Gärten.

Um acht Uhr früh erklingt die Morgenglocke in den holzvertäfelten schmalen Gängen und lädt die Gäste zu einem opulenten Frühstück ein, das angesichts der vorbeiziehenden Landschaft umso köstlicher schmeckt: Allmählich weichen Felder, Wiesen und Berge gigantischen Hainen mit Olivenbäumen. Sie stehen in Reih und Glied, Kilometer um Kilometer rechts und links der Gleise, so weit das Auge reicht. Die landschaftliche Veränderung ist ein Zeichen dafür, dass der Luxuszug die Provinz Jaén erreicht hat, die mit 300 Millionen Bäumen das größte Olivenanbaugebiet der Welt bildet. Die silbrig-grünen Blätter der Olivenbäume glitzern in der Sonne, blenden fast schon. Ölmühlen gibt es in diesem Gebiet in nahezu jeder Stadt, besonders buntes Treiben herrscht zur Erntezeit, im Dezember, wenn etliche Millionen Tonnen der ovalen Früchte von den Bäumen geholt und gepresst werden.

Während das Meer der Olivenbäume an der Zugstrecke nur hin und wieder vom strahlenden Weiß gekalkter Häuser unterbrochen wird, geht es weiter nach Linares-Baeza, wo Busse zu einem Transfer in die nur wenige Kilometer voneinander entfernt liegenden Ortschaften Baeza und Úbeda bereitstehen. Hier erwartet Besucher nicht das typische Bild andalusischer Dörfer, sondern eine unerwartete Fülle an Renaissance-Architektur, die in einem einfachen historischen Umstand begründet liegt: Nach der erfolgreichen Rückeroberung der Iberischen Halbinsel durch christliche Heere wurden adelige Ritter mit Grund und Boden in Baeza und Úbeda belohnt. Unter Hinzuziehung berühmter Architekten ließen sie hier Paläste und Kirchen im Stil der Renaissance entstehen, die bis heute ein authentisches Bild der Renaissancestädte des 16. Jahrhunderts abgeben.

Der majestätische Zug setzt seine Fahrt fort, schlägt einen Weg durch das Tal des Flusses Guadalquivir ein, schlängelt sich durch Wiesen und karge Wälder, durch Olivenhaine und Sonnenblumenfelder, vorbei an Andújar und Villa del Río bis nach Córdoba, wo die Nacht verbracht wird.

Der letzte Tag der Reise lädt zu einer Besichtigung der 330 000-Einwohner-Stadt Córdoba ein. Hervorstechendstes Bauwerk ist ohne jeden Zweifel die Mezquita Catedral, die frühere Moschee des Emir Abd ar-Rahman I. Nachdem Chris-

Die Fahrt durch die ausgedehnten Olivenhaine Andalusiens stellt einen landschaftlich besonders reizvollen Abschnitt der Reise dar.

ten die Stadt 1236 zurückerobert hatten, wurde die Moschee zunächst zu einer christlichen Kathedrale geweiht. Auf kleinere architektonische Eingriffe folgte im 16. Jahrhundert eine massive Umgestaltung, indem man in den 23 000 Quadratmeter umfassenden Komplex eine Kathedrale integrierte und das Minarett durch einen Glockenturm ersetzte. Besonderen Charme verströmt die nahezu quadratische Säulenhalle, in der 856 Marmorsäulen für ein ganz besonderes Farbspiel sorgen und den Eindruck erwecken, man befände sich in einem riesigen Palmenhain.

Von Córdoba aus führt der Tren Al Andulus weiter Richtung Südwesten und folgt dabei dem Fluss Guadalquivir. Noch einmal kommen die Zuggäste in den Genuss eines vorzüglichen Mittagessens inmitten des luxuriösen Interieurs der Speisewagen, bevor mit Sevilla der Ausgangs- und Endpunkt der Zugreise erreicht wird. Mit einem Besuch der Kathedrale, des Alcázar-Palastes und der Giralda, die einst das Minarett einer beachtlichen Moschee bildete und heute als viereckiger Glockenturm mit 22 aufeinander abgestimmten Glocken besticht, findet eine unvergessliche Rundfahrt durch Andalusien ihr Ende.

Der Palacio de Jabalquinto ist eine der Sehenswürdigkeiten von Baeza. Er vereint Stilelemente der Gotik, der Renaissance und des Barock.

EL TRANSCANTÁBRICO

Entlang der dramatisch-schönen Küste Nordspaniens

Am Ziel der Jakobspilger, in Santiago de Compostela mit seiner berühmten Kathedrale mit dem Reliquienschrein des Apostels Jakobus, startet die achttägige Tour mit dem Transcantábrico.

Galicien, Asturien, Kantabrien, Baskenland und Kastilien-León – wer je die nordwestlichen Regionen Spaniens bereist hat, weiß um die beeindruckende landschaftliche Vielfalt dieser vom Massentourismus noch nicht vereinnahmten Landesteile. Majestätische Berge, Sandstrände, schroffe Küstenlinien und ausgedehnte Naturschutzgebiete bilden eine einmalige Naturkulisse, in die sich geschichtsträchtige Ortschaften mit viel Tradition und Authentizität mischen. Eine der schönsten Arten, diese Landschaft für sich zu erobern, ist die achttägige Reise mit dem El Transcantábrico. Sie führt von Santiago de Compostela als einem der wichtigsten spirituellen Orte Spaniens bis nach San Sebastián und folgt dabei in weiten Teilen der spektakulären Küstenlinie am Golf von Biskaya.

DATEN UND FAKTEN

Strecke: von Santiago de Compostela in Galicien entlang der Nordküste Spaniens, immer wieder den Jakobsweg kreuzend, bis nach León in Kastilien-León. Die Reise kann auch in León begonnen und in entgegengesetzter Richtung unternommen werden.

Streckenlänge: rund 1000 Kilometer

Wichtigste Stationen: Santiago de Compostela, Gijón, Oviedo, Santander, Bilbao, León

Fahrtdauer: 8 Tage

Spurweite: Schmalspur

Verkehrsart: Personenzug

Besonderheiten: Der El Transcantábrico fährt auf der längsten Meterspurtrasse Europas.

Die Reise mit dem exklusiven El Transcantábrico beginnt mit einer Geduldsprobe für alle Eisenbahn-liebhaber, denn die achttägige Tour startet nicht mit der Begrüßung an Bord des Zuges und der Zuteilung der Kabinen, sondern mit einer Stadtführung durch Santiago de Compostela. Sie ist die Hauptstadt von Galicien, katholischer Erzbischofssitz und natürlich Wallfahrtsort. Hier, am Ziel des Jakobsweges, treffen täglich Hunderte Pilger ein. Viele von ihnen blicken zu diesem Zeitpunkt auf mehr oder minder entbehrungsreiche Wochen der Wanderschaft zurück, in denen die Jakobsmu-schel allen Pilgern als Erkennungszeichen und Wegweiser diente. Die fast 1000 Jahre alte Kathedrale, die angeblich auf der Grabstätte des ermordeten Apostels Jakobus errichtet wurde, liegt im Herzen der Altstadt, die in den letzten Jahrzehnten sorgfältig restauriert wurde und 1985 die Auszeichnung zum UNESCO-Weltkulturerbe erhielt.

Der Atlantik ist während der Reise mit dem Transcantábrico stets ein treuer Begleiter.

Nachfolgende Doppelseite: Durch den grünen Norden Spaniens führt die Strecke des El Transcantabrico.

Noch einmal müssen sich die Eisenbahnliebhaber gedulden, denn der El Transcantábrico wartet nicht im Bahnhof von Santiago de Compostela, sondern in Ferrol. Ein Bus bringt die Reisenden zu diesem Ausgangspunkt. Dunkelblau-beige lackiert, sieht der Bus den Waggons des dazugehörigen Luxuszuges bereits sehr ähnlich. Während der gesamten Reise begleitet er den Zug, um die Gäste immer wieder an sonst unerreichbare Ausflugsziele zu bringen.

Berge. Wasser, Brücken – der Reiz einer Reise mit dem El Transcantábrico besteht auch in der wechselvollen Landschaft, die sich ausgezeichnet aus dem Panoramawagen genießen lässt.

In Ferrol geht es nun endlich auf die Schiene. Der El Transcantábrico ist ein eleganter Zug, bestehend aus vier originalen Pullman-Salonwagen aus den 1920er-Jahren und neun exquisiten Schlafwagen. Die Schlafsuiten sind allesamt nobel eingerichtet und verfügen über ein bestens ausgestattetes Bad, in dem futuristisch anmutende Duschkabinen dank ihrer Massagedüsen, der Hydrosauna und der Dampfbad-Funktion die nötige Entspannung nach einem anstrengenden Ausflug garantieren.

Von März bis Oktober rollt der El Transcantábrico von Ferrol aus alle zwei Wochen die etwa 1000 Kilometer entlang der nordspanischen Küste bis ins baskische San Sebastián oder macht am letzten Tag einen Schlenker ins Inland, nach León, in die Hauptstadt des ehemaligen Königreiches León. Das gleichmäßige Rattern der Räder, die gemütlichen Sessel an den Zweiertischen im schlichten, aber edlen Speisewagen und die Aussicht auf das „grüne Spanien", das am Fenster vorüberzieht, verströmen ein höchst angenehmes Ambiente. Immer wieder überqueren die Schienen breite Flussmündungen und geben den Blick frei auf eine herrliche Landschaft mit viel Wasser.

Das erste Ziel der achttägigen Reise ist Viveiro, eine kleine Hafenstadt am Golf von Biskaya. Hier bleibt der Zug über Nacht stehen, damit die Reisenden in Ruhe schlafen können. Morgens liegt Dunst über dem Río Landro, der sich in die tief ins Landesinnere vordringende Meeresbucht Ría de Viveiro

Fischereihafen von Luarca an der Costa Verde.

In den üppig ausgestatteten Suiten erinnert manchmal nur das leise Rumpeln daran, dass man sich in einem Zug und nicht in einem 5-Sterne-Hotel befindet.

SCHMALSPURBAHN – EINE LANGE TRADITION

In Spanien wurde die Meterspur bis 2013 von der Eisenbahngesellschaft FEVE betrieben. Wegen der Finanzkrise und der daraus resultierenden Sparmaßnahmen wurde die FEVE in die Staatsbahn Renfe und den Streckenbetreiber Adif eingegliedert. Das Streckennetz bestand zu diesem Zeitpunkt noch aus etwa 1200 Kilometern Strecke in Meterspur, wobei die Hauptstrecke zwischen Ferrol und Bilbao liegt. Eine weitere existiert zwischen Bilbao und León. Beide werden vom El Transcantábrico befahren.

Als die Eisenbahn zu Beginn des 19. Jahrhunderts die Iberische Halbinsel eroberte, entschied man sich dafür, eine Breitspur (später auf 1668 Millimeter festgelegt) als Standard einzuführen. Breitere Züge, so die Überlegung, könnten mehr Güter und mehr Personen transportieren. Außerdem versprach man sich von den breiteren Zügen größere Stabilität. Die Nachteile wurden allerdings auch schnell deutlich. Es erwies sich als schwierig, Breitspurstrecken durch Gebirge zu bauen, sie brauchten einfach zu viel Platz und konnten sich auch nicht durch unwegsames Gelände schlängeln. Hinzu kam, dass der Bau einer Breitspurbahn schlicht erheblich teurer war als der einer Meterspur.

Parallel zu den Breitspurnetzen wurden deshalb in Spanien ab 1877 mehrere unabhängige Schmalspurnetze gebaut. In den 1960er- und 1970er-Jahren waren allerdings viele der Betreiberunternehmen von der Pleite bedroht. Das neu gegründete staatliche Unternehmen FEVE sollte damals die Betreiber treuhänderisch übernehmen und somit den weiteren Zugverkehr auf den Strecken gewährleisten. Mittlerweile sind viele ehemalige Schmalspurstrecken entweder zur Normspur umgebaut, in Metronetze integriert oder stillgelegt worden. Im Zuge des Projektes „Vias Verdes" (grüne Wege) wurden einige von ihnen auch in Radwanderwege umgewandelt.

Über 1000 Kilometer geht es mit dem El Transcantábrico auf der längsten Schmalspurstrecke Europas von Santiago de Compostela in Galicien bis nach León in Kastilien.

Eisenbahnfreunden mit höchsten Ansprüchen bietet der Luxuszug fast alles, was das Herz begehrt. Und nebenbei fährt man durch eine der landschaftlich schönsten und kulturell bedeutsamsten Regionen Europas.

ergießt. Der Zug nimmt am Morgen wieder Bewegung auf und führt gen Osten bis Ribadeo, das an der Mündung des Río Eo liegt, der zugleich die Grenze zwischen den beiden spanischen Regionen (offiziell: Autonome Gemeinschaften) Galicien und Asturien bildet. Eine über 600 Meter lange Brücke – die Ponte dos Santos – verbindet die beiden Flussufer, doch da es sich um eine ausschließliche Autobahnbrücke handelt, muss der El Transcantábrico einen Umweg gen Süden unternehmen. Am östlichen Ufer des Río Eo angelangt, geht es direkt wieder nordwärts und weiter entlang der Küste durch Wälder und Felder, Tunnel und weit verstreute Örtchen bis nach Luarca, wo die zweite Nacht verbracht wird.

Gut 5000 Einwohner leben hier auf knapp 6 Quadratkilometern am Rande einer geschützten Bucht. Neben dem Tourismus ist der Fischfang immer noch eine wichtige Einnahmequelle des Ortes. Luarca ist eine Station der nördlichen Route des Jakobsweges, dem Camino del Norte. Erhaben auf einem

Felsen über dem Meer thront ein mit schneeweißen Gräbern und einer ebenso weißen Marienfigur geschmückter Friedhof, von dem aus sich ein fantastischer Blick über die Küste ergibt.

Oberhalb der Stadt, geschmiegt an Felsen, liegt die Bahntrasse, die den Transcantábrico zu seinem nächsten Tagesziel bringt: Candas. Der Zug fährt langsam, fast schon gemütlich. 70 Kilometer pro Stunde ist die Höchstgeschwindigkeit, meistens rattert er mit 50 Stundenkilometern entlang der „Costa Verde", Spaniens grüne Küste. Eisenbahnliebhaber wissen um die Besonderheit dieser Bahntrasse, handelt es sich doch um die längste Schmalspurstrecke Europas mit einer Spurbreite von 1000 Millimetern.

Während die Reisenden des El Transcantábrico behaglich in der Bibliothek ein Buch oder eine Zeitung lesen können oder versunken in samtigen Sesseln die Aussicht auf die dramatischen Küstenlinien im Norden und die grünen Wälder Asturiens im Süden genießen, nähert sich der Zug Candas, wo die dritte Nacht verbracht wird. Per Bustransfer geht es zunächst nach Avilés, das im Mittelalter durch Seehandel zu einigem Wohlstand gelangte und sich im 20. Jahrhundert als Zentrum der Schwerindustrie einen Namen machte. Auch Gijón, das ebenfalls angesteuert wird, wurde in der ersten Hälfte des 20. Jahrhunderts zum Ziel vieler Tausend Landarbeiter, die in den hier prosperierenden Bergwerken und Hüttenbetrieben ein Auskommen fanden. Heute trifft man in der Stadt immer wieder auf Pilger, die dem Jakobsweg gen Santiago de Compostela folgen und die sich meist weniger für die kulturellen Sehenswürdigkeiten der Stadt interessieren: Im 1590 erbauten Palacio Valdés wurden Reste römischer Thermen gefunden, und auf einer Anhöhe über der Stadt hat der nordspanische Künstler Eduardo Chillida eine seiner wichtigsten monumentalen Skulpturen, „Lob des Horizonts", aufgestellt. Auf der weiteren Reise begegnet man den Werken dieses Mannes immer wieder.

Noch immer bleibt Zeit, um auch Oviedo einen Besuch abzustatten, dessen Geschichte an eine Klostergründung im 8. Jahrhundert gekoppelt ist und das schon bald zum Bischofssitz aufstieg. Heute leben hier gut 220 000 Menschen.

Am Morgen des vierten Tages nimmt die 1600 PS starke Lokomotive wieder ihre Arbeit auf, während der Duft frischen Kaffees die Gäste in die Speisewagen lockt. Die weißen, gestärkten Tischdecken passen zum exquisiten Geschirr, edle Teppiche verschlingen die Geräusche der Schritte. Im Zug werden auch hin und wieder die Mittagsmahlzeiten eingenommen, bei denen die Köche auf engstem Raum traditionelle, spanische Speisen zaubern. Meist jedoch werden die Ausflüge mit einem Besuch in hervorragenden Restaurants der Region verknüpft.

Es geht weiter in die Provinz Kantabrien, parallel zur Nordküste Spaniens Richtung Santander. Diesem Abschnitt der Reise verdankt der Zug seinen Namen, denn Transcantábrico bedeutet so viel wie „durch Kantabrien". In der Ferne tauchen die Picos de Europa, die Gipfel Europas, auf. Das eindrucksvolle Kalksteinmassiv mit einer maximalen Höhe von 2648 Metern liegt inmitten des Parque Nacional de los Picos de Europa, der 1918 gegründet wurde und unter Naturliebhabern als eines der schönsten Naturreservate des Landes gehandelt wird. In diesem Gebirge begann für die Spanier durch die gewonnene Schlacht von Covadonga im Jahre 722 die Rückeroberung der Iberischen Halbinsel durch die Christen – die Ära der Reconquista. Die Nacht verbringen die Zuggäste in der kleinen Stadt Llanes mit ihrem traditionellen Fischereihafen.

Am fünften Tag erreicht der El Transcantábrico Santander. Die Hauptstadt der Provinz Kantabrien ragt auf einer Landzunge ins Meer hinein, ein Drittel aller Kantabrier lebt hier. Auf der vorgelagerten Halbinsel La Magdalena befindet sich ein Schloss, das Anfang des 20. Jahrhunderts für König Alfons XIII. erbaut wurde und heute als Sommeruniversität dient. Ansonsten gibt es kaum historische Gebäude, da bei einem verheerenden Großbrand, der 1941 zwei volle Tage lang wütete, fast die gesamte Stadt zerstört wurde. Einzig die gotische Kathedrale wurde sorgfältig rekonstruiert.

Hundert Kilometer weiter östlich liegt Bilbao im Baskenland. In kaum einer anderen Metropole Spaniens vermischen sich Moderne und Vergangenheit so eindrucksvoll wie hier. Die hochmodernen U-Bahn-Stationen, entworfen von Sir Norman Foster, stehen in spannendem Kontrast zum alten Rathaus der Stadt oder der Catedral de Santiago im Herzen der Altstadt. Ein Muss ist hier der Besuch des futuristischen Guggenheim-Museums, das 1997 eröffnet wurde. Wo sich einst eine Schiffswerft befand, wird heute die Industrievergangenheit der Stadt in vielen Kunstwerken aufgegriffen. Auch die Skulpturen von Eduardo Chillida, dessen Werk „Lob des Horizonts" über Gijón thront, lassen sich hier entdecken.

Nach einer nächtlichen Pause in Villasana führt der Zug durch das Mena-Tal ins Landesinnere und damit in die flächenmäßig größte Region Spaniens: Kastilien-León. Drei kleine Dörfer mit bedeutenden Kunstschätzen laden zu einer Besichtigung ein, bevor der Weg bis Cistierna fortgesetzt wird. Die kleine Gemeinde am Ufer des Río Esla, umgeben von fruchtbaren Weiden, wird durch unzählige Bergkuppen gerahmt, die im Winter zuweilen in ein weißes Gewand aus Schnee gehüllt sind.

Ein letztes Mal kommen die Gäste in den Genuss eines Frühstücks an Bord des Luxuszuges, bevor am achten und damit letzten Tag der Reise León erreicht wird. Die 130 000-Einwohner-Stadt liegt ebenfalls am Jakobsweg, aber nicht an der nördlichen, sondern an der klassischen Route, dem Camino Frances. Hoch ragt die wunderschöne gotische Kathedrale mit ihren außergewöhnlichen Glasfenstern über den Dächern der Stadt empor. Hier, im Herzen der einstigen Hauptstadt des Königreiches León, findet eine königliche Reise durch eine der beeindruckendsten Landstriche Spaniens ihr Ende.

Das 1997 fertiggestellte Guggenheim-Museum des Architekten und Designers Frank O. Gehry gehört zu einem der Höhepunkte eines Besuchs im baskischen Bilbao.

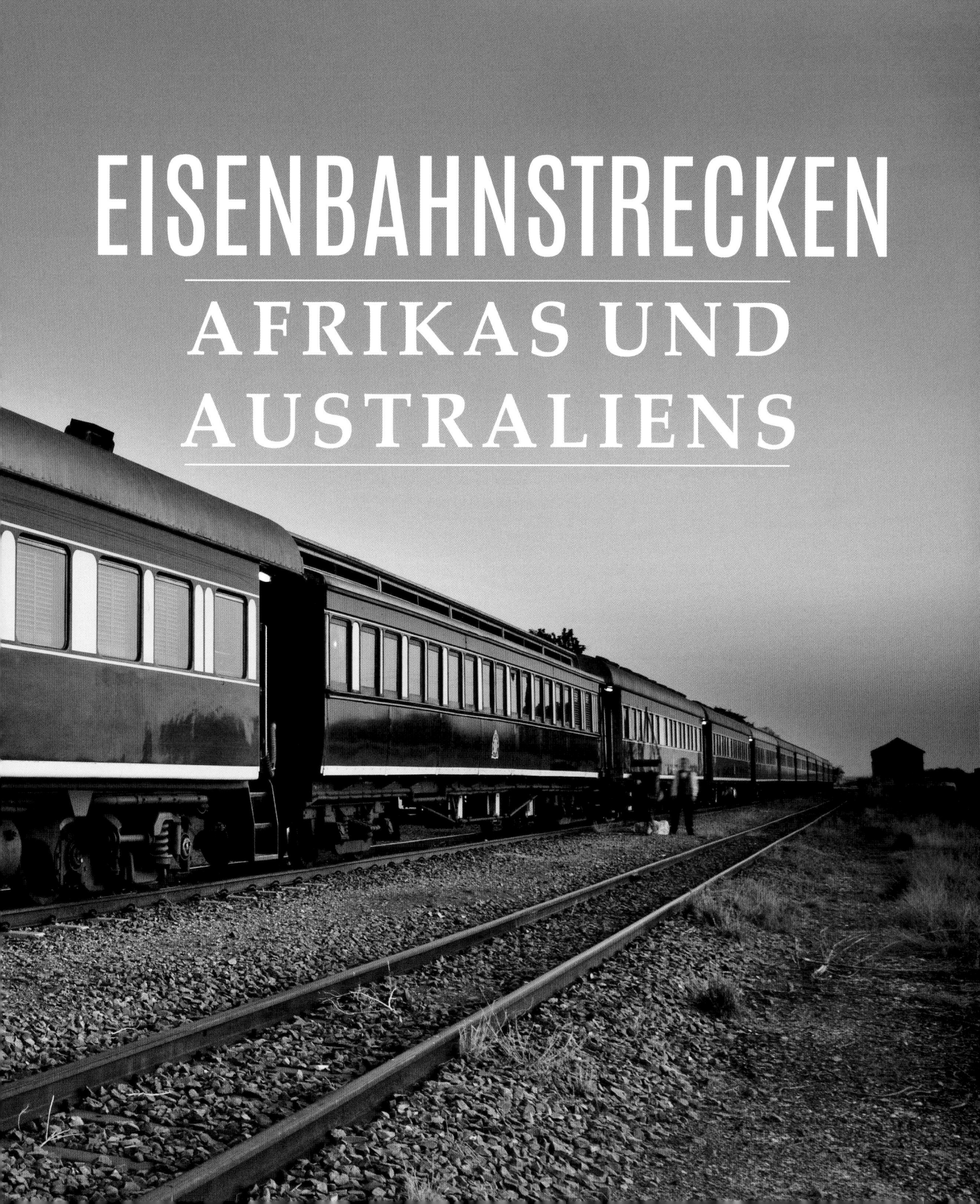

EISENBAHNSTRECKEN

AFRIKAS UND AUSTRALIENS

THE PRIDE OF AFRICA

Reise in eine vergangene Zeit

Der Weg ist das Ziel: Von Kapstadt nach Daressalam durchfährt der „Stolz Afrikas" auf der gut 5740 Kilometer langen Strecke fünf Länder.

Cecil Rhodes, siebter Premierminister der Kapkolonie, Begründer der De Beers Company und glühender Anhänger des britischen Kolonialismus, hatte Ende des 19. Jahrhunderts den Traum, den afrikanischen Kontinent von Kapstadt im heutigen Südafrika aus mit einer durchgehenden Eisenbahnlinie bis Kairo im Norden zu verbinden. Gelungen ist ihm das zwar nicht, von der „Cape to Cairo Railway" wurde „lediglich" die Strecke Kapstadt–Daressalam und später Assuan–Kairo verwirklicht, dazwischen fehlen – Luftlinie – etwa 3500 Kilometer. Doch allein die Reise durch das südliche Afrika ist unvergleichlich. Auf einer Reise voller Luxus durchfährt man einen halben Kontinent.

Wie eine Schlange durchzieht der Luxuszug die Landschaften des südlichen Afrikas.

Dem Traum Cecil Rhodes' nach einer Durchquerung des Kontinents mit der Eisenbahn zu folgen, ist eine Reise in die Vergangenheit. In den historisch anmutenden Zügen fühlt man sich zurückversetzt in die Zeit des britischen Kolonialismus: viel dunkles Holz, Ledersofas und schwere Gardinen, großzügige Kabinen, eine gute Küche und ausgewählte Weine, dazu eine Gesellschaft, die nicht extra einkaufen gehen musste, um dem Dresscode zu genügen. Purer Luxus umfängt den Reisenden, es fehlt an nichts. Und doch wird man gleich beim Einsteigen gewahr, dass man das echte südliche Afrika auf dieser Reise nicht kennenlernen wird. Die Zeit, in die der Reisende hier zurückversetzt wird, ist – zum Glück und unwiderruflich – Vergangenheit, und außer der Landschaft, die am Fenster vorüberzieht, erscheint die ganze Reise wie eine Illusion.

DATEN UND FAKTEN

Strecke: von Kapstadt in Südafrika über Botswana, Simbabwe und Sambia bis nach Daressalam in Tansania

Reisedauer: 14 Tage

Gesamtlänge: gut 5740 Kilometer

Wichtigste Stationen: Matjiesfontein, Kimberley, Pretoria, Victoriafälle, Chishimba-Fälle

Besonderheiten: Angeboten wird die Bahnreise von Rovos Rail, einer privaten Bahngesellschaft, die auch andere Luxus-Bahnreisen durch das südliche Afrika anbietet. In den Zügen im Kolonialstil herrscht abends ein strenger Dresscode; es werden Abendkleid und Abendanzug vorgeschrieben. Am Tag heißt die Devise: lässig-elegant. Lediglich bei Ausflügen darf und sollte man sich sportlich bekleiden und festes Schuhwerk tragen.

Die Reisenden schätzen die feine Küche während der Fahrt. Nicht nur der Speisewagen bietet ein luxuriöses Ambiente, das jede Reise zu einem unverwechselbaren Erlebnis werden lässt.

SÜDAFRIKA

Die Kultur Südafrikas erlebt man auf einer
Reise mit dem Pride of Africa nicht, wohl
aber seine vielseitigen Landschaften.

Vor der traumhaften Kulisse des Tafelbergs startet der Zug seine generelle Reise Richtung Nord-osten. Doch muss er erst einmal das als Kapkette bezeichnete Faltengebirge im Norden, zu dessen Füßen die besten südafrikanischen Trauben reifen, und weitläufige Kulturlandschaften durchque-rend umrunden, um dann allmählich in die Gebirgskette und ihre Tallandschaften vorzudringen. Flüsse begleiten den Zug. Manchmal wird das Kulturland karger und ist vielerorts verbuscht. Wäld-chen erstrecken sich entlang des Wegs, an den Bergen haben sich die Wolken verfangen und verstecken die Gipfel in ihrem Dunst. Es ist eine beschauliche Strecke bis zum ersten Halt in Matjiesfontein.

Matjiesfontein ist ein hübsches Kolonialstädtchen inmitten einer dürftigen Vegetation, das von den Zugreisenden und deren Besichtigungstouren und gegebenenfalls der Schafzucht lebt und dessen Straßen rasch durchlaufen sind, sofern die Einheimischen nicht Geschichten von der glor-reichen Vergangenheit Südafrikas im Allgemeinen und der Stadt im Besonderen erzählen.

Kimberley ist das nächste Ziel des Pride of Africa, die Diamantenstadt mit dem Big Hole, einem Rest der einstigen Kimberley-Mine, in der die De-Beers-Gruppe bis 1914 Diamanten förderte. Der Weg dahin führt durch die Große Karoo, eine Halbwüstenlandschaft, die insbesondere für ihre

Sukkulentenvielfalt – mehr als 1700 Arten sollen es sein – sowie einige Korbblütlerarten berühmt ist, die im frühen Frühjahr in riesigen Teppichen erblühen und die eigentlich trockene Wüste in ein Blütenmeer verwandeln. Springbock, Gnu, Elenantilope, Blessbock und Zebra durchwandern die Karoo, stets auf der Suche nach Wasser und Nahrung. Immer wieder zeigen sie sich auch dem Zugreisenden.

In Kimberley selbst sind die alte Diamantenmine interessant und einige kolonialistische Villen, doch es ist weit spannender, weiterhin aus dem Zug eine Landschaft zu betrachten, wie man sie aus Europa nicht kennt. Die Karoo geht hinter Kimberley in die Graslandschaften des Highveld über. Mit etwas Glück kann man unterwegs Bergzebras sehen; seltener ist es, einen Paradieskranich, den Nationalvogel Südafrikas, zu beobachten, der im Highveld heimisch ist. Doch wer sich im offenen Aussichtswagen des Zuges aufhält, kann vielleicht das markante tiefe Krächzen der blau-grauen Vögel hören.

Das Highveld reicht bis an Pretoria heran, das meist über Nacht erreicht wird und das nun erst einmal bis zum frühen Abend besichtigt werden kann. Wer im Oktober/November mit dem Pride of Africa unterwegs ist, hat nun das Glück, die südafrikanische Hauptstadt zur Zeit der Jacaranda-Blüte zu erleben. Etwa 70 000 der zu den Trompetenbaumgewächsen zählenden Bäume öffnen im südafrikanischen Frühjahr ihre malvenfarbenen Blüten und lassen Pretoria erstrahlen. Früh siedelten die Menschen in dem von Bergen geschützten, fruchtbaren Tal am Fluss Tshwane, was in der Sprache der Siedler „kleiner Affe" hieß und das später die Voortrekker, die burischen Siedler, in Apiesrivier („Fluss des kleinen Affen") übersetzten. Das moderne Pretoria wurde Mitte des 19. Jahrhunderts gegründet und nach dem von den Buren verehrten Voortrekker Martinus Pretorius benannt. Auf dessen einstiger Farm Elandsfontein stehen heute die Union Buildings, der Sitz der südafrikanischen Regierung mit einigen Amtsräumen des jeweiligen Präsidenten. Insbesondere die Gärten sind ein Kleinod.

Obwohl Pretoria im Vergleich zu Johannesburg und Kapstadt mit nur gut 700 000 Einwohnern überschaubar ist, ist die Innenstadt doch geprägt von modernen Hochhäusern. Dazwischen aber lässt sich die Architektur der Kolonialzeit überall in der Stadt ausfindig machen, etwa das hübsche Melrose House im viktorianischen Stil oder das Krugerhaus, Wohnhaus des einstigen Präsidenten der Republik, Paul Kruger.

Auf einer Breite von 1708 Meter stürzt der Sambesi brausend 110 Meter tief in seine schmale Schlucht. Der dabei aufsteigende „donnernde Rauch" gab den Victoriafällen ihren afrikanischen Namen: Mosi-oa-Tunya.

Über Nacht geht die Zugreise weiter nach Zeerust, gut 300 Kilometer von Südafrika entfernt, wo es für zwei Tage Abschiednehmen heißt vom Pride of Africa. In den nächsten zwei Nächten wird den Reisenden kein Schienenrattern und -rumpeln in den Schlaf wiegen, doch es wird kein Schlafmangel aufkommen: Zum einen, weil eine 5-Sterne-Lodge den Zug ersetzt, zum anderen, weil an zwei Tagen eine Safari durch Südafrikas viertgrößtes Wildschutzgebiet, Madikwe, ansteht. Eine aufregende und anstrengende Tour. Elefant, Nashorn und Löwe laufen vor die offenen Fahrzeuge, mit sehr viel Glück sogar einer der scheuen Leoparden des 75 000 Hektar großen Areals. Nach der letzten Morgensafari am sechsten Tag der Reise bringt ein Bus die Reisenden zurück zum Zug, der Südafrika bereits verlassen hat und nun in Botswana erneut startet.

BOTSWANA UND SIMBABWE

Von der Hauptstadt Botswanas, Gaborone, aus richtet sich die Bahn nach Nordosten: Es sind zuerst die weiten Ebenen der Kalahari, die der Zug nun Richtung Simbabwe schneidet, dann fährt er entlang des Hwange-Nationalparks Richtung Victoriafälle. Im Zug halten Historiker Vorträge zur Geschichte der Region, doch eigentlich möchte man lieber aus dem Fenster schauen, denn die Landschaft der Kalahari zieht vorbei. Ihre Mischung und der nur scheinbare Widerspruch aus Trockenheit und Üppigkeit sind ebenso spektakulär wie der Tierreichtum des Hwange-Nationalparks. Das ist wohl der Grund, warum die meisten der im Zug Sitzenden nach Afrika gekommen sind: um die vorbeiziehende Landschaft und in ihr

teilweise Elefanten, Giraffen, Impalas, Zebras, Löwen und Hyänen zu beobachten.

Der Zug steuert die Grenze Simbabwes zu Sambia an den Victoriafällen an, doch bevor diese und damit der Sambesi überquert werden, gibt es einen Stopp im „Victoria Falls Hotel", eine abendliche Flussfahrt im Sonnenuntergang und einen freien Tag an den Wasserfällen, die seit 1989 zum Weltnaturerbe der UNESCO gehören. Erst am späten Nachmittag des neunten Tags rollt der Zug über die berühmte Victoria-Falls-Brücke, die die Grenze zu Sambia markiert.

SAMBIA UND TANSANIA

Cecil Rhodes hatte bereits vor dem Bau der stählernen Fachwerkbogenbrücke, deren Vollendung er nicht mehr erlebte, bestimmt, sie solle so nah an den Victoriafällen errichtet werden, dass der sie überfahrende Zug stets vom Sprühnebel des Sambesi umhüllt sei.

Wenn der Zug den Scheitelpunkt des stählernen Bogens überquert hat, ist er in Sambia angekommen und fährt in die Grenzstadt Livingstone, wo die Grenzformalitäten erledigt werden. Die Hauptstadt Lusaka und

Ganz im Stil der Kolonialzeit präsentieren sich noch heute zahlreiche Bahnhöfe auf der Strecke.

Kapiri Mposhi, eine Industriestadt weiter östlich, sind moderne Großstädte, doch ansonsten spiegelt die Zugfahrt durch Sambia ganz die europäischen Vorstellungen eines afrikanischen Landes wider: zum Teil noch runde, strohgedeckte Hütten inmitten üppiger Baumsavanne, winkende Einheimische in den kleinen Siedlungen, flache Seen, neben denen sich hohe Gräser im Wind wiegen, und Flüsse wie der Kafue River, der auf stählerner Brücke überquert wird. Ein üppiges Paradies, in dem man über einige moderne Farmen riesigen Ausmaßes hinwegsehen kann und über die hohe Rate an HIV-infizierten Einwohnern erst gar nicht nachdenkt – es sei denn, man hört den Historikern an Bord zu. In Kasama stoppt die Bahn nach zwei reinen Zugtagen, und es wird ein Ausflug zu den eindrucksvollen Chishimba-Fällen des Flusses Luombe angeboten. Über mehr als 2 Kilometer fällt das Flusswasser in mehreren Katarakten insgesamt 70 Meter in die Tiefe. Anschließend verlässt der Zug auch Sambia, um kurz in Tansanias Highland Valley rund um Mbeya vorzudringen und anschließend entlang der Udzungwa-Berge ins Rift Valley hinabzufahren. Nördlich der Zugstrecke dehnt sich über Hunderte von Kilometern der große Ostafrikanische Grabenbruch mit dem Serengeti-Nationalpark aus, die Wiege der Menschheit. Der Zug aber durchquert mit dem Selous ein letztes Wildreservat, wo sich die afrikanische Tierwelt wie auf einem Tablett präsentiert. Ein letztes Mal fährt der Pride of Africa durch die fruchtbare einzigartige Baumsavanne des Kontinents, bevor nach der letzten Nacht und 14 Tagen Zugreise Daressalam, die Hauptstadt Tansanias, erreicht ist und die Reisenden bei Blasmusik Abschied von ihrem rollenden, etwas unwirklichen Luxusdomizil nehmen müssen.

Nachfolgende Doppelseite: Ein spektakuläres Naturschauspiel bieten die Victoriafälle zwischen den Grenzstädten Victoria Falls in Simbabwe und Livingstone in Sambia. Seit 1989 gehören sie zum Weltnaturerbe der UNESCO.

ÄGYPTEN PER ZUG

Immer am Nil entlang

Touristen erkunden Ägypten gern auf einem Nilschiff. Doch lohnt sich auch eine Eisenbahnfahrt durch das Land der Pharaonen. Die Strecke von Assuan nach Kairo beschert den Reisenden eine Tour mit Erlebniswert.

Alles spielt sich in Ägypten am Nil ab. Das Bild vom Nil als Lebensader des Landes mag abgegriffen sein, aber es ist nicht übertrieben: Wenn es ihn nicht gäbe, würde Ägypten – von wenigen Oasen abgesehen – aus Steppe, Halbwüste und Wüste bestehen. Und das ist nicht erst seit modernen Zeiten so. Auch wenn im Alten Ägypten mehr fruchtbares Land zur Verfügung stand, so lag es immer an den Überschwemmungsflächen des Nils, und so konnte die einzigartige Kultur des Alten Ägypten auch nur an diesem Fluss entstehen, der für die Menschen Lebensgrundlage war und ist. Eine Bahnreise von Assuan nach Kairo und gegebenenfalls weiter bis nach Alexandria ist daher auch immer eine Reise durch die Zeiten: Vergangenheit, Gegenwart und Zukunft Ägyptens liegen an dieser Bahnstrecke. Hier finden sich die Relikte der vergangenen Reiche, offenbart sich das Gesicht des heutigen Landes und wird sich überdies seine Zukunft entscheiden.

DATEN UND FAKTEN

Strecke: von Assuan nach Kairo, Ägypten

Reisedauer: 14 Stunden im Expresszug;
15,5 Stunden im regulären Zug

Gesamtlänge: 879 Kilometer

Spurweite: Normalspur

Wichtigste Stationen: Kom Ombo, Edfu, Isna, Luxor, Gizeh

Besonderheiten: Die Tageszüge zwischen Assuan und Kairo sind offiziell den Ägyptern vorbehalten. Grund dafür sind die einstigen Attentate auf Touristen und der Schutz, der nur in den Nachtzügen gewährleistet sei. Doch wer online bucht, bekommt ebenso problemlos ein Ticket wie derjenige, der ohne Ticket in den Zug steigt und dort eines kauft. Auch die meisten Hotels besorgen die richtigen Fahrscheine. Was die Sicherheit an Bord betrifft: Sie ist ebenso gegeben wie die in Nachtzügen beziehungsweise ebenso wenig, das liegt ganz im Auge des Betrachters.

Die Reise am Nil entlang beginnt man am besten in Assuan. Zwei Arten von Zug stehen zur Verfügung, wenn man die Nachtzüge von vornherein ausschließt: der Expresszug und der reguläre Zug. Ersterer bietet mehr Komfort und eine Klimaanlage – und die kann in den Sommermonaten von elementarer Bedeutung sein.

Der Bahnhof liegt – wie der gesamte erste Teil der Bahnstrecke – am rechten Nilufer, und der Fluss ist nicht weit entfernt. Von der Corniche, der Uferpromenade, die sich am rechten Nilufer entlangzieht, breitet sich die Stadt nach Osten aus. Hier befinden sich die berühmten Steinbrüche, die das Material für so viele Monumente Ägyptens lieferten. In einem von ihnen lässt sich der „unvollendete Obelisk" aus Rosengranit bestaunen, der mit einer Höhe von 41,75 Metern der größte antike Obelisk gewesen wäre, hätte man ihn noch aufgerichtet.

Antike Tempel, Moscheen, koptische Kirchen, dazwischen Wohnhäuser, Geschäfte, das großartige Nubische Museum, Restaurants, Cafés und Hotels – darunter das „Old Cataract Hotel" (heute Sofitel), das Agatha Christie als Inspiration für ihren Roman „Tod auf dem Nil" diente – verschmelzen am östlichen Ufer und auf einer Reihe von Nilinseln zur südlichsten Großstadt Ägyptens. Von der Terrasse des „Old Cataract Hotel " lässt sich ein Blick auf die berühmte Insel Elephantine werfen, die in der Antike die Grenze zwischen Ägypten und Nubien darstellte und sich jenseits des ersten Nilkatarakts

Von Elephantine aus kontrollierten die Ägypter den Schiffsverkehr auf dem Nil an der Grenze zu Nubien. Am Ostufer des mit Uferbefestigungen aus griechisch-römischer Zeit geschützten Eilands hat sich ein Nilometer, eine zum Fluss führende Treppe, an der der Nilstand abgelesen werden konnte, erhalten.

und des Assuan-Stausees nach Norden ausdehnt. Ein Besuch der Insel lohnt allein um der Nilometer willen, mit denen seit altägyptischen Zeiten die Wasserstände des Nils gemessen und verglichen werden können. Mit den typischen Felucken, die auf dem gesamten Nil kreuzen, kann man zu ihr übersetzen.

Am linken, westlichen Ufer erstrahlt unterdessen das Mausoleum des dritten Aga Khan, Sultan Mahommed Shah, dem geistigen Oberhaupt der Ismailiten. Dahinter breitet sich die Libysche Wüste aus, die heute – um Verwechslungen mit dem gleichnamigen Land auszuschließen – häufig als Westliche Wüste betitelt wird.

DIE REISE BEGINNT

Wenige Meter östlich der Corniche Assuans startet der Zug Richtung Norden. Bald hinter der Stadt beginnen die Felder zu sprießen. Je nach Reisebeginn arbeiten schon die Fellachen in ihren blauen Galabejas auf den Feldern. Meist mit dabei: der große weiße ägyptische Esel, das wichtigste, aber auch am wenigs-

ten beachtete Reit- und Arbeitstier des Landes, das selbst in der Hauptstadt noch allgegenwärtig ist.

Einst war die Fläche, die alljährlich vom Nil überschwemmt wurde, wesentlich breiter. Mittels Überschwemmungsbecken wurde überdies Wasser zur späteren Bewässerung zurückgehalten. Heute verhindert unter anderem der Assuan-Stausee, dass der Nil in verheerenden Fluten über die Ufer treten kann, nimmt aber dem Land damit auch wichtiges fruchtbares Schwemmland. Kanäle sorgen nun für eine Bewässerung der Felder – nicht immer eine adäquate Lösung.

Der Nil ist ständiger Begleiter auf der Fahrt von Assuan nach Kairo.

Der Zug folgt der Kairo-Assuan-Road. Links der Bahn finden sich Felder und vereinzelt noch Häuser, rechts der Bahn wurden die Häuser teils direkt in die Felswände gebaut. Darüber türmen sich attraktive verwitterte Kalksteinformationen. Der Nil hat sich hier über Jahrtausende hinweg in die Kalksteintafel der ihn umgebenden Wüste gegraben und bildet das mal bis zu 25 Kilometer breite und fruchtbare, mal nur sehr schmale Niltal. Der Fluss selbst ist manchmal ganz nah, die Kreuzfahrtschiffe lassen sich von der Bahn aus beobachten, kleine Siedlungen aus Lehmziegelhäusern und mit Moschee und seltener einer koptischen Kirche finden sich beidseits der Ufer, während sich auf der anderen Seite des Zuges die Arabische Wüste mit ihren Anhöhen und Formationen aus Granit und Basalt, die sich teilweise direkt neben dem Zug erheben, ausbreitet. Dann drängen sich wieder Felder zwischen Bahn und Fluss, Rinder grasen auf den Flächen, und manchmal lässt sich diesseits oder jenseits des Flusses eine antike Ruinenstätte entdecken, vereinzelte Säulen oder stolz aufragende Tempel. Auf diese Weise erreicht der Reisende zum ersten Mal etwas weiter vom Nilufer entfernt nach einer knappen Stunde im Express Kom Ombo. Es ist der Doppeltempel aus ptolemäischer Zeit für die Gottheiten Haroeris (der im Alten Reich noch Horus genannt wurde) und Sobek (der mit Krokodilkopf dargestellte Fruchtbarkeitsgott), der

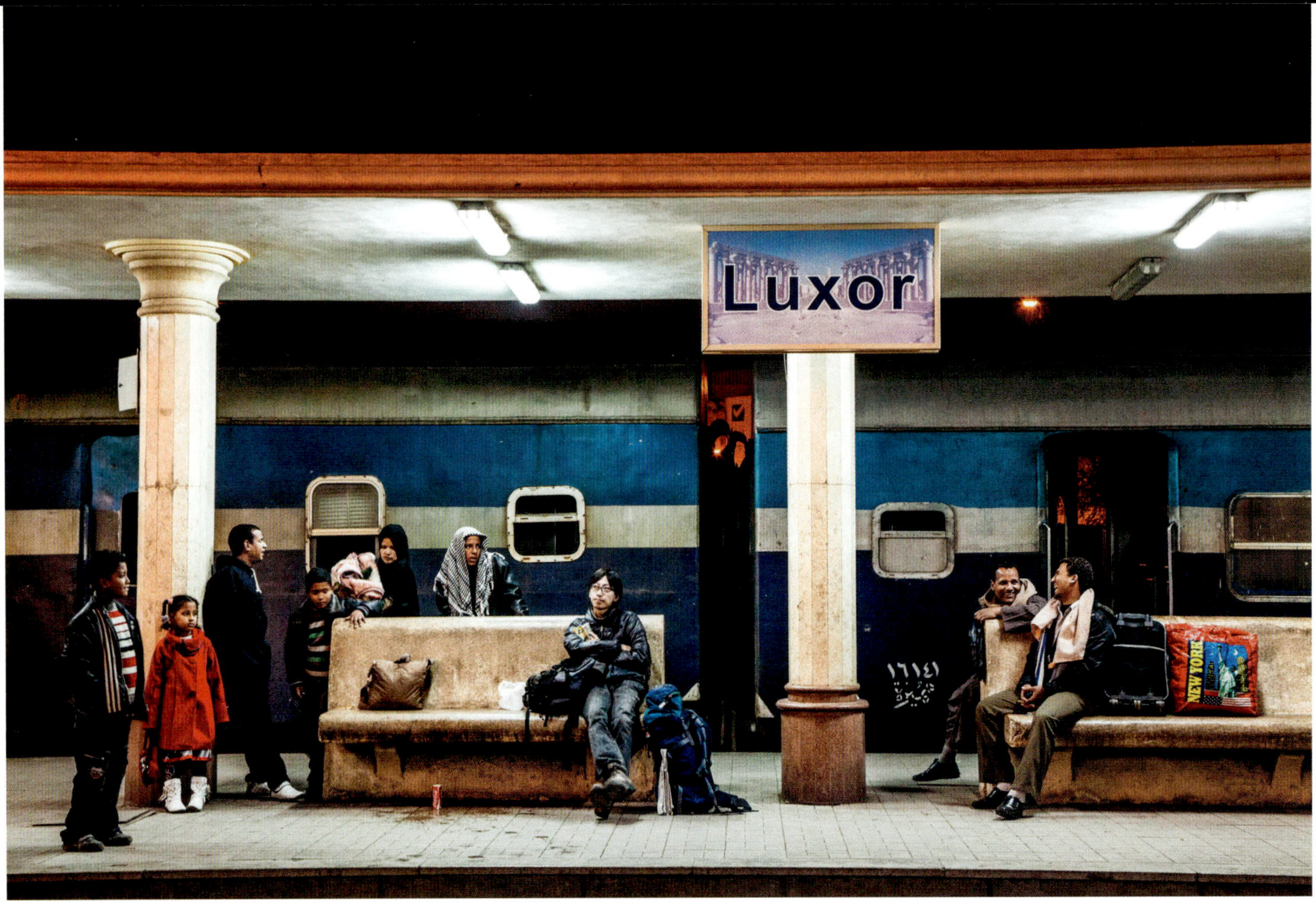
Luxor
NEW YORK

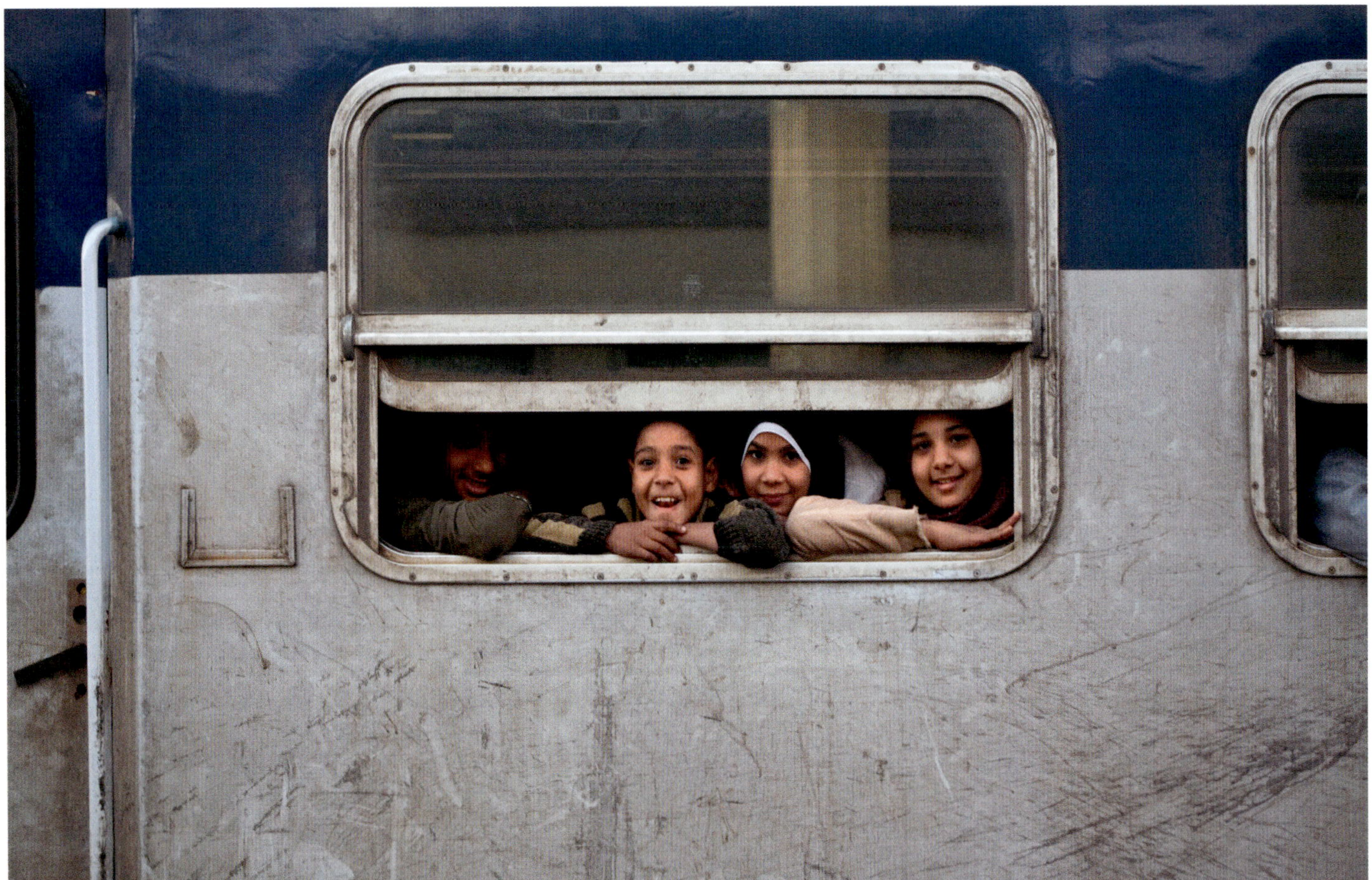

Scharen von Touristen in die Industriestadt lockt. Doch der Zug macht nur einen kurzen Halt und fährt dann durch eine weite fruchtbare Ebene, zwischen Feldern und Palmenhainen hindurch und umgeben von den Felsen der Wüste weiter Richtung Edfu.

VON EDFU NACH LUXOR

Edfu liegt links des Nils, und wer sich die Tempel der Stadt ansehen möchte, der kann aussteigen und den nächsten oder übernächsten Zug nehmen. Bei den niedrigen Ticketpreisen der Tageszüge lohnt es durchaus und bietet sich auf jeden Fall später in Luxor an. In Edfu ist es vor allem der Horustempel mit seinen beiden Pylonentürmen und dem Säulenhof, erbaut zwischen 237 bis 57 v. Chr., der sich zu besichtigen lohnt. Doch es ist Luxor, das die eigentlichen Schätze Ägyptens – neben Gizeh und Kairo – birgt: Der Karnaktempel ist die größte Tempelanlage Ägyptens, entstanden ab etwa 2000 v. Chr., und natürlich zählt das Tal der Könige vor den Toren der Stadt zu den berühmtesten Sehenswürdigkeiten des Landes. In der Nekropole und im nahen Tal der Königinnen lag ein Großteil der Herrscher des Neuen Reichs begraben. Eines der bedeutendsten Gräber ist das des Tutanchamun, das 1922 entdeckt wurde. Es ist nicht deshalb so wichtig, weil Tutanchamun ein bedeutender Pharao war, sondern ausschließlich, weil es ein beinahe ungeplündertes Grab war, das einen enormen Grabschatz enthielt. Dieser ist heute im Ägyptischen Museum in Kairo ausgestellt und sollte unbedingt bei Ankunft in der Hauptstadt besichtigt werden. Dort befindet sich auch die Mumie von Ramses I., der ebenfalls im Tal der Könige begraben lag. Nahe dem Tal der Könige befindet sich auch der Totentempel der Hatschepsut. Die Königin war Ehefrau und Halbschwester von Thutmosis II., und ihr monumentaler Totentempel mit den vorgelagerten Lauben- und Säulengängen gilt als Wahrzeichen Luxors.

Der Name Luxor elektrisiert alle Freunde des Alten Ägypten, denn hier öffnen sich die Tore zu einem archäologischen Paradies.

AUF NACH KAIRO

Gut 600 Kilometer durch das fruchtbare Niltal liegen noch vor dem Reisenden. Die Bahn folgt mehr oder weniger den Schleifen des Flusses, bis sie bei Nag Hammadi den Fluss quert, um ihm von nun an am linken Ufer gen Norden zu folgen. Es ist eine beschauliche Fahrt durch Felder und ein dicht besiedeltes Land: Denn obwohl Ägypten über 1 Million Quadratkilometer groß ist, müssen die offiziell etwas mehr als 87 Million Einwohner zum Großteil im Tal des Flusses leben. Und seine fruchtbaren Ufer machen gerade einmal 5 Prozent der Gesamtfläche Ägyptens aus.

Je mehr sich der Zug der Hauptstadt nähert, desto mehr Pyramiden finden sich inmitten der Libyschen Wüste. Doch von der Bahn aus sind sie nicht zu sehen, und überhaupt sind die berühmtesten unter den Pyramiden Ägyptens noch immer jene von Gizeh, der drittgrößten Stadt des Landes, die mittlerweile nahtlos in die Hauptstadt übergeht. Es ist empfehlenswert, zunächst nach Kairo weiterzufahren und zu den Pyramiden am nächsten frühen Morgen – am besten per Taxi – aufzubrechen. Man braucht Zeit, um das Gelände um Cheops- und Chephren-Pyramide und die eindrucksvolle Sphinx zu besichtigen und danach noch einen Tee und Imbiss im Garten des „Mena-House", dem herrlichen Luxushotel unweit der Pyramiden und mit Blick auf diese, zu genießen.

Nach rund 14 Stunden Fahrt erreicht der Zug den Ramses-Bahnhof in Kairo. Die Bahn hat den Nil ein letztes Mal überquert, nördlich der Kairoer Nilinsel Gezira, auf der sich die Villen vieler internationaler Botschaften befinden. Später sollte der Reisende unbedingt die Insel besuchen, um sich

im Café oder Garten des „Marriott-Hotels" auszuruhen. Ein Teil des Hotels nämlich wird von dem herrlichen Gezirah-Palast gebildet, der anlässlich der Eröffnung des Suezkanals im Jahr 1869 von Ismail Pascha, dem damaligen Khediven (Gouverneur) Ägyptens, errichtet wurde, um seinem wichtigsten Gast, Kaiserin Eugénie von Frankreich, die auch den Kanal eröffnete, zu den Feierlichkeiten eine angemessene Unterkunft zu bieten. Der Garten des heutigen Hotels ist eine Oase inmitten des ständigen Verkehrs, des Hupens und Staus und der Hitze und Geschäftigkeit der Großstadt. Nach einer Rast hier hat man ausreichend Energie, die Stadt zu erkunden: das Ägyptische Museum, für das man im Grunde mehrere Tage einrechnen müsste, den Chan el-Chalili, den großen Basar der Stadt, die Zitadelle mit ihren Moscheen, die alte Karawanserei und nicht zu vergessen das koptische Viertel.

Es ist zweifellos etwas Besonderes, den antiken Denkmälern wie dem Tempel der Hatschepsut (links) oder den Pyramiden von Gizeh (Mitte) einen Besuch per Bahn abzustatten. Rechts ein Detail des Bahnhofgebäudes von Kairo.

DER INDIAN PACIFIC

Millionenstädte, Goldminen und die Unendlichkeit der Wüste

Abgesehen von einem Abstecher ins südlich gelegene Adelaide verfolgt der Indian Pacific auf seiner 4352 Kilometer langen Fahrt eine klare West-Ost-Route. Die endlosen Weiten Australiens machen diese Dimensionen möglich.

Drei Millionen Fahrgäste können nicht irren! Das ist die beeindruckende Zahl derer, die den Indian Pacific seit seiner Jungfernfahrt im Februar 1970 genutzt haben, um den australischen Kontinent auf einer der legendärsten Eisenbahnstrecken der Welt zu durchqueren. Wer dieses Eisenbahnabenteuer unternimmt, gelangt in 65 Stunden von der Westküste am Indischen Ozean bis an die pazifische Ostküste – oder in umgekehrte Richtung. Eine der bekanntesten Etappen der Reise liegt in der Nullarbor-Wüste: Neben der Karstwüste mit ihren endlosen Horizonten ist die Trasse selbst eine Sensation, verläuft sie doch über 478 Kilometer ohne eine einzige Biegung schnurgerade durch die karge Landschaft.

DATEN UND FAKTEN

Strecke: von Perth nach Sydney

Wichtigste Stationen: Perth, Kalgoorlie, Cook, Adelaide, Broken Hill, Sydney

Streckenlänge: 4352 Kilometer

Dauer der Reise: 65 Stunden

Spurweite: Normalspur

Ausstattung: Der Indian Pacific wird von zwei Dieselloks gezogen. Neben einem Generator- und Gepäckwagen gibt es Personenwagen in dreierlei Ausführung und Preisklassen.

Besonderheiten: Zwischen Loongana und Ooldea befindet sich mit 478 Kilometern die längste Eisenbahngerade der Welt.

Es bedurfte umfassender baulicher Maßnahmen an den Bahngleisen, bis mit dem Indian Pacific am 23. Februar 1970 erstmals ein Zug die gesamte Strecke von Sydney nach Perth auf der Normalspur zurücklegen konnte. Zwar existierte bereits seit 1917 ein lückenloses Schienennetz zwischen der West- und Ostküste, doch für Passagiere bedeutete die Durchquerung des Kontinents eine lange und beschwerliche Reise mit mehreren Umstiegen. Die ersten Eisenbahngesellschaften Australiens hatten sich auf keine einheitliche Spurweite verständigen können, und so erwies sich die transkontinentale Trasse für einige Jahrzehnte als eine Mixtur aus Kap-Spur (1087 Millimeter), Breitspur (1600 Millimeter) und Normalspur (1435 Millimeter). Die Breitspur verschwand als Erstes und Ende der 1960er-Jahre schließlich auch das letzte Stück Kap-Spur, sodass Zuggäste ab 1970 in den Genuss kamen, gut 4350 Kilometer Strecke durchgehend mit einem einzigen Zug zurücklegen zu können. Heute verkehrt der Indian Pacific einmal die Woche in beide Richtungen, im Zeitraum von September bis Mitte November gibt es eine zusätzliche Verbindung. Die Preise variieren je nach gewünschtem Komfort zwischen rund 2600 Euro für den Platinum-Service und 350 Euro für Backpacker in bescheidener ausgestatteten Waggons.

Der Indian Pacific verbindet den Indischen mit dem Pazifischen Ozean und damit die West- mit der Ostküste des Fünften Kontinents.

WEIZENFELDER, GOLDMINEN UND DIE NULLARBOR-EBENE – VON PERTH BIS ADELAIDE

Jeden Sonntag verlässt der Indian Pacific um die Mittagszeit den Bahnhof East Perth und begibt sich auf eine dreitägige Reise, die ihn – abgesehen von einem Abstecher nach Adelaide – mit östlichem Kurs nach Sydney führt. Perth selbst, das im 19. Jahrhundert von den Briten zu einem Stützpunkt im äußersten Westen des australischen Kontinents ausgebaut wurde, präsentiert sich heute als eine moderne 1,7-Millionen-Einwohner-Stadt, die sich um den Swan River als Lebensader entwickelt und stetig vergrößert hat. Wer dem Flusslauf bis zur Mündung in den Indischen Ozean folgt, kann die große Bandbreite der Metropole erleben: Hochhäuser aus Stahl und Glas erheben sich in unmittelbarer Nachbarschaft zu einem der größten Innenstadtparks der Welt, dem sich wiederum kleine Yachthäfen, Sandstrände und beschauliche Wohnviertel anschließen.

Karg, aber nicht vollkommen baumlos, präsentiert sich die Nullarbor-Ebene den Reisenden (links). Eukalyptusbäume am Rande der Nullarbor-Ebene (rechts).

Die Reise mit dem Indian Pacific startet nur wenige Hundert Meter entfernt vom Swan River in der East Perth Station. Es bedarf schon eines großzügigen Bahnsteigs, um der Länge des Zuges gerecht zu werden: Als Doppelzug eingesetzt, erreicht der Indian Pacific mit seinen zwei dunkelblauen Loks und den silbernen Waggons eine Länge von bis zu 680 Metern – ein Umstand, der sich als Fotomotiv besonders dort bezahlt macht, wo die Trasse in Kurven verläuft und sich der Zug schlangengleich durch die Landschaft bewegt.

Das Stadtgebiet ist kaum verlassen, da übernimmt die Natur die Regie. Es ist das Gebiet der National-parks Walyunga und Avon Valley, die schon vor Jahrtausenden von Aborigines bewohnt waren. Mit Eukalyptusbäumen bestandene Berghänge säumen zunächst die Trasse, ehe sie weitläufigen Tälern weichen, die dem Namen der Region, Wheatbelt, also Weizengürtel, alle Ehre machen: Auf den rund 150 000 Quadratkilometern Fläche, die Wheatbelt umfasst, werden nahezu zwei Drittel des Weizens

478 Kilometer schnurgeradeaus verläuft die längste Bahngerade der Welt durch die Nullarbor-Ebene.

Australiens angebaut, hinzu kommen vor allem Wolle und Fleisch aus der Lamm- und Schafzucht sowie andere Ackerfrüchte. Doch viele der Ortschaften, die der Indian Pacific in den nächsten Stunden passiert, entstanden nicht im Kontext landwirtschaftlicher Nutzungsmöglichkeiten, sondern im Zuge des Goldrauschs und der Suche nach anderen Bodenschätzen, die Western Australia und damit auch Perth als ihrer Hauptstadt viel Wohlstand beschert haben.

Spätestens mit Erreichen der Goldgräberstadt Kalgoorlie am späten Abend des ersten Tages wird der Reichtum der hiesigen Böden offenbar. Der Indian Pacific legt in Kalgoorlie eine längere Pause ein. Alles, was die 30 000-Einwohner-Stadt heute ist, verdankt sie den Goldgräbern Arthur Bayley und William Ford, die hier im Jahre 1892 auf eine Goldader stießen. Es ist nicht schwer auszumalen, was der Fund von mehreren Hundert Unzen Gold (1 Unze = 31,16 Gramm) innerhalb weniger Wochen für eine Wirkung hatte: Nachdem der Goldrausch in anderen Teilen Australiens bereits in vollem Gange war, geriet nun ebenso Western Australia ins Visier Tausender Goldgräber, die sich – auch unterstützt durch den Bau der Bahntrasse im Jahre 1896 – binnen kurzer Zeit in Kalgoorlie niederließen. Die historischen Häuserzeilen in der Stadt geben einen Eindruck davon, wie es einst hier ausgesehen

haben mag, doch die eigentliche Sensation liegt nur rund 3 Kilometer entfernt: die Super-Pit-Goldmine. Tag für Tag werden in der 3,6 Kilometer langen Goldmine mehr als 230 000 Tonnen Gestein bewegt, um an das begehrte Gold zu gelangen, dessen Ertrag bei etwa 700 000 Unzen pro Jahr liegt.

Die Lichter von Kalgoorlie sind das letzte Zeichen von Zivilisation, bevor der Indian Pacific die Goldgräberstadt um Mitternacht verlässt und in die vegetationsarme, nahezu unbewohnte Nullarbor-Ebene eintaucht. Erst 400 Kilometer weiter östlich ergibt sich mit Rawlinna die nächste Möglichkeit für einen Stopp, doch die meisten Gäste verschlafen die verlassene Station, in deren Umfeld es nichts anderes gibt als ein Kalksteinbergwerk und einen Schafzuchtbetrieb auf 2,5 Millionen Hektar Fläche. Und so blicken die meisten Gäste das nächste Mal aus dem Fenster, wenn sich der Zug der Grenze zwischen Western und South Australia nähert und sich auf jenem Teilstück der Trasse bewegt, das über 478 Kilometer ohne irgendeine Krümmung verläuft und damit die längste Bahngerade der Welt bildet. Die Eintönigkeit der Strecke entspricht der umgebenden Landschaft. Der Name Nullarbor, lateinisch „kein Baum", mag zwar für diese Region des australischen Outbacks nicht ganz treffend sein, denn zwischendurch lassen sich sehr wohl vereinzelte Bäume ausmachen, doch das ändert nichts daran, dass die Karstwüste mit ihrer scheinbare Endlosigkeit und Monotonie etwas Entrücktes, Irreales in sich trägt. Der dreistündige Stopp an der verlassenen Bahnstation Cook bietet ausreichend Gelegenheit, sich inmitten dieser endlosen Weiten auf ehemaligem Meeresboden zu bewegen, der aufgrund eines hohen Rotalgenanteils heute als rotgefärbter Kalkstein bzw. Sand zutage tritt.

Der Indian Pacific verläuft weitere 160 Kilometer schnurgerade durch die Ebene, bevor er mit einigen Krümmungen und Kurven Tarcoola erreicht. Einst wurde in der Region Gold geschürft, doch heute ist die nahezu ausgestorbene Ortschaft vor allem als Verkehrsknotenpunkt bekannt, zweigt doch hier die Trasse ab, über die der Fernverkehrszug „The Ghan" das im Norden des Kontinents liegende Darwin ansteuert. Bis Adelaide befahren die beiden transkontinentalen Züge dieselbe Strecke, doch bis der Indian Pacific die Hauptstadt des Bundesstaates South Australia erreicht hat, bricht die zweite Nacht an Bord des Zuges an, und erst gegen sieben Uhr morgens trifft der imposante Zug im Bahnhof von Adelaide ein.

KULTURMETROPOLE, WÜSTE UND BLUE MOUNTAINS – VON ADELAIDE BIS SYDNEY

Einen beeindruckenden Abschluss, bevor der Zug Sydney erreicht, bilden die Blue Mountains im australischen Bundesstaat New South Wales.

Vor allem in den Monaten September bis November, wenn der Indian Pacific zweimal die Woche verkehrt, nehmen viele Reisende die Möglichkeit eines mehrtägigen Zwischenstopps in Adelaide wahr. Die Hauptstadt des Bundesstaates South Australia ging im Gegensatz zu manch anderer Metropole Australiens nicht aus einer Sträflingskolonie hervor. Vielmehr führte die garantierte Religionsfreiheit seit den 1840er-Jahren zur Ansiedlung von Methodisten, Baptisten, Presbyterianern und Anhängern anderer Konfessionen, die in ihrer Heimat an der Ausübung ihres Glaubens gehindert oder gar verfolgt wurden. Adelaide entwickelte sich zur Stadt der Kirchen, was ihr noch Jahrzehnte später den Ruf einer verstaubten und langweiligen Küstenstadt einbrachte. Doch all das ist Geschichte. Heute präsentiert sich Adelaide als charismatische, weltoffene Kulturmetropole. Allein das dreiwöchige „Festival of the Arts" und das „Fringe Festival" zählen mehr als 1 Million Besucher, die sich von der Kreativität der Kulturevents ebenso mitreißen lassen wie von den aufgeschlossenen Bewohnern einer Stadt, die ganz obendrein mit fantastischen Grünanlagen und schönen historischen Gebäuden aufwarten kann.

Bereits am Vormittag verlässt der Indian Pacific wieder den Bahnhof von Adelaide und führt für die nächsten Stunden durch fruchtbares Farmland, ehe die Landschaft hinter der kleinen Ortschaft Peterborough wieder schlagartig karger wird und der Boden die charakteristisch rote Farbe annimmt, für die das Outback Australiens so berühmt ist. Der letztere längere Stopp des Tages wird in der Bergbaustadt Broken Hill eingelegt, die bereits zum Bundesstaat New South Wales gehört. In der Mitte des 19. Jahrhunderts ließen sich hier Goldsucher nieder, die jedoch nach zwei Jahrzehnten wieder abzogen – enttäuscht, nicht auf große Goldfunde gestoßen zu sein. Was sie in ihrer Fokussierung auf Gold übersehen hatten, waren die unermesslichen Vorkommen an Silber, Zink, Blei und anderen Rohstoffen, die noch heute kommerziell abgebaut werden. Und so zählt Broken Hill im Gegensatz zu zahlreichen nahezu verlassenen Bergbaustädten heute trotz der isolierten Lage mehr als 18 000 Einwohner, unter ihnen zahlreiche Künstler, die das Stadtbild mit Galerien und Ateliers bereichern.

Wenn der Indian Pacific seine Fahrt gen Osten am frühen Abend wiederaufnimmt, wird der Zug schon bald von der tiefen Dunkelheit des Outbacks eingehüllt, in der Ortschaften wie Menindee, Ivanhoe oder Condobolin wie kleine Lichtpunkte wirken. Die meisten Passagiere suchen früh ihre Schlafgelegenheiten auf, um bereit zu sein, wenn der Zug gegen acht Uhr morgens Lithgow City erreicht und damit den Westrand der Blue Mountains, die eine der spektakulärsten Etappen der 4353 Kilometer langen Reise bilden. Bis zu 1000 Meter ragen die Sandsteinplateaus dieses von dichten Eukalyptuswäldern bestandenen Mittelgebirges empor. Es sind die ätherischen Öle aus den Eukalyptusblättern, die einen blauen Dunst verursachen und dem weitläufigen Weltnaturerbe seinen Namen gaben. Dank der Nähe zu Sydney sind die Blue Mountains, die sich in mehrere Na-

tionalparks gliedern und in denen neben Kängurus, Koalas und Schnabeltieren zahlreiche andere Tierarten heimisch sind, eine der meistbesuchten Touristenattraktionen des Kontinents. Der Indian Pacific durchquert diese einmalige Naturoase und steuert geradewegs auf Sydney zu, das gegen elf Uhr vormittags erreicht wird. Nach 65 Stunden Fahrt, in denen die Reisenden eine beeindruckende Vielfalt des Kontinents erleben durften, empfängt sie nun Australiens berühmteste Stadt mit ihren unzähligen Sehenswürdigkeiten. Nur eine halbe Stunde Fußweg sind es von der Central Station bis zum bekannten Hafenviertel The Rocks. Hier nahm vor Jahrhunderten die europäische Besiedlung Australiens ihren Anfang, mit der auch die Errichtung einer transkontinentalen Eisenbahnverbindung einherging, auf der heute der Indian Pacific verkehrt.

Ein städtebauliches Highlight der großen australischen Metropole ist die 1932 eröffnete Sydney Harbour Bridge mit einer Spannweite von 503 Metern.

EISENBAHNSTRECKEN

ASIENS

DIE DARJEELING HIMALAYAN RAILWAY

Mit dem „Toy Train" in das berühmteste Teeanbaugebiet der Welt

---

Die Darjeelingbahn wird wegen ihrer Spurbreite von lediglich 610 Millimetern auch „Toy Train" (Spielzeugzug) genannt.

Sie fährt wieder! Fünf Jahre nach einem Erdrutsch, bei dem die Trasse der Darjeeling Himalayan Railway teilzerstört und die Route auf den Abschnitt zwischen Kurseong und Darjeeling verkürzt werden musste, gab die Betreibergesellschaft im März 2015 die Wiederaufnahme der gesamten Strecke bekannt. Rund acht Stunden dauert die Fahrt mit einem der bekanntesten Züge der Welt, der sich über 2000 Höhenmeter hinauf nach Darjeeling kämpft. Was diese Reise so spektakulär macht, sind nicht nur die weltberühmten Teeplantagen entlang der Trasse, sondern ein einzigartiger Einblick in den Alltag der Bergbewohner, denn der von Dampfloks betriebene Zug führt zuweilen mit nur einem halben Meter Abstand vorbei an Marktständen, Werkstätten oder Wohnzimmern, in denen das Leben ganz unbeeindruckt vom laut schnaufenden Zug seinen gewohnten Gang geht.

DATEN UND FAKTEN

Strecke: von New Jalpaiguri (95 Höhenmeter) bis Darjeeling (2076 Höhenmeter), Indien

Wichtigste Stationen: New Jalpaiguri, Siliguri, Kurseong, Ghum, Darjeeling

Streckenlänge: 88 Kilometer

Reisedauer: rund 8 Stunden

Spurweite: Schmalspur (610 Millimeter)

Besonderheiten: 1999 wurde die Darjeeling Himalayan Railway von der UNESCO zum Weltkulturerbe erklärt. Der Status war zwischenzeitlich in Gefahr, da dringend nötige Ausbesserungen der Trasse nicht durchgeführt wurden.

Die Geschichte Darjeelings und der Darjeeling Himalayan Railway ist untrennbar mit der Britischen Ostindien-Kompanie verbunden, die zu Beginn des 19. Jahrhunderts noch im Zenit ihrer Macht stand, bevor sie mit dem Indischen Aufstand von 1857 alle Verwaltungsfunktionen einbüßte und Indien zur Kronkolonie wurde. Stützpunkt und Handelszentrum der Ostindien-Kompanie war Kalkutta, das von vielen Briten bewohnt wurde, die sich im heißen, sumpfigen Mündungsdelta des Ganges jedoch nach Kühle und Frische sehnten.

Das Anfang des 19. Jahrhunderts noch weitgehend unbekannte Darjeeling gehörte zu dieser Zeit zum Königreich Sikkim, das in den Jahrzehnten zuvor Gebietseinbußen durch vorrückende Gurkhas aus Nepal erlitten hatte. In kriegerischen Auseinandersetzungen zwischen 1814 und 1816 beendete die Britische Ostindien-Kompanie diese Expansionsbestrebungen. Doch die Lage zwischen Sikkim und Nepal blieb angespannt. Aus diesem Grund entsandte der britische Generalgouverneur zwei Offiziere nach Darjeeling, die nach einem sechstägigen Aufenthalt in dem milden Gebirgsklima die Region zur idealen Sommerfrische für Briten und zum perfekten Standort für ein Sanatorium erklärten. 1835 trat Tsugphud Namgyal, König von Sikkim, gegen eine jährliche Pacht und einige Geschenke, darunter eine Kanone und einen Ballen Stoff, Darjeeling an die Britische Ostindien-Kompanie ab. 1850 und 1866 erfolgte die Annexion weiterer Gebiete Sikkims unter dem Vorwand einer ungerechtfertigten Gefangennahme zweier Briten. Damit waren die räumlichen Voraussetzungen geschaffen, um einerseits an den steilen Hängen Darjeelings mit dem Anbau von Teesor-

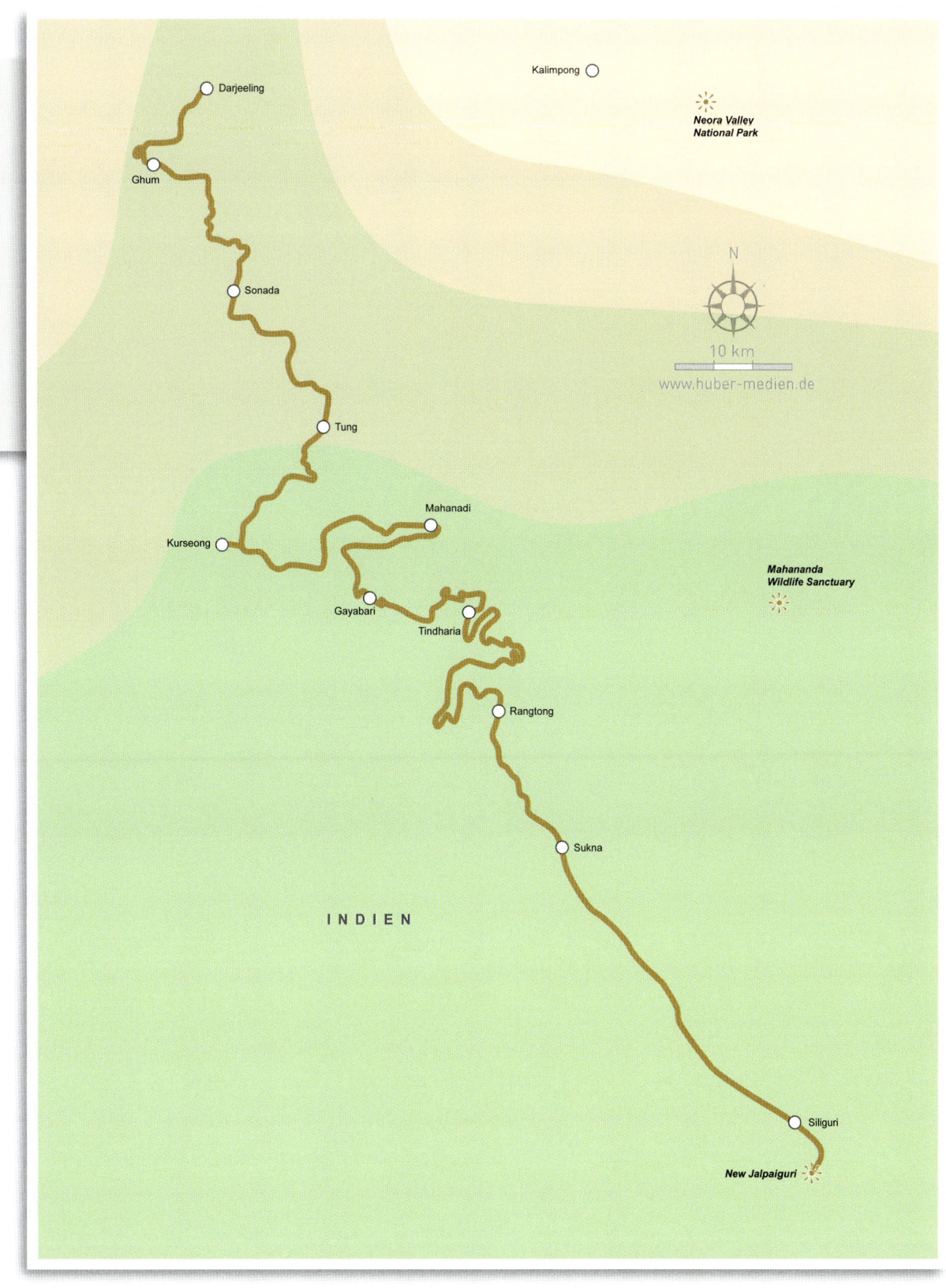

Kalimpong

Darjeeling

Ghum

Neora Valley
National Park

N

10 km

www.huber-medien.de

Sonada

Tung

Mahanadi

Kurseong

Mahananda
Wildlife Sanctuary

Gayabari

Tindharia

Rangtong

Sukna

INDIEN

Siliguri

New Jalpaiguri

Im Jahr 1881 wurde die dampfende Schmal-spurbahn zwischen New Jalpaiguri und Darjeeling am Fuße des Himalaya von den Briten in Betrieb genommen.

ten aus China zu beginnen und andererseits den Briten fernab ihrer Heimat eine zweite Heimat zu schenken, die ihnen ein erträglicheres Klima und Erholung versprach. Doch der beschwerliche Weg vom 600 Kilometer entfernt liegenden Kalkutta nach Darjeeling nahm fünf Tage in Anspruch – ein unhaltbarer Zustand, der mit dem Bau von Straßen und der Trassierung der Darjeeling Himalayan Railway deutlich verkürzt werden konnte.

DER BAU DER SCHMALSPURTRASSE

Bis Ende der 1870er-Jahre gelangten Reisende von Kalkutta zunächst mit einer Breitspurbahn nach Siliguri, das auf 120 Höhenmetern am Fuße der Himalayagebirges liegt. Hier mussten sie den Zug verlassen und auf äußerst einfache Karren umsteigen, die sie auf der provisorisch angelegten Hill Cart Road die 2000 Höhenmeter bis Darjeeling beförderten. Franklin Prestage von der Eastern Bengal Railway Company reichte deshalb 1878 den Antrag zum Bau einer Zugverbindung zwischen Siliguri und Darjeeling ein, der schon bald genehmigt wurde. Zwei Jahre nahm der Bau der 88 Kilometer langen Trasse in Anspruch, sodass im Juli 1881 die gesamte Strecke für den Zugverkehr freigegeben werden konnte. Es kann kaum verwundern, dass die Darjeeling Himalayan Railway den inoffiziellen

Namen „Toy Train" trägt, fährt der Zug doch auf Spurweiten von lediglich 610 Millimetern. Noch immer sind die alten Dampfloks im Einsatz, so zum Beispiel die Lok 778, die vor mehr als 115 Jahren im schottischen Glasgow gefertigt wurde und bis heute die durchschnittlichen Steigungen von 44 Promille bewältigt – wenn auch nicht ganz reibungslos. Immer wieder sind Reparaturen nötig, die meist großes Improvisationstalent erfordern, denn Originalersatzteile sind ebenso wenig vorhanden wie reichhaltig ausgestattete Werkstätten mit Spezialzubehör zur Instandhaltung der museumsreifen Loks.

MIT DEM „TOY TRAIN" IN DIE BERGE DARJEELINGS

Die 650 000-Einwohner-Stadt Siliguri ist der Ausgangspunkt der Reise mit der Darjeeling Himalayan Railway. Die Metropole ist vor allem als Verkehrsknotenpunkt von Bedeutung, denn über die New Jalpaiguri Junction Railway Station führt der Schienenverkehr in die östlichen Landesteile wie Assam oder Manipur. Der Zug verlässt den Bahnhof New Jalpaiguri und steuert Siliguri Town in 5 Kilometern

Einst zum Transport von Tee, Holz und anderen Landesprodukten genutzt, dient er heute auch als beliebtes touristisches Transportmittel.

Entfernung an. Kurz hinter diesem Haltepunkt beginnt die Hill Cart Road, die zunächst in 200 bis 300 Metern Entfernung von der Bahnlinie verläuft, sich aber schon bald mit ihr auf schmalen Wegen gemeinsam in vielen Kehren und Kurven Richtung Darjeeling emporschrauben wird.

Bereits in Sukna, der ersten Station jenseits von Siliguri, ist das urbane Wirrwarr der Stadt vergessen, denn der Zug bewegt sich nun durch wald- und wasserreiches Gebiet, das sogleich mit einer Attraktion aufwartet: Richtung Nordosten erstreckt sich der 159 Quadratkilometer große Mahananda Wildlife Sanctuary, in dessen dichten Wäldern Bengalische Tiger, Elefanten, Bisons, Affen, Bären, Leoparden und zahlreiche andere Tierarten leben – eine atemberaubende Naturoase am Fuße des Himalaya.

Von nun an geht es steil bergauf! Auf den nächsten 8 Kilometern Strecke bis Rangtong mit seinem kleinen Bahnhof gilt es, knapp 300 Höhenmeter zu überwinden, und so lässt die erste Kreiskehrschleife auch nicht lange auf sich warten; ihr schließen sich zwei weitere sowie sechs Spitzkehren an – allein drei auf dem knapp 11 Kilometer langen Stück zwischen Rangton und Tindharia. Mit diesen Manövern gewinnt die Darjeeling Himalayan Railway auf dieser vergleichsweise kurzen Etappe mehr als 430 Höhenmeter.

Spartanisch, wenn auch nicht ohne Charme, reist es sich am Fuße des Himalaya.

Wie schon in Rangtong scheinen auch die folgenden Haltepunkte Tindharia, Gayabari und Mahanadi ganz dem Motto „Toy Train", dem Spielzeugzug, gerecht zu werden. Hier darf man keine Bahnhöfe europäischen Standards erwarten oder größere Ortschaften mit einer nennenswerten Infrastruktur. Ein paar Holzhäuser entlang der Trasse und ein Bahnwärterhäuschen, das sich durch ein Stationsschild und einen ausgehängten Fahrplan auszeichnet – das sind im Wesentlichen die Stationen der Darjeeling Himalayan Railway auf den ersten 50 Kilometern Strecke. Dafür werden mit jedem gewonnenen Höhenmeter die Aussichten spektakulärer: Wälder werden immer häufiger von steil an den Berghängen liegenden Teeplantagen abgelöst, für die Darjeeling weltweit bekannt ist.

Nach rund fünf Stunden Fahrt nähert sich der Zug Kurseong auf 1476 Höhenmetern. Nun verändert sich die Szenerie grundlegend, denn kein kleines Bergdorf mit vereinzelten Holzhäusern, sondern eine dicht besiedelte Stadt mit 40 000 Einwohnern erwartet die Reisenden. Der Name Kurseong leitet sich von einer Orchideenart ab (lat.: Coelogyne cristata), die vor der britischen Besiedlung und der damit einhergehenden Einrichtung von Teeplantagen an den Berghängen im Frühjahr millionenfach erblühte. Mit den Briten kam jedoch nicht nur Tee in die Region, sondern auch koloniale Architektur, die in und um Kurseong allgegenwärtig ist. Viele dieser Gebäude, insbesondere diejenigen auf dem östlich der

Bahnlinie gelegenen St. Mary's Hill, werden heute als Bildungseinrichtungen genutzt. Was einen besonderen Reiz der Stadt ausmacht, ist das Nebeneinander sakraler Einrichtungen, die von der Glaubensvielfalt in der Region zeugen: Während zum Beispiel eine Grotte samt Marienfigur und der Friedhof am St. Mary's Hill an die Ära Britisch-Indiens erinnern, laden der inmitten von Tee- und Orangenplantagen gelegene Tempel Ambootia Shiv Mandir oder das Tashi Samtenling Monastery dazu ein, Institutionen des Hinduismus und Buddhismus zu besuchen.

Auf dem Weg bis Darjeeling werden zahlreiche weitere beeindruckende Sakralbauten die Aufmerksamkeit der Zuggäste auf sich ziehen: das

Nachfolgende Doppelseite: Auf der 88 Kilometer langen Strecke überwindet der Zug 2000 Höhenmeter und durchfährt eine landschaftlich reizvolle Gegend.

Sonada-Kloster, das von rund 125 Mönchen bewohnt wird, oder das Yiga-Choeling-Kloster, besser bekannt als Ghum Kloster in der gleichnamigen Ortschaft. Knapp 800 Höhenmeter muss die Darjeeling Himalayan Railway von Kurseong aus überwinden, bis sie mit Ghum auf 2257 Metern den höchsten Punkt der Strecke erreicht. Es ist schwer zu sagen, was das Beeindruckendste dieses Klosters ist, das als Gelug-Schule dem tibetischen Buddhismus folgt: das Klostergebäude an sich, die kostbaren Wandmalereien, die viereinhalb Meter hohe Maitreya-Buddha-Statue oder aber der atemberaubende Ausblick auf das Kanchenjunga-Massiv, das mit 8586 Metern den dritthöchsten Berg der Welt darstellt. Es gehört mittlerweile zu einer der beliebtesten Touristenattraktionen in Darjeeling, sich in aller Frühe auf den 2590 Meter hohen Tiger Hill zu begeben und von dort zu beobachten, wie die aufgehende Sonne den Horizontstreifen mit den schneebedeckten Gipfeln des Himalaya in ein orangefarbenes Licht taucht.

Zwischen Ghum und Darjeeling liegen nur noch 6 Kilometer Strecke, und hier vollführt der Zug seine berühmteste Schleife: den Batasia Loop, der um eine Grünfläche mit einem hoch aufragenden Denkmal für gefallene Soldaten führt. Je mehr sich der „Toy Train" Darjeeling nähert, umso häufiger lässt der Zugführer die ohrenbetäubende Signalpfeife ertönen, die selbst das laute Gehupe der Autos und Kleintransporter auf der parallel verlaufenden Hill Cart Road übertönt. Die Schotterstraße ist zweifelsohne die Lebensader von Darjeeling: Hier herrscht ein quirliges Durcheinander, fliegende Händler und solche mit kleinen Ladenlokalen bieten ihre Waren so nah der Gleise feil, dass Geschäfte mitunter schnell vom Zugfenster aus getätigt werden können. Der Alltag von Darjeeling läuft wie in einem Film an den Zugreisenden vorbei: Friseure beim Haarschnitt, Handwerker bei der Arbeit, Familien beim Essen – all das spielt sich so nah am Zug ab, dass man das Gefühl erhält, selbst ein Teil der Szenerie zu sein.

Und dann ist das Ziel der Reise erreicht. Am Bahnhof von Darjeeling, in dessen unmittelbarer Nähe sich das Haus von Tenzing Norgay, dem Bezwinger des Mount Everest aus dem Jahre 1953 befindet, bieten Träger ihre Dienste an, Händler verkaufen Getränke oder Speisen. Hat man sich erst einmal akklimatisiert, heißt es einzutauchen in ein verwirrendes Netz aus Straßen, Treppen und dicht bebauten Wohnsiedlungen, die sich an die steil aufragenden Bergrücken schmiegen. 130 000 Menschen leben in Darjeeling, und ihre Ursprünge sind so vielfältig, dass sich die Stadt als ein rauschender Strom aus verschiedenen Sprachen, Religionen und Kulturen darstellt. Jede Straßenecke gewährt neue Impressionen, Tempelanlagen lösen sich mit kolonialer Architektur ab, und allerorten bietet sich die Gelegenheit, bei einer Tasse erlesenen Tees die atemberaubend schöne Szenerie auf sich wirken zu lassen, in der leuchtendgrüne Teeplantagen und das in der Ferne aufragende Kanchenjunga-Massiv ganz unzweifelhaft die Hauptrollen spielen.

Dicht vorbei an Marktständen, Werkstätten und Wohnräumen führt die Trasse des Darjeelingzugs und gibt so einen unmittelbaren Einblick in das Leben der Einheimischen.

DIE TRANSSIBIRISCHE EISENBAHN

Durch die unvergleichliche sibirische Taiga

Eine Eisenbahnstrecke sollte Moskau mit Sibirien verbinden, so der Traum von Zar Alexander III. Mit dessen Verwirklichung wurde ab 1891 unter einem gewaltigen Aufwand an Kosten, Material und dem Einsatz Tausender Arbeiter begonnen. Erst 25 Jahre später war die Strecke endgültig fertiggestellt, doch bildet diese legendäre Eisenbahnstrecke bis heute die Hauptverkehrsader zwischen Moskau und Wladiwostok am Pazifischen Ozean.

Die klassische Route der Transsib, wie die Transsibirische Eisenbahn auch genannt wird, verläuft von Moskau nach Wladiwostok am Pazifik. Bei Touristen jedoch wesentlich beliebter ist die Fahrt von Moskau nach Peking. Doch der Hauptteil beider Strecken, 5662 Kilometer bis Ulan-Ude, ist ohnehin identisch, und so kommt es bei der Fahrt mit der Transsibirischen Eisenbahn weniger auf das gewählte Ziel an als darauf, welchen Zug und welche Schlafwagenkategorie man wählt. Der Blick auf die sibirische Taiga ist immer aufregend schön; ob man dagegen echt russisch im Vier- bis Sechsbett-Schlafwagen, teilweise mit Liegen auf dem Gang und wechselnden Benutzern, oder in der Doppelkabine eventuell mit eigenem Bad nächtigen möchte, das ist schon eher eine Frage des Geschmacks und der Abenteuerlust.

DATEN UND FAKTEN

Strecke: Moskau–Wladiwostok (Russland) beziehungsweise Moskau–Ulaanbaatar–Peking (Russland–Mongolei–China). Auch ein Abstecher über Kasan, die Hauptstadt der autonomen Republik Tatarstan, ist möglich.

Gesamtlänge: Moskau–Wladiwostok: 9288 Kilometer; Moskau–Peking: 7622 Kilometer

Vollendet: 1916 (Abschnitt Moskau–Wladiwostok)

Verkehrstakt: alle zwei Tage Zug Nummer 1 und Gegenzug Nummer 2 unter dem Namen Rossija zwischen Moskau und Wladiwostok sowie die Nummer 99 mit dem entsprechenden Gegenzug 100, ebenfalls alle zwei Tage. Hinzu kommt eine Vielzahl von Sonderzügen, insbesondere für Touristen.

Spurweite: Russische Breitspur (1520 mm)

Wichtigste Stationen: Nischni Nowgorod, Kirow, Perm, Jekaterinburg, Omsk, Nowosibirsk, Krasnojarsk, Irkutsk, Ulan-Ude, Tschita, Chabarowsk (Abschnitt Moskau–Wladiwostok)

Besonderheiten: Neben den regulären werden auf der Strecke eine Reihe von Sonderzügen eingesetzt. Unter ihnen hat der „Zarengold" die interessanteste Geschichte, denn einige seiner Waggons ließ Leonid Iljitsch Breschnew, von 1964 bis 1982 Parteichef der KPdSU und russischer Staatschef, ausbauen, um hochrangigen Parteifunktionären – vom Volk auch „Rote Zaren" genannt – und internationalen Gästen eine standesgemäße Reise zu ermöglichen.

Am Moskauer Jaroslawler Bahnhof, unweit des Moskauer Zentrums, beginnt die Reise auf der weltweit längsten Eisenbahnstrecke für Personenzüge. Der imposante Bau mit den eleganten Hallen, im Jahr 1862 eingeweiht, doch 1902 von Fjodor Schechtel im Jugendstil umgebaut, würdigt die Bedeutung, die eine Fahrt mit der Transsibirischen Eisenbahn für viele Bahnreisende hat. Wer als Nichtrusse in einen der Transsib-Züge Richtung Wladiwostok oder Peking einsteigt, der erfüllt sich damit meist einen lebenslangen Traum. Denn neben dem Orient-Express ist die Transsibirische Eisenbahn wohl die legendärste unter allen Bahnstrecken der Welt.

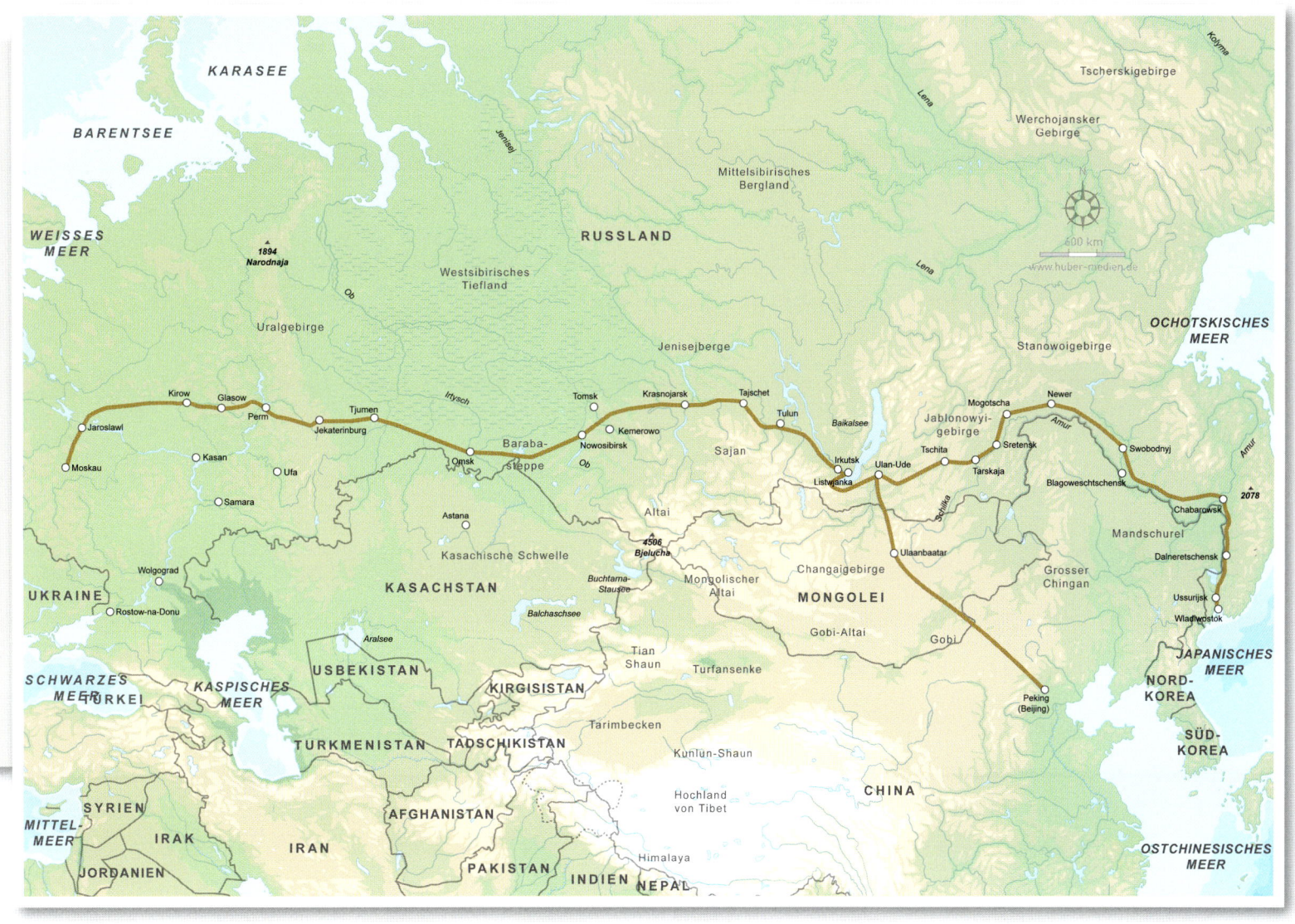

Der Zug fährt zunächst Richtung Nordosten und führt nahe des Nationalparks Lossiny Ostrow, was so viel wie Elchinsel heißt, vorbei, doch sind dessen Sumpfgebiete und Wälder, in denen sich Damwild, Elch, Hermelin und Nerz tummeln, vom Zug aus nicht sichtbar. In dem flachen Gebiet der Meschtschora–Tiefebene, in dem er wie auch Teile Moskaus liegen, hebt sich das Gelände dieses ersten Nationalparks Russlands nicht weiter hervor. Getrost kann sich der Reisende daher erst einmal in seinem Abteil einrichten, das nun für bis zu 14 Tage sein neues Zuhause sein wird. Dann gilt es, sich den ersten Tee aus dem Samowar, der an Bord der Züge stets eines der wichtigsten Instrumente ist, zu nehmen.

Es ist ein großer Unterschied, ob man mit der regulären Transsibirischen Eisenbahn fährt, dem Rossija (Nummer 1/2) beziehungsweise den Nummern 99/100, oder ob man an Bord eines für Touristen eingesetzten und von Reiseleitern begleiteten Zuges sitzt. Erstere bieten nur mäßigen Komfort, wobei die Nummer eins deutlich komfortabler ist als die 99, versprechen aber Kontakte zu Einheimischen und damit ein weitaus größeres Reiseabenteuer. Dagegen bieten die touristischen Sonderzüge, allen voran der „Zarengold", eine deutlich unanstrengendere Fahrt, insbesondere für all diejenigen, die der russischen Sprache nicht mächtig sind. Und sie haben den großen Vorteil, dass sie in einzelnen Städten einen längeren Halt für Besichtigungen einplanen, ohne dass man seine Reise unterbrechen, ein neues Billet kaufen, sich mit dem Gepäck abmühen und selbst ein Hotel finden muss.

VOM „GOLDENEN RING" BIS ZUM URAL

Unweit von Moskau beginnt der sogenannte „Goldene Ring", an dem sich die ehemals wichtigsten Orte Russlands wie Perlen aneinanderreihen. Man sagt, dass hier die russische Kultur und die russische Seele ihren Ursprung hätten. Sergijew Possad, eine gute Stunde hinter Moskau, macht den Anfang. Sein Zentrum ist heute wieder das Dreifaltigkeitskloster, das, von Iwan dem Schrecklichen gegründet, seit dem Zusammenbruch der UdSSR und der Rückgabe des riesigen Klosterareals an die Kirche, täglich Scharen von Pilgern zu bewältigen hat. Weithin sichtbar überstrahlen die blauen Zwiebeltürme der Mariä-Entschlafens-Kathedrale und der durch einen vergoldeten Helm bekrönte Glockenturm sowie unzählige weitere Türme von ihrer exponierten Lage aus die Stadt. Das Ensemble des Männerklosters gehört mittlerweile zum UNESCO-Weltkulturerbe.

Bereits hier, in dem noch verhältnismäßig dicht besiedelten Teil Russlands, ist die Weite des Landes spürbar. Immer wieder zeigen sich am Rande der Bahntrasse kleine Siedlungen mit ihren typischen russisch-orthodoxen Kirchen. Hält die Bahn – was je nach gewähltem Zug häufiger oder seltener vorkommt –, dann versammeln sich die Bewohner, bieten etwa Obst, Watruschki – süße russische Quarktaschen –, Piroggi – meist herzhafte Teigtaschen – oder Kunsthandwerk zum Verkauf an. Für die Einwohner der kleinen und größeren Siedlungen am Rande der Transsibirischen Eisenbahn sind die Stopps der Züge ein willkommener Nebenerwerb und eine Möglichkeit, mit Reisenden in Kontakt zu kommen und den neuesten Klatsch aus der Hauptstadt zu erfahren. Das gilt insbesondere, je weiter der Zug nach Osten fährt.

Doch bis Jaroslawl, ebenfalls Teil des „Goldenen Rings" und mit seiner Altstadt, den klassizistischen Wohnhäusern und den wunderschönen Kirchen und Klöstern, etwa der Prophet-Elija-Kirche, UNESCO-Weltkulturerbe, fährt die Transsib noch Richtung Nordosten. Hier trifft die Eisenbahn auf die Wolga, Europas wasserreichsten und längsten Fluss, und überquert sie.

Bald nach Jaroslawl wendet sich der Zug nun nach Osten; er rollt Richtung Sibirien, erreicht mehr als 1100 Kilometer von Jaroslawl entfernt die Stadt Perm, die östlichste Großstadt Europas im Uralvorland, kurz vor der europäisch-asiatischen Grenze also. Dazwischen zieht eine im Sommer sattgrüne, im Winter tief verschneite Wald- und Wiesenlandschaft am Reisenden vorbei. Die Seen und Flüsse, die der Zug passiert, sind im Winter zugefroren, die Straßen, die man vom Zug aus erkennen kann, sind häufig unasphaltiert. Bei Regen gleichen sie Schlammpisten. Die Orte werden kleiner; blaue Lupinen und Schafgarbe säumen die Bahntrasse. Die Landschaft strahlt eine Ruhe und eine Größe aus, die sich in Mitteleuropa so nicht mehr erleben lässt.

Die Weite der sibirischen Landschaft stellt für die Reisenden ein besonderes Erlebnis dar.

Vor Antritt der Reise gilt es sich zu entscheiden: Will man Abenteuer erleben und mit den Russen in den regulären Linienzügen mit einem recht unterschiedlichen Komfort reisen oder wählt man doch eher die „Sicherheit" der Touristenzüge.

Geduldig warten die Russen auch bei klirrender Kälte, wenn die Züge in den Bahnhöfen auf technische Defekte hin untersucht werden. Doch das Warten lohnt: Beispielsweise mit einem Blick auf die blauen Zwiebeltürme der Mariä-Entschlafens-Kathedrale und den Glockenturm der Stadt Sergijew Possad.

Perm dagegen ist eine geschäftige Großstadt, ein bedeutender Industriestandort und das Tor zum Ural und damit nach Asien. Gut 300 Kilometer ist die imaginäre Grenze zwischen dem europäischen Kontinent und dem asiatischen noch entfernt, gekennzeichnet kurz hinter der Stadt Perwouralsk durch einen Obelisken direkt an der Eisenbahnstrecke. Der Hauptkamm des Ural trennt Perwouralsk von Jekaterinburg, das die erste Metropole im asiatischen, sibirischen Teil Russlands bildet.

AUF ZUM BAIKALSEE

Jekaterinburg, inmitten des Urals gelegen, ist die viertgrößte Stadt Russlands und einer der wichtigsten Industriestandorte der Region. Traurige Berühmtheit aber erlangte die Stadt international, weil hier als Folge der Oktoberrevolution in der Nacht vom 17. auf den 18. Juli 1918 die Bolschewisten den letzten russischen Zaren Nikolaus II., seine gesamte Familie und einige Bedienstete im sogenannten Ipatjew-Haus erschossen und ihre Leichen in einem stillgelegten Minenschacht nordwestlich von Jekaterinburg begruben. Das Ipatjew-Haus wurde 1977 auf Anordnung des Politbüros – unter der damaligen örtlichen Leitung des späteren russischen Präsidenten Boris Jelzin – abgerissen,

denn es hatte sich mehr und mehr zum Wallfahrtsort der Monarchisten entwickelt. Von 2002 bis 2003 wurde zu Ehren der Zarenfamilie – die mittlerweile von der russisch-orthodoxen Kirche heiliggesprochen wurde – an der Stelle des ehemaligen Hauses die russisch-orthodoxe Kathedrale auf dem Blut im neubyzantinischen Stil errichtet. Sie ist heute – neben dem Grab in der Peter-und-Paul-Festung in St. Petersburg, in der die Familie 80 Jahre nach ihrer Ermordung beigesetzt wurde – Wallfahrtsort all der Russen, die sich noch immer die Monarchie zurückwünschen. In Jekaterinburg aufgebrochen, durchfährt die Transsibirische Eisenbahn nun endlich die sibirische Taiga gen Osten.

Einst häuften sich ab hier die Gulags, Arbeits- und Straflager, die bereits unter den Zaren, später unter den Bolschewisten zur „Besserung" und Bestrafung Andersdenkender eingesetzt wurden. In Perm zeigt die Gedenkstätte Perm-36 noch heute die menschenverachtenden Lebens- und Arbeitsbedingungen, die Bestrafungen und Erniedrigungen, denen die vermeintlichen Verbrecher, Kriminellen, politischen Gegner, verschiedene soziale Gruppen und „Klassenfeinde" aller Art ausgesetzt waren. Auf der Reise mit der Transsibirischen Eisenbahn aber ist von den einstigen Lagern nichts mehr zu sehen: Hier wiegen sich weite Grasflächen im Wind, durchbrochen von Flüssen und Seen und den riesigen Birken- und Nadelwäldern. Besonders häufig lässt sich die Dahurische Lärche ausmachen, eine Art aus der Gattung der Lärchen, die ihre Blätter im Winter abwirft und mit dem unwirtlichen Klima bestens zurechtkommt. Einsam ist das Land und im Winter bitterkalt, und doch zählt es zur „hellen Taiga", hell, weil hier nicht die immergrünen Nadelbäume vorherrschen wie in den borealen Nadelwäldern etwas weiter nördlich, sondern noch laubabwerfende Laub- und Nadelbäume. Es ist demnach eine Region, in der Sommer und Wärme noch ausreichend lange vorherrschen, um Bäumen einen ganzen jährlichen Lebenszyklus zu erlauben. Von Zeit zu Zeit schimmert das dunkle Holz der sibirischen Wohnhäuser oder auch nur einer Jagdhütte durch die Bäume. Pferdekoppeln mit dicken, robusten Ponys gehören ebenso zu den kleinen Siedlungen wie die im Sommer in allen Farben üppig blühenden Bauerngärten.

So erreicht der Zug – neben der weiten Taiga auch Omsk mit seiner hübschen Altstadt, Russlands drittgrößte und direkt am Ob gelegene Stadt Nowosibirsk sowie Krasnojarsk, wo die Bahn den 4092 Kilometer langen Jenissei mit Blick auf das Sajangebirge quert, durchfahrend – Irkutsk, am Abfluss des Baikalsees, der Angara, gelegen.

Irkutsk ist eine willkommene Abwechslung, aus dem Zug herauszukommen, denn wer im Sonderzug reist, der hat hier nun meist einen längeren Aufenthalt: um die Stadt zu erkunden, sich nach 5194 Kilometern Zugreise die Beine zu vertreten und einen Abstecher zum Baikalsee mit angeschlossener Bootstour zu machen. Als Kosakenfort bereits im 17. Jahrhundert entstanden, ist das reiche kulturelle Leben der Stadt den nach Sibirien verbannten Adligen des 19. Jahrhunderts zu verdanken. Als im Dezember 1825 insbesondere Offiziere der russischen Armee gegen die autokratische Herrschaft des Zaren aufbegehrten, Zensur und Leibeigenschaft anprangerten, soziale wie politische Reformen forderten und Zar Nikolaus I. den Treueeid verweigerten, wurde der Aufstand von zarentreuen Truppen brutal niedergeschlagen. Etwa 600 der sogenannten Dekabristen wurden, nachdem die Anführer gehängt waren, nach Sibirien verbannt, um dort in Silberminen Zwangsarbeit zu leisten. Ihre Frauen folgten ihnen häufig in die Ver-

Entlang der Strecke tauchen immer wieder alte russische Bauernhäuser auf, deren Erscheinungsbild sich seit der Zarenzeit kaum verändert zu haben scheint.

bannung, und nachdem ihre Strafen verbüßt waren, blieben viele in Sibirien und ließen sich in Irkutsk nieder. Als dann die Transsibirische Eisenbahn den Weg an den Baikalsee fand, konnte Irkutsk nicht nur kulturell, sondern auch wirtschaftlich aufblühen.

Doch der eigentliche Höhepunkt beim Besuch von Irkutsk ist zu jeder Jahreszeit der Baikalsee. Er ist der mit einem Fassungsvermögen von rund 23 000 Kubikkilometern größte oberirdische Süßwasserspeicher der Erde, etwa 31 000 Quadratkilometer groß und bis zu

1625 Meter tief. Sein Artenreichtum und der seiner Umgebung, die unvergleichliche Schönheit des Landstrichs würdigt die UNESCO seit 1993 als Weltnaturerbe, und auch die Russen wissen seine Anmut und Ruhe zu schätzen und errichten ihre Datschen und Sommerhäuser an seinen Ufern. Doch obwohl es eine ganze Reihe von Nationalparks und Schutzgebieten rund um den Baikalsee gibt, sind der See und seine nähere Umgebung massiv bedroht: Die Industrie leitet ungeklärte Abwässer in den See, und die russische Regierung denkt vermehrt darüber nach, auch die Bodenschätze rund um seine Ufer zu erschließen. Holz wird in den weiten Wäldern rund um den See längst massiv geschlagen, und vor wenigen Jahren entdeckte man, dass am Rande der Stadt Ulan-Ude im Südosten des Sees vermutlich durch ein Leck in einem der dort befindlichen Öldepots ein unterirdischer Benzinsee entstanden ist, der 18 000 Tonnen des Treibstoffs fasst. In dieser seismisch recht aktiven Region kann das schnell katastrophal enden. Seit August 2014 versucht man daher, der Benzinmassen Herr zu werden.

Möglicherweise nach einer Übernachtung außerhalb der Transsib setzt sich diese wieder in Bewegung. In früheren Zeiten per Schiff oder in den Wintermonaten, wenn das Wasser von einer dicken Eisschicht bedeckt war, über auf dem Eis ausgelegte Schienen den Baikal querend, umfährt die Bahn heute das West- und Teile des Südufers. Die Reisenden haben ausreichend Zeit, Abschied von dem vielbesungenen Gewässer zu nehmen, bevor sie Ulan-Ude erreichen.

WLADIWOSTOK ODER LIEBER PEKING?

Die Entscheidung, wohin die Reise gehen soll, hat man natürlich längst an ihrem Beginn getroffen, doch ab Ulan-Ude muss man sich nun immer fragen, ob die Entscheidung richtig war. Denn entweder bleibt man auf der Strecke der Transsibirischen Eisenbahn, dann verpasst man die Mongolei und ihre Hauptstadt Ulaanbaatar, die Wüste Gobi und Peking, oder aber man biegt auf die Strecke der Transmongolischen Eisenbahn ab und muss Abschied von Russland und Sibirien nehmen. Zudem verkürzt sich die Reise um mehr als 1500 Kilometer. Doch es mag auch eine Chance sein, dass die Transsibirische Eisenbahn zwei Strecken hat: Man hat einen Grund, die Reise einige Jahre später erneut anzutreten und dieses Mal den zweiten Streckenabschnitt zu wählen.

Wer sich für die Transsibirische Eisenbahn entschieden hat, macht sich ab Ulan-Ude nun auf den Weg nach Wladiwostok. Längst ist das Land nicht mehr eben, Berg- und Hügellandschaften breiten sich rechts und links der Gleise aus. Es mag bislang kaum mehr möglich gewesen sein, und doch wer-

Nachfolgende Doppelseite: Die Fahrt entlang des Baikalsees gehört sicherlich zu den Höhepunkten der Reise mit der Transsib.

den die Wälder noch dichter, dann wieder ziehen sich die Bäume gänzlich zurück, und weite, am Horizont von Hügeln gesäumte Grasebenen dehnen sich aus, die nur wenige Kilometer weiter erneut von den mit Flüssen und Seen durchsetzten Wäldern Ostsibiriens abgelöst werden. Das Jablonowygebirge wird von West nach Ost durchfahren. Die kleineren Siedlungen entlang der Bahn mit ihren dunklen Holzhäusern und schön bemalten winzigen Kapellen, etwa der von Tolbaga, erwärmen beim bloßen Anblick das Herz; die größeren Städte haben dem nicht viel entgegenzusetzen. Obwohl nicht wenige von ihnen auf eine interessante Geschichte verweisen können, sind sie architektonisch doch zu sehr vom kommunistischen Geist vergangener Jahrzehnte und dessen Pragmatismus gekennzeichnet. Tolbaga dagegen hat nicht nur eine anrührende Kapelle, sondern kann auch eine erste Besiedlung im Paläolithikum, genauer des Maisières-Interstadials, vorweisen.

Eine Weile begleitet der Khilok-Fluss ab Tolbaga die Bahntrasse – nur eine der vielen bewegenden Idyllen auf dem Weg nach Wladiwostok. Das erreicht der Zug, nachdem er die Mandschurei, also den äußersten Nordosten Chinas, umfahren und auch Chabarowsk durchfahren hat. Letzteres, am Amur gelegen, zeichnet sich noch einmal durch seine schönen klassizistischen Bauten aus.

Wladiwostok aber ist die wahre Metropole Ostsibiriens, eine Mischung aus prächtigen Stadt- und modernen Geschäftspalästen, einem international bedeutenden Hafen, einer Schrägseilbrücke mit der weltweit größten Spannweite, nämlich der Russki-Brücke, einem vielfältigen Kulturprogramm und natürlich den typischen zwiebelturmbekrönten Gotteshäusern der russisch-orthodoxen Kirche. Vor allem aber ist da das Japanische Meer, Teil des Pazifiks. Noch vor wenigen Jahren endete für die russischen Transsib-Reisenden hier endgültig die Reise. Nun ist es ihnen möglich, im Hafen die Fähre nach Japan zu besteigen und den Fernen Osten weiterzuerkunden.

Auch der Weg nach Peking, trotz der Gleichartigkeit der Systeme, stand den Russen bis zum Zusammenbruch der UdSSR und einer in der Folge allmählichen Annäherung der beiden Staaten nicht so ohne Weiteres offen. Dennoch sind es bis heute noch eher die internationalen Touristen, die eine Reise mit der Transsibirischen Eisenbahn unternehmen. Ulan-Ude ist die letzte größere russische Stadt auf der Reise Richtung Peking, obwohl sie – so nah an der Grenze zur Mongolei – deutliche mongolische und chinesische Einflüsse zeigt. Die Transsib biegt nach Süden ab, quert das Jablonowygebirge – anders als die Züge auf dem anderen Zweig – von Nord nach Süd, in Richtung Ulaanbaatar, der Hauptstadt der Mongolei. Die russischen Zwiebelturmkirchen sind mit einem

Mal völlig aus dem Blickfeld verschwunden, sie werden von buddhistischen Tempeln mit Pagodendächern abgelöst. Doch anders als der Rest der Mongolei ist die Landeshauptstadt eine Millionenmetropole, die durchaus ihre Bürotürme und Plattenbauwohnungen kennt. Aber es gibt auch eine kleine Siedlung von Jurten, den traditionellen Zelten der Mongolen.

Verlässt man die Stadt am Tuul, der aus dem nordöstlich gelegenen Chentii-Gebirge nach Ulaanbaatar und über eine Reihe weiterer Flüsse und den Baikalsee in den Arktischen Ozean mündet, taucht man in ein weites Hügelland ein, in dem die Hochhäuser durch sehr vereinzelt stehende Jurten abgelöst werden. Die runden Jurten, aus Holz, Wollfilz und imprägniertem Segeltuch errichtet, halten den extremen Temperaturschwankungen besser als jedes Haus stand und sind daher für das mongolische Klima bestens geeignet. Das gilt insbesondere für das der Wüste Gobi, mit ihrer extremen Tageshitze im Sommer, den kalten Nächten und den eisigen Wintern. Auch die Transsibirische Eisenbahn durchquert nun die Wüste Gobi. Sie ist eine Mischung aus Sand- und Geröllwüste, aus Steppe und Grasland. Immer wieder erhascht man einen Blick auf einzelnen Jurten, auf mongolische Familien mit ihren Pferde- und Ziegenherden. Etwas ganz Besonderes ist es aber, einen der selten gewordenen Dschiggetai, eine Art des Asiatischen Esels, zu entdecken.

China kommt nun in Sicht, und bald kann der Reisende das einzige menschliche Bauwerk, das man selbst aus dem All erkennen kann, bestaunen: die Große Mauer. Dann gelangt die Transsib an ihr Ziel, Peking. Nach der Ruhe Sibiriens und der Mongolei ein Kulturschock und doch der aufregende Abschluss einer abwechslungsreichen Reise.

Die traditionellen Zelte der Nomaden in West- und Zentralasien, die Jurten, säumen auch die Strecke durch die Wüste Gobi.

EASTERN & ORIENTAL EXPRESS

DER EASTERN & ORIENTAL EXPRESS

In vier Tagen von Bangkok nach Singapur

Wer es schnell liebt, ist im Eastern & Oriental Express falsch aufgehoben. Der Luxusliner, geschaffen von einem amerikanischen Geschäftsmann, mag es eher gemächlich. Eile ist auch nicht geboten, denn die Fahrt von Bangkok nach Singapur liefert traumhafte Impressionen.

Bangkok und Singapur als zwei der aufregendsten Städte Südostasiens zum Ausgangs- und Zielpunkt einer mehrtägigen Luxuszugreise zu machen, war das erklärte Ziel von James B. Sherwood, der diesen Plan nach langen Vorbereitungen und hohen Investitionen in die Tat umsetzen konnte. Seit 1993 legt der „Eastern & Oriental Express" die gut 2000 Kilometer lange Strecke zwischen Thailands Hauptstadt und Singapur zurück und verbindet dabei Großstadtflair mit unvergesslichen Naturerlebnissen und Abstechern in die historische Vergangenheit Südostasiens.

DATEN UND FAKTEN

Strecke: von Bangkok (Thailand) nach Singapur

Wichtigste Stationen: Bangkok, Kanchanaburi mit der River-Kwai-Brücke, Butterworth, Singapur

Streckenlänge: 2000 Kilometer

Fahrtdauer: 4 Tage mit 3 Übernachtungen an Bord des Zuges

Spurweite: Meterspur

Ausstattung: Der Zug verfügt über drei Restaurant-, einen Bar-, einen Salon- und einen offenen Panoramawagen sowie Schlafkabinen in dreierlei Ausführung. Insgesamt fährt der Zug mit maximal 22 Waggons.

Die Reise mit dem Eastern & Oriental Express beginnt im Zentralbahnhof Hua Lamphong und damit im Herzen von Bangkok. Südlich des Bahnhofs fließt der Chao Phraya durch die 8,5-Millionen-Einwohner-Metropole, die in ihren Anfängen nicht mehr war als ein kleines Fischerdorf am Ostufer des Flusses. 1782 wurde Bangkok durch Rama I. aus der Chakri-Dynastie zur Hauptstadt des Königreichs ernannt

und mit einem dichten Netz aus Kanälen, sogenannten Klongs, durchzogen. Diese Wasseradern dienten als Verkehrswege und Kulisse für die schwimmenden Märkte und prägten als solche das Bild der aufstrebenden Stadt, die schon bald den Beinamen „Venedig des Ostens" trug. Doch ab der Mitte des 19. Jahrhunderts verschwand ein Großteil der charakteristischen Klongs im Zuge umfassender Infrastrukturmaßnahmen, bei denen die Kanäle zugeschüttet und stattdessen Straßen und Bahnlinien errichtet wurden. Geblieben ist – neben einigen wenigen Kanälen – der Chao Phraya als Lebensader einer Stadt, deren rasanter Aufstieg zu einer der Megastädte der Welt geradezu schwindelerregend ist.

Provinz Kanchanaburi

Kanchanaburi
Nakhon Pathom
Wang-Po-Viadukt
Bangkok

Ratchaburi

2073

Phetchaburi

MYANMAR

Hua Hin

Bucht von Bangkok

Chanthaburi

KAMBODSCHA

Prachuap Khiri Khan

GOLF VON THAILAND

Bang Saphan

VIETNAM

THAILAND

Chumphon

Lang Suan

Ko Samui

Surat Thani

Ban Na Sam

Nakhon Si Thammarat

SÜDCHINESISCHES MEER

Thung Song

Phuket

Phatthalung

Hat Yai

ANDAMANISCHES MEER

Kota Baharu

N

Alor Setar

Kelantan

Kuala Terengganu

50 km
www.huber-medien.de

Butterworth

George Town

Penang

2171

Taiping

Ipoh

2187

MALAYSIA

Kampar

Kuantan

2107

Pahang

2404
Gunung Leuser

Medan

Kuala Lumpur

Seremban

Segamat

Danau Toba

Malakka

Keluang

Straße von Johor

Sumatra

Straße von Malakka

Johor Baharu
Singapur

INDONESIEN

SINGAPUR

Es lohnt sich, vor Antritt der Zugreise ausreichend Zeit für die Besichtigung von Bangkok einzuplanen. Allein in dem historischen Stadtbereich zwischen Hauptbahnhof und Flussufer reiht sich ein Großteil der wichtigsten Sehenswürdigkeiten aneinander, so zum Beispiel der Große Palast, das Nationalmuseum und der Wat-Pho-Tempel mit der 46 Meter langen Statue eines liegenden Buddhas. Alle, denen die Zeit für ausgiebige Stadterkundungen fehlt, können sich einen fantastischen Überblick über Bangkok verschaffen, wenn sie eine der Aussichtsplattformen auf den Hochhäusern besuchen. Der Ausblick vom 63. oder gar 83. Stockwerk eines Skyscrapers über die Millionenmetropole ist der angemessene Auftakt für ein exklusives Reiseabenteuer, das in vier Tagen von Thailands Hauptstadt nach Singapur führt.

Gepflegte Eleganz ist auch bei der äußeren Gestaltung der Waggons oberster Grundsatz.

EIN LUXUSZUG FÜR SÜDOSTASIEN

Der Eastern & Oriental Express, dessen Name in goldenen Buchstaben auf den grün-beigen Waggons erstrahlt, verlässt den Hauptbahnhof von Bangkok am späten Nachmittag. Bevor sich die Reisenden das erste Mal beim Dinner von den kulinarischen Künsten der Köche an Bord des Luxuszuges überzeugen können, bleibt Zeit für einen Begrüßungsdrink und die Einrichtung in den klimatisierten Schlafkabinen, die am Tage zu Abteilen mit bequemen Sitzgelegenheiten umgewandelt werden. Doch die meiste Zeit verbringen die

Reisegäste erfahrungsgemäß in den „gesellschaftlichen" Salons wie den Speise- oder Barwaggons oder im offenen Observation Car, der mit einem Sitzbereich im Freien aufwartet.

Es war kein leichtes Unterfangen, den Eastern & Oriental Express auf die Schiene zu bringen, doch James B. Sherwood, der bereits den Venice Simplon-Orient-Express und die Great North Eastern Railway ins Leben gerufen hatte, führte zähe Verhandlungen mit den verantwortlichen Bahngesellschaften von Thailand und Malaysia, die schlussendlich zum Erfolg führten. Auf der Suche nach angemessenen Waggons wurde Sherwood in Neuseeland fündig, wo der in den 1970er-Jahren in Japan gefertigte Luxuszug „Silver Star" auf neue Einsatzmöglichkeiten wartete. Bevor die 24 erworbenen Waggons in ihrem neuen Einsatzgebiet in Südostasien ins Rollen kamen, wurden sie von der in Neuseeland üblichen Kap-Spur (1067 Millimeter) auf Meterspur umgebaut, einer technischen General-überholung unterzogen und neu ausgestattet. Aufwendige Holzvertäfelungen, Intarsien, Lackdekors, edle Stoffe und Teppiche sorgen für ein höchst exklusives Ambiente, das den anderen Zügen von Belmond Ltd. in nichts nachsteht. Und während der Zug Bangkok gen Westen verlässt, haben die Zuggäste Gelegenheit, sich von dieser zeitlosen Eleganz des Luxuszuges zu überzeugen.

Reisfelder, Zuckerrohr- und Baumwoll-plantagen säumen den Weg –
Thailand wie aus dem Bilderbuch.

Aufwendige Holzvertäfelungen, Intarsien,
Lackdekors sowie edle Stoffe und Teppi-
che sorgen für ein exklusives Ambiente.

DIE THAILAND-BURMA-EISENBAHN

Dem Bau der 415 Kilometer langen „Todeseisenbahn" in Thailand und dem damaligen Burma ging 1940/41 eine Großoffensive Japans in Südostasien voraus, der binnen weniger Monate Indonesien, die Philippinen, Malaysia, Singapur, Thailand und Burma zum Opfer fielen. Nun geriet Britisch-Indien ins Visier der Japaner, die dafür jedoch ihre Streitkräfte in Burma mit Waffen und anderen militärischen Ausrüstungen versorgen mussten. Der Seeweg über die Straße von Malakka barg zu viele Gefahren, und so entschied man sich zum Bau einer Bahnstrecke, durch die das thailändische und burmesische Eisenbahnnetz miteinander verknüpft werden sollten. Dieser Entschluss sollte zum Auftakt für eines der schlimmsten Kriegsverbrechen Japans werden. Etwa 250 000 Zwangsarbeiter aus ganz Südostasien und rund 60 000 alliierte Kriegsgefangene – Australier, Briten und Niederländer – mussten mit einfachsten Mitteln und unter martialischen Bedingungen die Trasse in den Dschungel schlagen. 16 Monate dauerte der Bau – und kostete etwa 90 000 Zwangsarbeitern und 12 000 Kriegsgefangenen das Leben. Sie starben an Hunger und Entkräftung, Tropenkrankheiten, durch Schikanen oder alliierte Luftangriffe.

Dieses Kriegsverbrechen, für das es bis heute von japanischer Seite kein offizielles Eingeständnis gibt, hat sich vor allem durch den berühmten Roman „Die Brücke am Kwai" ins kollektive Gedächtnis gebrannt. Von 415 Kilometern Strecke sind heute noch 131 Kilometer auf thailändischer Seite befahrbar. Der Rest wurde abgebaut, gesprengt oder von der dichten Vegetation des Dschungels überwuchert.

Die aus Literatur und Film berühmt–berüchtigte Brücke am Kwai.

ABSTECHER ZUR BRÜCKE AM KWAI

Am ersten Tag der viertägigen Reise legt der Eastern & Oriental Express nur gut 70 Kilometer bis zum Bahnhof Nong Pladuk zurück, wo die Gäste ihre erste Nacht in den Kabinen des Zuges verbringen. Es war der 5. Juli 1942, als Japaner in Nong Pladuk den Null-Kilometer-Stein der 415 Kilometer langen Thailand-Burma-Eisenbahnstrecke setzten, deren Bau angesichts der unvorstellbar hohen Opferzahlen eines der grausamsten Kriegsverbrechen Japans darstellt (siehe Exkurs).

Schon im Morgengrauen des nächsten Tages verlässt der Zug Nong Pladuk wieder, um Kanchanaburi anzusteuern. Die 30 000-Einwohner-Stadt mag vielen zunächst kein Begriff sein, wohl aber die 320 Meter lange Eisenbahnbrücke, die hier über den Oberlauf des Mae Klong – Khwae Yai genannt – führt. Eben jene Brücke erlangte durch Pierre Boules Roman „Die Brücke am Kwai" und dessen Verfilmung weltweite Berühmtheit. Neun Monate litten und starben Kriegsgefangene und Zwangsarbeiter hier, um zwei parallel verlaufende Brücken über den Fluss zu spannen: eine hölzerne Versorgungsbrücke und eine Verkehrsbrücke aus Eisen. Beide Bauwerke wurden durch alliierte Luftangriffe zerstört und nur Letztere so weit instandgesetzt, dass sie heute wieder von Zügen befahren werden kann.

Die Gäste des Eastern & Oriental Express verlassen am Morgen ihre Abteile und begeben sich auf ein Boot, das sie auf dem träge dahinfließenden Wasser bis an die berühmte Brücke über den Khwae Yai und weiter nach Kanchanaburi bringt, wo ein im Wat-Chai-Chumphon-Tempel untergebrachtes Kriegsmuseum und eine Kriegsgedenkstätte in Form Tausender Gräber die Erinnerungen an den Bau der Todeseisenbahn wachhalten. Noch vor der erdrückenden Mittagshitze verlässt der Zug samt seiner Passagiere, die sich nach einer kurzen Erfrischung auf einen Lunch in den angenehm klimatisierten Speisewaggons freuen dürfen, den Bahnhof von Kanchanaburi und nimmt Kurs gen Süden auf.

DURCH THAILANDS SÜDEN NACH MALAYSIA

Für viele Kilometer folgt der Eastern & Oriental Express nun dem Verlauf des Mae Klong, lässt Reisfelder, Zuckerrohr-, Ananas-, Kokos- und Baumwollplantagen hinter sich. Rund 1100 Kilometer sind es bis zum nächsten Etappenziel Butterworth in Malaysia, das am Mittag des dritten Tages erreicht wird. Doch bis dahin durchfährt der Zug acht Provinzen, die sich an den Golf von Thailand schmiegen und mit einer atemberaubend schönen Landschaft aufwarten, wobei die Trasse mitunter ganz nah an der

Nachfolgende Doppelseite: Ein besonders schönes Stück Natur bietet die Strecke zwischen Butterworth und Singapur.

Küstenlinie mit ihren fantastischen Sandstränden vorbeiführt. In der Provinz Prachuap Khiri Khan sind dies zum Beispiel Hua Hin, das älteste Seebad Thailands, oder der berühmte Strand Ao Manao, der an einer der schmalsten Landmassen Thailands liegt: Nur 15 Kilometer trennen den Strand von der Grenze zu Myanmar.

In Hat Yai in der Provinz Songkhla verzweigt sich die Bahnstrecke. Der Eastern & Oriental Express entfernt sich nun vom Golf von Thailand und steuert gen Westen der Straße von Malakka entgegen. Es gibt keinen Seeweg auf der Welt, der in den letzten 20 Jahren mehr an Bedeutung gewonnen hat als diese 800 Kilometer lange Meerenge, die zwischen der Malayischen Halbinsel im Osten und Indonesien im Westen verläuft und die Verbindung zwischen der Andamanensee und dem Südchinesischen Meer herstellt. Pro Tag werden auf der Wasserstraße rund 15 Millionen Barrel Öl und mehr als 60 000 Container (TEU) transportiert – mit steigender Tendenz. Doch bevor die Zuggäste mit Singapur einen der

Am Ziel einer wunderbaren Reise: Singapur, zwischen Tradition und Moderne.

wichtigsten Umschlagplätze des maritimen Welthandels erreichen, unternehmen sie mit Butterworth und George Town, das 1786 von Händlern der Britischen Ostindien-Kompanie am Ostufer der Insel Penang gegründet wurde, noch einmal einen Ausflug in die Vergangenheit Südostasiens.

Auch Butterworth und George Town spielen als Verkehrsknotenpunkte und Handelszentren eine nicht unbedeutende Rolle. Doch die meisten Touristen interessieren sich nicht für George Town als Warenumschlagplatz, sondern kommen wegen der einzigartigen Mixtur aus Kulturen, Nationen und Religionen, die architektonisch, gastronomisch und sprachlich allgegenwärtig ist. Nirgendwo wird dies deutlicher als in der „Straße der Harmonie", wo sich zwei Moscheen, ein Hindu-Tempel, drei buddhistisch-taoistische Tempel und eine christliche Kirche wie an einer Perlenschnur aneinanderreihen.

SINGAPUR – KRÖNENDER ABSCHLUSS DER REISE

Wenn der Eastern & Oriental Express am späten Nachmittag den Bahnhof von Butterworth verlässt, beginnt die letzte Etappe, die noch einmal rund 750 Kilometer Strecke umfasst. Nur wer die Nacht nicht schlafend im bequemen Bett des Zuges verbringt, kann mitverfolgen, wie sich der Luxuszug durch die malaysische Hauptstadt Kuala Lumpur bewegt. Für alle anderen gibt es am nächsten Morgen vom Zugfenster aus ein letztes Highlight zu erleben, wenn die Diesellokomotive mit ihren 22 angehängten Waggons die Straße von Johor und damit die Grenze zwischen Malaysia und dem Inselstaat Singapur überquert. Die viertägige Reise mit dem Eastern & Oriental Express endet zwar am Bahnhof Woodlands, doch dies sollte der Auftakt für die Erkundung einer ungemein faszinierenden Stadt sein, die ihresgleichen sucht. Wo sich auf einer verhältnismäßig kleinen Fläche Kolonialbauten mit hochmodernen Wolkenkratzern ablösen, Kirchen und Tempel nebeneinander bestehen und Naturreservate einen wunderbaren Ausgleich zu den hektischen Stadtvierteln bieten, wird eine fantastische Zugreise zum Abschluss gebracht, dank derer die Gäste in vier Tagen eine unglaubliche Bandbreite Südostasiens erleben durften.

DIE YUNNAN-BAHN

Eines der ehrgeizigsten Bahnbauprojekte der Geschichte

Mit Kosten von etwa 170 Millionen Francs in Gold galt die Yunnan-Bahn als ein ausgesprochen aufwendiges koloniales Prestigeobjekt der Franzosen.

Unbestritten eines der ehrgeizigsten und spektakulärsten kolonialen Eisenbahnprojekte des vergangenen Jahrhunderts ist der Bau der Yunnan-Bahn vom vietnamesischen Haiphong ins chinesische Kunming. In den chinesischen Streckenabschnitten ist die Landschaft von engen Flusstälern und steilen Schluchten geprägt, die über zahlreichen Brücken überwunden werden. Die Yunnan-Bahn wurde seinerzeit mit Jahrhundertprojekten wie dem Panama- und dem Suezkanal verglichen – nicht zu Unrecht, wenn man sich allein die gewaltigen Kosten vergegenwärtigt: Knapp 170 Millionen Franc in Gold soll das Projekt verschlungen haben.

DATEN UND FAKTEN

Ursprüngliche Strecke: von Haiphong, Vietnam, bis nach Kunming, China

Streckenlänge: rund 855 Kilometer

Wichtigste Stationen: Haiphong, Hanoi, Yên Bái, Lào Cai, Hekou, Honghe, Kunming

Spurweite: Schmalspur (Meterspur)

Besonderheiten: Alleine im 465 Kilometer langen Streckenabschnitt in China überwindet die Trasse über 1900 Höhenmeter und wartet mit mehr als 100 Brücken und 155 Tunneln auf.

Hinweis: Aus Sicherheitsgründen verkehrt die Yunnan-Bahn zurzeit nur zwischen Haiphong und der Grenzstadt Lào Cai.

Der erste Streckenabschnitt auf vietnamesischer Seite führt entlang des Roten Flusses.

Die Yunnan-Bahn ist nicht nur ein Meilenstein in der Geschichte des Eisenbahnbaus, sie ist zugleich ein Querschnitt durch alle historisch relevanten Stationen der Geschichte Indochinas. Bereits Mitte des 19. Jahrhunderts waren die Begehrlichkeiten auf das chinesische Hinterland bei den französischen und englischen Kolonialherren groß, denn hier waren kostbare Rohstoffe und riesige Absatzmärkte für europäische Industrieprodukte zu erschließen. Für die Franzosen war die Öffnung der unwegsamen Bergregionen von besonderer Relevanz, da sich die Häfen größtenteils in britischer Hand befanden und ihnen die Seewege daher für den Handel verschlossen blieben. Aber auch die Briten hatten ein Eisenbahnprojekt in Planung: Von der jungen britischen Kolonie Burma sollte eine Bahn ins chinesische Yunnan führen ...

Letztendlich entschieden die Franzosen das Rennen für sich. Auguste François war von 1896 bis 1905 französischer Konsul der Provinz Yunnan und trieb als Leiter der Kommission der Yunnan-Bahn das Bauprojekt voran, erkundete persönlich mögliche Streckenvarianten und verhandelte mit der chinesischen Qing-Dynastie. Der aus einer Familie des französischen Bildungsbürgertums stammende François sprach chinesisch, war mit den Bräuchen vertraut und genoss hohes Ansehen bei den chinesischen Eliten. 1901 waren die Verhandlungen über den Eisenbahnbau abgeschlossen und die Zustimmung der französischen Nationalversammlung eingeholt. Die „Kunming Haiphong Eisenbahngesellschaft" wurde gegründet und das nötige Kapital an der Pariser Börse akquiriert, sodass der Bau eines der aufwendigsten Eisenbahnprojekte der Kolonialzeit Indochinas beginnen konnte.

ÜBER HÖCHSTE HÖHEN UND DURCH TIEFE TÄLER –
DER BAU DER YUNNAN-BAHN

Nur zwei bis drei Meter Abstand liegen in dicht besiedelten Regionen wie hier in Hanoi zwischen Wohnhäusern und Bahntrasse.

Im ersten Streckenabschnitt auf vietnamesischer Seite verliefen die Bauarbeiten recht zügig, denn die Trasse führte entlang des Roten Flusses und bot damit recht günstige topografische Bedingungen. Im Bergland von Yunnan hingegen wurden Ingenieure und Arbeiter vor wachsende Herausforderungen gestellt. Der zunächst geplante Streckenverlauf durch das Tal des Xinxian-Flusses erwies sich als misslich: Zahllose Lehmhügel bereiteten geologische Probleme, zudem fehlte es an Baumaterial. Daher entschied die Gesellschaft, auf eine alternative Route durch das Tal des Nanxi-Flusses auszuweichen.

Aber auch diese Route barg Herausforderungen: Yunnan, wörtlich „südlich der Wolken", ist extrem gebirgig, die Gipfel liegen weit über 2000 Höhenmeter; der höchste Pass, den die Bahn überwinden muss, auf 2026 Meter. Und so mussten über 150 Tunnel und mehr als 170 mitunter waghalsig geplante Brücken und Aquädukte errichtet werden. An einigen Stellen wurde die Strecke buchstäblich in den Felsen hineingesprengt. Die schwierigen Geländebedingungen machten auch den Transport von den benötigten Materialien und Eisenteilen für die Brücken zu einem komplizierten und gefährlichen Unterfangen. Einzelteile der Brückenkonstruktionen stammen aus Produktionen in Frankreich und wurden in wochenlangen Transporten zu den Baustellen geschafft. Zudem machten klimatische Widrigkeiten wie Überschwemmungen während der Regenzeit sowie Erdbeben den Arbeitern das Leben schwer. Immer wieder kam es zu Damm- und Erdrutschen, sodass bereits abgeschlossene Schienenabschnitte erneut in Angriff

Heute können Reisende nur noch bis in die vietnamesisch–chinesische Grenzstadt Lào Cai fahren. Von hier aus geht es weiter mit dem Minibus.

genommen werden mussten. Dennoch erreichte nach beinah übermenschlichen Anstrengungen am 13. Januar 1906 die erste Lok den Bahnhof Mengzi bei Kilometer 165. Ab hier waren die größten Herausforderungen des Geländes überwunden. Nach weiteren vier Jahren erreichten die Schienen am 30. Januar 1910 Kunming. Die offizielle Streckeneröffnung wurde am 1. April 1910 im Bahnhof Kunming begangen. Es gab ein festliches Dinner mit erlesenen französischen Weinen, geschmückt von der Trikolore.

DIE GOLDENEN JAHRE DER YUNNAN-BAHN

Es verging nicht viel Zeit zwischen der Eröffnung der Strecke und dem Zusammenbruch des chinesischen Kaiserreiches. Im Jahr 1911 begann die Revolution und beendete die Regentschaft des letzten chinesischen Kaisers Puyi aus der Qing-Dynastie. Am 1. Januar wurde die chinesische Republik ausgerufen und damit das Ende des über 2100 Jahre alten chinesischen Kaiserreichs besiegelt, das seit 221 v. Chr. bestanden hatte.

Die Verhältnisse um die Yunnan-Bahn blieben indes vorläufig stabil: Sie unterstand weiterhin der französischen Verwaltung. Die Bahn wurde fleißig frequentiert, die Einnahmen stiegen, neue Bahnhöfe wurden errichtet und Personenzüge eingeführt. In den 1930er-Jahren wurden luxuriöse Züge instal-

Die dünn besiedelten Bergregionen mit ihrer einzigartigen Naturkulisse locken heute vor allem Touristen an.

liert, die Hanoi und Kunming verbanden und für hohe französische Beamte und Wirtschaftsmogule reserviert waren, die sich über einen relativ hohen Standard westlichen Komforts freuen durften.

DAS ENDE DER KOLONIALZEIT UND DIE GEGENWART DER YUNNAN-BAHN

Die Yunnan-Bahn als eines der ehrgeizigsten Projekte der ostasiatischen Kolonialherren sollte ironischerweise letztendlich zum Niedergang der Kolonialherrschaft beitragen: Als 1954 die letzten Verteidiger des kolonialen Indochina bei Điên Biên Phû geschlagen wurden, hatte die Yunnan-Bahn als Hauptversorgungslinie der Truppen der vietnamesischen Unabhängigkeitsbewegung eine entscheidende Rolle gespielt. In den folgenden zwei Jahrzehnten betrachteten China und Vietnam ihre Grenze als „Freundschafts- und Friedensgrenze", und der Bahnverkehr verlief ungestört. Ab Anfang der 1970er-Jahre kam es jedoch immer häufiger zu gewaltsamen Grenzzwischenfällen, beide Staaten sahen den jeweils anderen in der Rolle des Aggressors. Nach dem Sturz der Roten Khmer in Kambodscha durch die vietnamesischen Streitkräfte Anfang des Jahres 1979 brach der chinesisch-vietnamesische Krieg aus. Im Delta des Roten Flusses und den Ausläufern des Yunnan-Gebirges wurde besonders erbittert gekämpft. Die drei Wochen andauernden blutigen Gefechte mit hohen Verlusten auf beiden Seiten machten auch vor der Yunnan-Bahn nicht halt, denn aus strategischen Gründen zerstörte man Teilstücke der Trasse. So wurde zum Beispiel die Grenzbrücke zwischen

Lào Cai und Hekou gesprengt, womit die Yunnan-Bahn als ursprüngliche Verbindung zwischen Vietnam und China in zwei Teilabschnitte zerfiel.

Die Annäherung zwischen China und Vietnam verlief schleppend. Bis in die 1980er-Jahre hinein kam es in den Grenzgebieten regelmäßig zu Übergriffen, weswegen diese für den Tourismus unzugänglich waren. Erst der Fall des Eisernen Vorhangs und das Ende des europäischen Kommunismus ermöglichten allmählich Tauwetter zwischen den Nachbarstaaten. Es sollte allerdings noch einige Jahre dauern, bis die Strecke der Yunnan-Bahn in voller Länge reaktiviert wurde. Der erste durchgehende Zug von Hanoi bis kurz vor Kunming verkehrte erst wieder im Jahr 1997. Längst waren die traditionellen Dampflokomotiven durch Dieselloks ersetzt, und auch ihre wirtschaftliche Bedeutung hatte die Yunnan-Bahn bis dahin größtenteils verloren. Doch das touristische Interesse an den dünn besiedelten Bergregionen mit ihren dichten Urwäldern, saftig-grünen Reisterrassen und faszinierenden Nationalparks nahm allmählich zu. Der Tourismus hätte eine zweite goldene Ära der Yunnan-Bahn einleiten können, aber es kam anders. In den chinesischen Abschnitten wurden die Unsummen, die die Instandhaltung verschlang, in andere Projekte investiert, und die Strecke verfiel zusehends. Immer wieder gefährdeten Erdrutsche den Betrieb, sodass der Personenverkehr auf chinesischer Seite im Jahr 2003 aus Sicherheitsgründen eingestellt wurde. Touristen können nur noch bis in die Grenzstadt Lào Cai fahren, von hier aus geht es im Minibus weiter.

Für die Bevölkerung in den chinesischen Abschnitten der Yunnan-Bahn war die Einstellung des Personenverkehrs ein herber Schlag – nicht nur in Bezug auf eine mögliche touristische Nutzung. Immer noch ist die Bahn als Verbindung zwischen entlegenen Bergregionen von großer Bedeutung. Deswegen wird die Yunnan-Trasse mit Zustimmung der Eisenbahner auch heute noch in Abschnitten von chinesischen Reisenden genutzt. Nicht im Personenwagen, sondern auf Güterwagen sitzend durchqueren die Einwohner die waldigen, nebeligen Höhen und Täler ihrer Heimat.

Ein besonderer Höhepunkt dieser Strecke ist die sogenannte „Mensch-Brücke". Der Name bezieht sich auf die Konstruktionsform, die an das chinesische Schriftzeichen für „Mensch" denken lässt. Die Brücke hat eine Spannweite von 67 Metern und führt in 100 Meter Höhe über den Sicha He. Die Konstruktion erinnert nicht zufällig an den Pariser Eiffelturm, denn die Stahlträger wurden von derselben Firma hergestellt, die auch die Stahlträger des Pariser Wahrzeichens lieferte. Heute lässt sich kaum erahnen, welche Strapazen mit dem 21-monatigen Bau der Mensch-Brücke einhergingen. Das Bauwerk liegt bei Streckenkilometer 112, die Materialien und Werkzeuge konnten aber nur bis Kilometer 82 transportiert werden. Von hier aus mussten die Arbeiter jedes einzelne Stück durch das Gebirge tragen, so auch eine 350 Meter lange und 5000 Kilogramm schwere Eisenkette.

NOCH IMMER IM EINSATZ: DIE YUNNAN-BAHN IN VIETNAM

Auf vietnamesischer Seite folgt die Yunnan-Bahn von der Grenzstadt Lào Cai dem Roten Fluss Richtung Südosten nach Yên Bái. Wälder ungeahnten Ausmaßes und mit einer faszinierenden Artenvielfalt erstrecken sich zu beiden Seiten der Bahntrasse, im Westen erhebt sich zudem die Hoàng-Liên-Son-Gebirgskette – das Dach Indochinas. Immer wieder ziehen Reisfelder und Teeplantagen vorüber, die zusammen mit den undurchdringlichen Wäldern eine schier unendliche Palette an Grüntönen bereithalten, für die Südostasien so bekannt ist.

Die Long-Biên-Brücke wurde Anfang des 20. Jahrhunderts von französischen Ingenieuren und Architekten errichtet.

Die Yunnan-Bahn begleitet weiterhin den Roten Fluss, lässt jedoch so manche enge Schleife aus, die der Wasserlauf auf seinem Weg Richtung Hanoi vollführt. Vorbei an Viêt Trì, einem industriellen Zentrum der Region, und Vĩnh Yên dringt der Zug immer weiter in urbanes Umfeld vor und kündigt damit das baldige Erreichen von Hanoi an, dessen Zentrum über die Long-Biên-Brücke erreicht wird. Die eiserne Brücke, die von französischen Architekten und Ingenieuren Anfang des 20. Jahrhunderts entworfen und errichtet wurde, ist eine der wichtigsten Lebensadern: Über sie werden Waren und Güter in die Stadt transportiert, und über sie „betreten" Reisende und Arbeitssuchende, die von den ländlichen Regionen des Landes in die Hauptstadt kommen, die Millionenmetropole. Die Hauptstadt Vietnams, die sich an die Ufer des Roten Flusses schmiegt, hat zahlreiche politische Wirren, Kriege und Bombenangriffe verkraften müssen. Heute präsentiert sich Hanoi als lebendiges Zentrum des Landes, das mit einer schönen Altstadt und zahlreichen Kulturdenkmälern aufwartet.

Noch hat die Yunnan-Bahn ihr Ziel nicht erreicht: Von Hanoi aus durchquert sie das fruchtbare Delta des Roten Flusses und steuert auf Haiphong zu, dessen wirtschaftliche Bedeutung spätestens bei einem Besuch des gewaltigen Seehafens oder des hochmodernen Messegeländes offensichtlich wird. In dem im Kolonialstil gehaltenen Hauptbahnhof endet die Reise auf einer der prestige- und geschichtsträchtigsten Eisenbahnstrecken der Welt.

Die Long-Biên-Brücke führt ins Zentrum Hanois und ist noch heute eine der Lebensadern der Stadt.

DIE VERHEERENDE OPFERBILANZ DES YUNNAN-BAHN-BAUS

Die Bedingungen, unter denen die einheimischen Arbeiter die Yunnan-Bahn bauen mussten, waren katastrophal. Die Gelände- und Witterungsbedingungen machten die Arbeit zu einer gigantischen Kraftanstrengung, schlechte Ernährung und mangelnde medizinische Versorgung taten ein Übriges. Immer wieder kam es zu Unfällen; Seuchen und Malaria griffen um sich. All das führte aus menschlicher Sicht zu einer fatalen Bilanz dieses kolonialen Prestigeobjektes: Von den 60 000 eingesetzten Arbeitern starben mehr als 12 000. Die unzumutbaren Arbeitsbedingungen sorgten immer wieder für Aufstände, die aber stets gewaltsam beendet wurden.

DIE LHASA-BAHN

Eine Fahrt in den Himmel

Um die empfindlichen Permafrostböden Tibets zu schützen und dem Zug zudem sichere Gleise zu geben, wurden diese teilweise auf Brücken errichtet.

Nicht einmal zehn Jahre ist die Lhasa-Bahn alt, und doch zählt sie längst zu den berühmtesten Eisenbahnstrecken der Welt. Nicht nur, weil die Chinesen sie bereits seit Beginn der Besetzung Tibets planten und hofften, einmal mit dem Zug das abgelegene Hochland bereisen zu können, sondern auch, weil die Möglichkeit, sie zu bauen, selbst von renommierten Ingenieuren lange angezweifelt wurde. Nun ist sie fertig, hat zahlreiche Weltrekorde gebrochen und gilt darüber hinaus als eine der landschaftlich spektakulärsten der Welt. Obwohl die Lhasa-Bahn offiziell erst in Xining beginnt, starten viele Reisende in Peking. Und das ist recht sinnvoll, kann sich der Körper auf diese Weise doch ganz allmählich an die Reise entlang der höchstgelegenen Eisenbahnstrecke der Welt gewöhnen.

DATEN UND FAKTEN

Name: wird als Lhasa-Bahn, Tibet-Bahn oder in China Qinghai-Tibet-Bahn bezeichnet

Strecke: Die klassische Strecke der Lhasa-Bahn verläuft von Xining in der chinesischen Provinz Qinghai nach Lhasa, der Hauptstadt Tibets bzw. der „Autonomen Region Tibet der Volksrepublik China". Sie wurde im Jahr 2014 bis nach Xigazê im Westen von Lhasa erweitert und häufig von Peking aus befahren.

Gesamtlänge: Xining – Lhasa: 1956 Kilometer

Inbetriebnahme: 1. Juli 2006

Reisedauer: 14 Stunden

Spurweite: Normalspur

Wichtigste Stationen: Golmud, Tanggula-Bahnhof

Besonderheiten: Die Lhasa-Bahn ist die höchstgelegene Eisenbahnstrecke der Welt, da sie auf 5072 Meter über dem Meeresspiegel den Tanggula-Pass überquert.

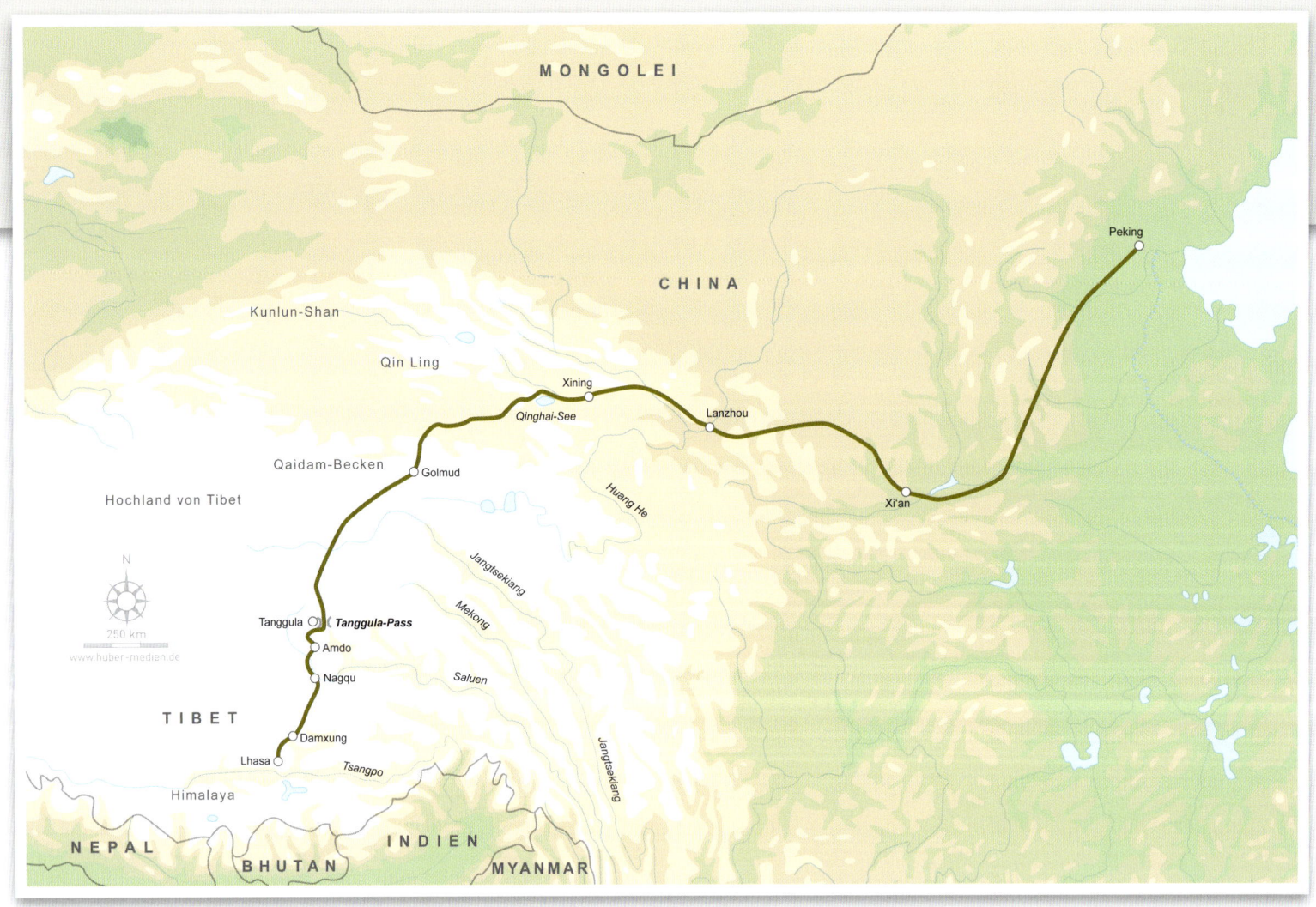

Die Tibeter sind zum Großteil genetisch bestens an ihren Lebensraum angepasst. Eine höhere Atem-frequenz schützt sie davor, in der dünnen Höhenluft der Höhenkrankheit zu erliegen. Für den Rest der Welt gilt das nicht, und so kann eine Reise in das Hochland für untrainierte Reisende durchaus belastend sein, für Kranke geradezu gefährlich. Allein deshalb ist es ratsam, die Reise mit dem Zug nach Lhasa in Peking zu beginnen, in einer Höhe von rund 63 Metern über dem Meeresspiegel. Ganz allmählich, im Verlauf von etwa 48 Stunden, wird sich der Zug von der chinesischen in die tibetische Hauptstadt, die auf 3650 Metern über dem Meer liegt, schrauben und dabei insbesondere den auf 5072 Metern ü. M. gelegenen Tanggula-Pass überwinden. Damit aber alle Krankheitsrisiken innerhalb des Zugs ausgeschlossen sind, werden die Abteile des Zugs, sobald dieser die 3000-Meter-Marke überfährt, mit zusätzlichem Sauerstoff angereichert. Individuelle Sauerstoffgeräte stehen jedem Fahrgast zur Verfügung, und der Zug ist mit modernster Technik, die sonst lediglich in Personen-flugzeugen eingesetzt wird, ausgestattet. Auf diese Weise gibt es beispielsweise einen ständigen Druckausgleich und vor der UV-Strahlung schützende Fensterscheiben.

EINE TECHNISCHE MEISTERLEISTUNG

Die größte Herausforderung beim Bau der Lhasa-Bahn waren die Böden Tibets. Es handelt sich in erster Linie um Permafrostböden, Böden also, die dauerhaft gefroren sind. Zumindest bleiben sie ab einer bestimmten Tiefe das ganze Jahr über gefroren, der Oberboden aber, der sogenann-te Auftauboden oder active layer, taut nämlich im Sommer durchaus auf. In Tibet entstehen auf diese Weise in den Sommermonaten kleine Teiche und Rinnsale, der Boden wird uneben, sackt ab, und es bildet sich schlimmstenfalls sogenannter Thermokarst – für Bauwerke jeder Art eine Gefahr, für eine Bahnstrecke eine extreme Herausforderung. Grundvoraussetzung für den Bau der Lhasa-Bahn war daher, den Boden unter der Bahntrasse daran zu hindern, im Sommer aufzutauen. Es ist also nicht unbedingt verwunderlich, dass Ingenieure aus aller Welt daran zweifelten, dass die Bahnstrecke nach Lhasa verwirklicht werden könnte. Doch China gab sein ab den 1950er-Jahren entwickeltes Vorhaben zum Bau der Strecke nicht auf – und fand Lösungen, dem tauenden Per-mafrost zu begegnen.

Eine der grundlegendsten Ideen zur Bewältigung des Problems adaptierten die chinesischen Inge-nieure von den traditionellen tibetischen Baumeistern: Tibetische Häuser, die auf Permafrostböden errichtet werden, gründen auf einem System von parallel zueinander verlegten Röhren, die an den

Mit ihrem Scheitelpunkt auf 5072 Metern gilt sie als die höchstgelegene Eisenbahnstrecke weltweit.

Seiten offen liegen. Auf diese Weise fegt der stets kalte Wind auf den Hochebenen auch durch die Röhren hindurch und kühlt den darunterliegenden Boden, der daraufhin nicht taut.

Bei der Lhasa-Bahn wurde dieses System in zweierlei Weise übernommen: Zum einen wurden Röhren quer zur Fahrtrichtung unter einer Schottertrasse verlegt, sodass der Wind den Boden kühlen kann, zum anderen wurden große Steinbrocken ohne verbindenden Mörtel so unter der geschotterten Bahntrasse geschichtet, dass sie ebenfalls den Wind durchlassen und zur Kühlung des Bodens beitragen. Allerdings hat sich gezeigt, dass der tatsächliche Kühleffekt deutlich geringer als der im Vorfeld errechnete war. Erste Schäden am Gleisbett in einigen Bereichen mussten mittlerweile von der chinesischen Bahn eingestanden werden. Darüber hinaus bergen die geschichteten Schotter-Gesteins-Trassen eine weitere Gefahr: Jeder durchfahrende Zug löst aufgrund der Erschütterungen Gesteinsmaterial aus der Trasse – sie muss beinahe fortwährend instand gehalten werden.

Dagegen scheint die Kühlung des Bodens mittels Thermosiphons – wie auch in anderen Regionen mit Permafrostböden üblich –, die an besonders heiklen Stellen beidseits der Gleise eingesetzt werden, deutlich beständiger und sicherer zu sein. Es handelt sich um 10 000 Stahlstäbe, in denen das Kühlmittel

Ammoniak einzig durch Verdunstung und Schwerkraft bis zu drei Meter tief den Boden gefrieren lässt. Eine weitere Maßnahme war die Errichtung von Brücken statt Trassen: Auf diese Weise spenden die Brücken dem Boden Schatten, die Luft kann außerdem gut zirkulieren, und der Boden droht weniger zu tauen. Die Brücken haben darüber hinaus den Vorteil, dass sie die einzigartige Natur im Bereich der Bahngleise nicht gänzlich, sondern nur punktuell zerstören.

Es war ein Kraftakt, diese vielen verschiedenen Techniken, ergänzt um Tunnel und Zäune, die insbesondere die Yakherden, die auf den Ebenen entlang der Bahnstrecke grasen, fernhalten sollen, zu errichten. 100 000 Arbeiter arbeiteten in den vier Jahren Bauzeit an der Bahnlinie, 3,3 Milliarden Euro kostete der Bau. Dafür nutzten laut offizieller Angaben allein im ersten Monat mehr als 70 000 Personen das neue Verkehrnetz.

AUF HARTEN SITZEN ODER WEICHEN LIEGEN

Bei der Buchung des Zuges von Peking nach Lhasa wird den Reisenden empfohlen, die Kategorie „Soft sleeper" zu buchen. Das ist nicht nur die teuerste Kategorie, sondern auch die gesündeste. Denn es ist die Kategorie, in der es sich wirklich gut schlafen lässt. Die beiden anderen Kategorien „Hard Seat" und „Hard sleepers" sind deutlich günstiger, doch wer ohnehin Probleme mit der Höhenluft hat, dürfte mit zusätzlich wenig Schlaf entsprechend schlecht zurechtkommen. Unkomfortabel aber sind selbst die harten Sitze nicht.

Doch unabhängig von der Platzkategorie: Der Zug verlässt eine Stadt, die an den meisten Tagen des Jahres unter einer dicken Smogglocke gefangen ist, um von dort aus mitten in den Himmel hineinzufahren. Und das ist ein besonderes Erlebnis, ob nun hart oder weich sitzend.

Zuvor sollte man sich natürlich die chinesische Hauptstadt und ihre Umgebung anschauen; die Hauptattraktionen wie die Verbotene Stadt mit dem Kaiserpalast, die Altstadt, die Große Mauer vor den Toren Pekings, der Sommerpalast, in dem sich beispielsweise das bezaubernde Marmorboot und die spektakuläre Gaoliang-Brücke finden, dürfen alle nicht fehlen, doch noch viel spannender ist es häufig, einen kleinen Tempel wie den des Schlafenden Buddha (Wofo-Tempel) zu besuchen oder eine chinesische Apotheke, in der die Arzneien der Traditionellen Chinesischen Medizin angeboten werden. Auch auf das moderne Peking sollte man sein Augenmerk richten, ist doch beispielsweise die neue Pekinger

Oper ein Kleinod unter den Konzerthäusern der Welt, auch architektonisch. Wer sich schon einmal auf Tibet einstimmen möchte, der besucht den Lama-Tempel, den größten seiner Art außerhalb Tibets. Er birgt in seinem Innern eine 18 Meter hohe Buddhastatue, die aus dem Stamm eines Sandelholzbaumes herausgeschnitzt wurde.

Von Peking aus durchfährt der Zug zunächst die Ebenen der Provinz Hebei mit ihrer Hauptstadt Shijiazhuang, bei der es sich allerdings nicht lohnt, genauer hinauszuschauen, doch bald erreicht die Bahn die Gebirge der Provinz Shanxi und gelangt schließlich in die Ebenen des Huáng Hé, des Gelben Flusses. Obwohl seine Länge mit den unterschiedlichsten Kilometerzahlen angegeben wird, ist er mit mehr als 4800 Kilometern Länge der viertgrößte Fluss der Erde. Der Zug quert ihn und wird später an seinen Lauf zurückkehren, doch zunächst setzt er seine Fahrt fort, nun durch die Provinz Shaanxi entlang des Qin-Ling-Gebirgszugs. Xi'an wird durchfahren, die Fundstätte der einzigartigen Terrakotta-Armee, doch leider hält der reguläre Lhasa-Express aus Peking nicht in dieser auch sonst großartigen Stadt – wohl aber spezielle Touristenzüge. Neben den mit echten Waffen ausgestatteten lebensgroßen Tonkriegern und Pferden aus dem Grab des Kaisers Qín Shihuángdì, von denen bislang 3000 ausgegraben wurden, aber etwa weitere 5000 noch im Erdboden vergraben liegen, hat die Stadt,

Ausgangspunkt der gut 14-stündigen Fahrt ist die chinesische Hauptstadt Peking. Zahlreiche Sehenswürdigkeiten in der Metropole selbst sowie vor den Toren der Stadt – wie die Große Mauer – laden zu ausgiebigen Sightseeing-Touren vor Reiseantritt ein.

die einst den Ausgangspunkt der Seidenstraße bildete, eine Vielzahl weiterer architektonischer Meisterwerke zu bieten. Xi'an ist eine der wenigen Städte entlang der chinesischen Bahntrasse, die nicht vornehmlich kommunistische Plattenbauten mit ein paar Tempeln kombiniert, sondern eine einzigartige Altstadt, Stadtmauer und herrliche Tempel vorzuweisen hat.

Das gilt leider nicht für Lanzhou. In Lanzhou, direkt an dem für seine Verhältnisse noch recht schmalen Gelben Fluss, hat die Bahn bereits beinahe 1500 Kilometer überwunden und eine Höhe von über 1500 Metern erreicht. Ansonsten sieht

Weltruhm hat die sogenannte Terrakotta-Armee aus dem Grab des Kaisers Qin Shihuángdì erlangt.

die Stadt wie die meisten, an denen der Zug gehalten hat, aus: Hochhäuser kennzeichnen das Zentrum, Plattenbauten den Stadtrand. Hin und wieder zeigt sich ein Tempel, doch der kann den industriellen Charakter der Stadt kaum mindern, abgesehen vom Wasserradpark, der anhand einiger alter Wasserräder die Bewässerungstechnik des Landes in vergangenen Zeiten demonstriert und ein kleines Idyll ist. Doch den kann man vom Zug aus nicht sehen, und hier auszusteigen würde sich kaum lohnen, sodass man also weiter durch schöne Landstriche aus Reis- und Maisfeldern und umgeben von Bergen bis nach Xining fährt, wo die eigentliche Lhasa-Bahn beginnt.

VON XINING NACH LHASA

Xining, am Huangshui-Fluss, dem wichtigsten Nebenfluss des Huáng Hé, gelegen, ist die Hauptstadt der Provinz Qinghai. Hier siedelten bereits in der Jungsteinzeit Menschen und bauten an den fruchtbaren Ufern des Flusses erstmals Feldfrüchte an. Das hat sich bis heute nicht geändert, auch wenn Xining selbst eine Großstadt mit weitaus mehr als 2 Millionen Einwohnern ist. Selbst bereits auf mehr als 2200 Metern gelegen, erheben sich im Norden die Gipfel des Nan Shan, einem Hochgebirge, das sich teils deutlich mehr als 6000 Meter in den Himmel reckt und direkt in das tibetische Hochland übergeht. Wer erst in Xining in den Zug nach Lhasa steigt oder hier einen längeren Aufenthalt plant, der sollte sich die Matisi-Grotten bei Zhangye nicht entgehen lassen. Es handelt sich um buddhistische Höhlentempel im nordöstlichen Teil des Gebirges, die in den Fels gehauen und mit herrlichen Pagoden geschmückt wurden. 337 Kilometer sind sie von Xining entfernt, doch der „Abstecher" dorthin lohnt, zumal auch der Zhangye-Danxia-Geopark mit seinem Gestein nie gesehene Ansichten zeigt. Je nach Sonnenstand nämlich erstrahlen die unzähligen Gesteinsschichten in knalligen, das gesamte Farbspektrum abdeckende leuchtenden Farben.

Wenige Kilometer hinter Xining fährt der Zug am Qinghai-See entlang, dem größten Salzsee der Erde. Das Panorama ist atemberaubend. Karge Weiden und fruchtbare Rapsfelder wechseln einander vor dem Hintergrund des Sees auf der einen und schneebedeckten Gipfeln auf der anderen Seite ab. Alljährlich wird hier um den See ein Radrennen ausgetragen, das auch international zunehmend an Bedeutung gewinnt.

Der Zug macht sich nun am Südrand des Gebirges auf den Weg nach Tibet und erreicht bald den nächsten Halt, Golmud. Wüste kennzeichnet die Umgebung der Stadt und auch bereits seit Längerem die Bahnstrecke: Das Qaidam-Becken, an dessen südlichem Rand sich Golmud befindet, liegt durchschnittlich 3000 Meter über Meeresniveau und ist von Wüste, Wüstensteppe und zahllosen Salzseen geprägt, von denen der größte, der Dabsan Hu, direkt an der Bahnstrecke ist. Regen ist hier äußerst selten, dafür sorgen im Süden die bis zu 7000 Meter hohen Gipfel des Kunlun Shan und im Norden die 6000er von Altun Shan und Nan Shan. Sie halten die Regenwolken in der Regel davon ab, bis zu der trockenen Senke vorzudringen. Je nach Sonnenstand kennzeichnen gelblich-rötliche Sand- und Steinhügel die Landschaft – nach den fruchtbaren Feldern am Qinghai-See ein extremer Kontrast.

Bald hinter Golmud ändert der Zug nun allmählich seine Hauptrichtung: Statt wie bisher nach Westen schlägt die Bahn nun eine süd-südwestliche Richtung ein. Sie steuert nun direkt auf das Zentrum des tibetischen Hochlands beziehungsweise offiziell der Qinghai-Tibet-Hochebene zu. Dazu muss zunächst der Kunlun-Pass auf 4772 Metern gequert werden. Gletscher und steile Abhänge kennzeichnen das Gebiet. Beinahe 2000 Höhenmeter werden auf nur 160 Kilometern bewältigt: Die meisten Reisenden greifen hier erstmals zum Sauerstoffgerät, um sich das Atmen zu erleichtern. Belohnt werden sie dadurch, dass sie nun in die Gefilde der Seligen, ins Paradies des Taoismus, eintreten beziehungsweise durch es hindurchfahren. Es ist der Ort, an dem der Mensch laut chinesischer Mythologie Unsterblichkeit erlangen kann und an dem die Unsterblichen, die Xian, leben.

Nachfolgende Doppelseite: Wer sich auf den Weg von Peking nach Lhasa macht, der erlebt – wenn auch unter strenger Bewachung – eine faszinierende Berglandschaft auf dem Dach der Welt.

An der Anwesenheit der Xian – oder an der Kargheit und Abgeschiedenheit des Landstrichs – mag es auch liegen, dass die sich anschließende Region, Hoh Xil, die bevölkerungsärmste Chinas ist. Das gilt jedoch nur in Bezug auf den Menschen, Tiere tummeln sich in dem Naturschutzgebiet zuhauf. Etwa 230 Wildtierarten – darunter Wildesel, die seltene Tibetische Antilope und die Tibetische Gazelle – leben hier, doch das weitaus häufigste Tier ist das Yak, und zwar in seiner domestizierten wie seiner wilden Form. Die Yaks und auch Schafherden sind mit ihrer dichten Wolle an das eisige Klima der Region bestens angepasst, der Mensch dagegen ist hier oben ganz froh, dass er die Nase gar nicht aus dem klimatisierten und hermetisch abgeriegelten Zug strecken kann.

Die Lhasa-Bahn überquert den Tuotuo He, den Tuotuo-Fluss, der wegen seines an manchen Stellen roten Wassers auch Roter Fluss genannt wird. Er gilt als einer der Hauptquellflüsse des Jangtsekiang, des drittgrößten Flusses der Welt und größten Asiens. Eine 1389 Meter lange Brücke führt die Bahn über ihn hinweg.

Der Bahnhof von Lhasa ist der höchstgelegene der Welt. Die dünne Luft auf 5068 Meter verlangt den Reisenden einiges ab.

Rund 400 Kilometer hinter dem Kunlun-Pass erreicht die Bahn den höchsten Punkt der Strecke, den Tanggula-Pass. 5072 Meter über dem Meeresspiegel liegt der Pass, und doch ist das Überfahren der lange angekündigten Passhöhe beinahe enttäuschend: Die Landschaft ist traumhaft schön, am Horizont türmen sich gletscherbedeckte Gipfel auf, gelbliche Grasflächen, durchsetzt je nach Jahreszeit von Schneefeldern oder kleinen Gewässern, breiten sich davor aus, doch die Passhöhe selbst erscheint eher wie ein Hügel, den es zu überfahren gilt und auf dem die Yaks grasen. Kurz darauf hält der Zug am Tanggula-Bahnhof, dem mit 5068 Metern höchstgelegenen Bahnhof der Welt. Ein kurzer Moment bleibt für ein Erinnerungsfoto, dann müssen die Reisenden zurück in den Zug: Die chinesische Bahn möchte nicht riskieren, dass die Touristen in der dünnen Luft reihenweise in Ohnmacht fallen.

Auf den letzten gut 500 Kilometern der Strecke geht es wieder bergab: Beinahe 1500 Höhenmeter müssen erneut überwunden werden. Flüsse und Seen durchziehen die Hochebene, die Vegetation ist erst dürftig, wird aber, je mehr der Zug an Höhe verliert, wieder etwas üppiger. Bald sind es wieder Felder, die die Täler ausfüllen. Dann ist Lhasa erreicht, das Ziel der Reise. Die Großstadt, die knapp 500 000 Einwohner hat, liegt eingebettet in den weiten Talkessel des Lhasa He, des Lhasa-Flusses, der in unzähligen Armen über den Yarlung Zangbo dem Brahmaputra zuströmt. Er wird gespeist von den Gletschern des Transhimalaya-Gebirges, von dem die Stadt auch umgeben ist.

Wahrzeichen Lhasas ist bis heute der Potala-Palast auf dem Berg Mar-po-ri, der bis zum Jahr 1959, als

der 14. Dalai Lama im Zuge des Tibetaufstandes nach Indien ins Exil ging, Regierungssitz und Residenz

des Staatsoberhauptes und obersten religiösen Führers im tibetischen Buddhismus war. Obwohl der

Dalai Lama im Exil weilt, ist Lhasa nach wie vor das spirituelle Zentrum Tibets und des tibetischen

Buddhismus, und so sind es insbesondere die Pilgerwege und die Klöster – allen voran die Jokhang-

Klosteranlage –, die die wichtigsten Orte der Stadt darstellen. Das Jokhang-Kloster birgt einen für

die Tibeter besonderen Schatz, die eineinhalb Meter große vergoldete Statue des Buddha Siddhartha

Gautama, genannt Jowo Rinpoche.

Obwohl die Lhasa-Bahn nun offiziell ihr Ziel erreicht hat, muss die Bahnreise hier nicht zu Ende gehen:

Die Strecke wurde im Jahr 2014 bis ins 270 Kilometer entfernte Xigazê südwestlich der tibetischen

Hauptstadt verlängert und soll demnächst bis nach Indien ausgebaut werden.

Vermeintlich unendliche Weiten einer kargen Gebirgslandschaft versprechen ein unvergleichliches Reiseerlebnis.

EISENBAHNSTRECKEN

NORD- UND SÜDAMERIKAS

THE CANADIAN

Kilometerweite Natur und ein paar Städte

Von Toronto bis ins ferne Vancouver sind es genau 4466 Kilometer. Der erstklassige „Canadian" benötigt dafür drei Tage und vier Nächte.

Am Ontariosee beginnt die Reise, die vom Osten Kanadas in den äußersten Westen an die kanadische Pazifikküste führt. Ein ganzer Kontinent wird durchquert. Was es zu sehen gibt: in erster Linie Natur. Seen, Wälder, Flüsse, Prärie, Berge. Sehr selten wird eine Siedlung durchquert, ab und zu sieht man von Weitem eine Farm, auch Winnipeg und Edmonton liegen mit einem kurzen Stopp auf dem Weg. Doch Start und Ziel der Reise bilden zwei Metropolen, quicklebendige, laute Städte, die sich dennoch von den meisten Metropolen der Welt unterscheiden: Die Luft ist stets rein und die Lebensqualität sehr hoch, und trotz aller Wolkenkratzer haben die Städte die Natur, die sich zwischen ihnen in einer unfassbaren Fülle ausbreitet, nicht aus ihrem Inneren verdrängt.

DATEN UND FAKTEN

Strecke: quer durch Kanada von Toronto nach Vancouver

Reisedauer: 3 Tage und 4 Nächte

Verkehrstakt: dreimal wöchentlich

Gesamtlänge: 4466 Kilometer

Wichtigste Stationen: Winnipeg, Edmonton, Jasper-Nationalpark

Besonderheiten: Von den Zwischenhalts, die auf jeden Fall angesteuert werden – wie Winnipeg und Edmonton –, kann man dem Canadian an vielen Stationen zusteigen

oder ihn verlassen. Allerdings muss dies 48 Stunden im Voraus angekündigt werden, sonst fährt der Zug weiter.

Die beste Reisezeit ist der Hochsommer, denn dann wird es so weit im Norden erst sehr spät dunkel und früh wieder hell. In Bezug auf die Farben der Natur aber sind der Frühling und der Herbst spektakulärer. Der Winter ist dagegen weniger zu empfehlen: Es ist frostig kalt, und der Fahrplan gerät meist aus dem Takt.

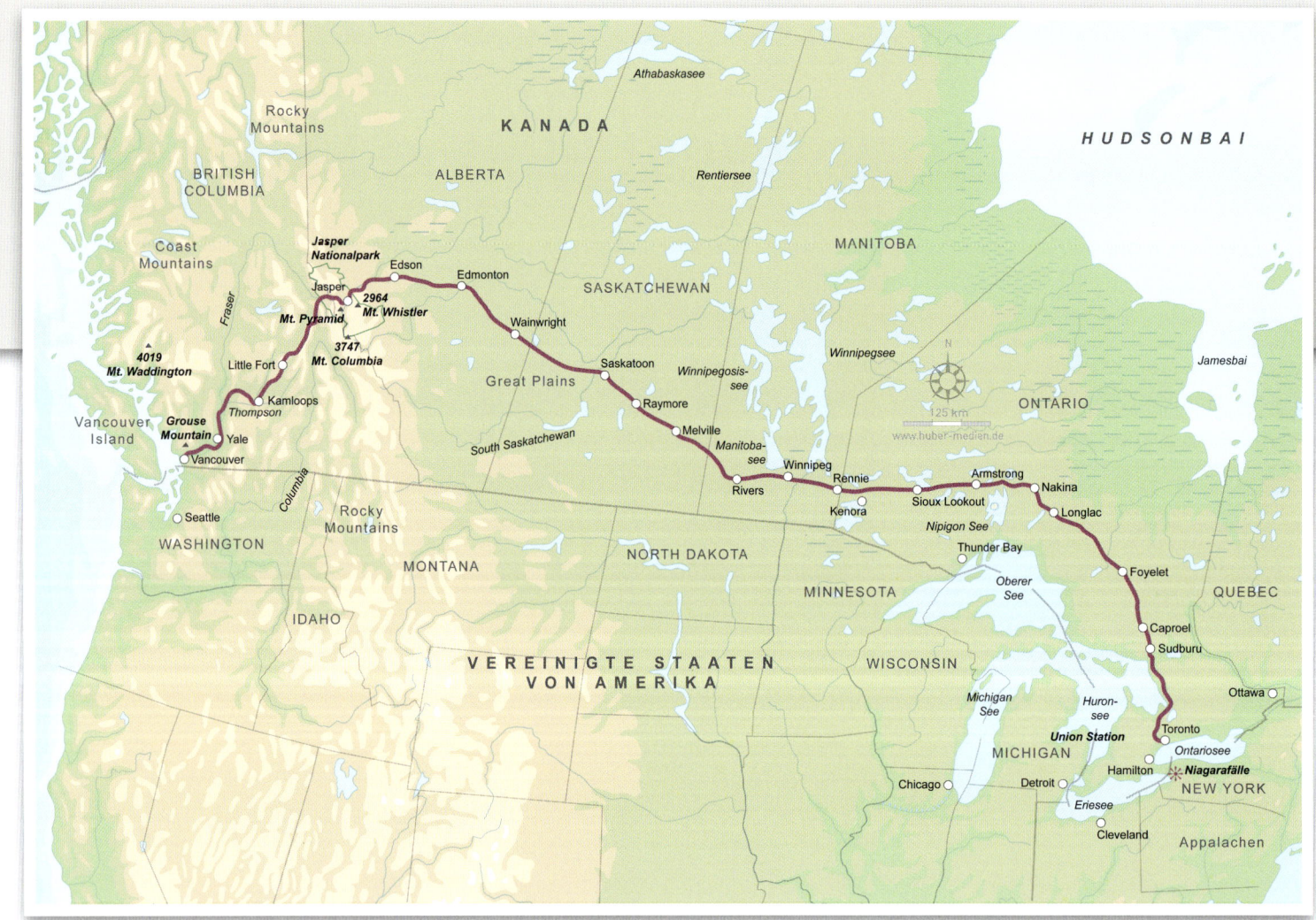

Toronto, die größte Stadt Kanadas, ist Ausgangspunkt der Zugreise mit dem Canadian. Die aufregende Skyline der Stadt mit ihren Wolkenkratzern, dem CN Tower und dem weißen Kuppeldach des Rogers Centre, der städtischen Sportarena, spiegelt sich in dem kleinsten der fünf großen Seen Nordamerikas. Doch das ist nur ein Gesicht der Stadt – das weitaus schönere Toronto macht sich jenseits der Wolkenkratzer breit. Trauliche, teils noch viktorianische Reihenhäuser und kleine Stadtvillen geben das eigentliche Bild der Stadt wesentlich besser wieder, als es die geschäftigen Wolkenkratzer tun. Bepflanzte Vorgärten unter beschattenden Laubbäumen und Familien, die im Sommer auf der Treppe vor dem Haus mit den Nachbarn plaudern, auch das ist Toronto.

Große Panoramafenster garantieren einen fantastischen Blick auf die vorbeiziehende Landschaft.

VON TORONTO NACH WINNIPEG

Traumhafte Landschaften erwarten den

Reisenden in den kanadischen Rockies.

Der Zug aber startet nahe dem Ontariosee direkt im Financial District hinter der düsteren Säulenfassade der Union Station. Es ist zehn Uhr abends, die Betten im Abteil sind gemacht – wenn man denn ein solches in der Sleeper Touring oder der Prestige Class gebucht hat und nicht den Liegesitz in der Economy Class –, und der Zug startet meist pünktlich gen Westen. Die wald- und seenreiche Landschaft der Provinz Ontario liegt vor dem Zug. Kurvenreich umrundet der Zug die unzähligen Seen und Teiche, an denen ab und zu eine Holzhütte davon zeugt, dass die Gegend in den Sommermonaten ein Paradies für Angler und Jäger ist – auch nichtmenschlicher Art. Fischermarder und Wölfe sind hier heimisch, doch es ist wesentlich wahrscheinlicher, auf reine Pflanzenfresser wie Karibu und Elch zu treffen, und Biberburgen sind fast überall präsent. Den ganzen ersten Tag verläuft die Strecke durch Ontario. Vor den großen Panoramafenstern ziehen mal Laubmischwälder, mal rauschende Flüsse und stille Seen vorbei. Ab und zu verläuft die Bahntrasse direkt durch einen See hindurch, nur Schotter und Schienen trennen den Zug vom Wasser. Noch seltener unterbricht eine kleine Siedlung die Natur, vielleicht hält der Zug sogar für ein paar Minuten, damit sich die Economy Class mit Proviant eindecken kann. Doch sind die Ortschaften nicht von Belang. Umso erstaunlicher ist es, dass es nie langweilig wird, hinauszuschauen und über das viele Grün und viele Wasser zu staunen, das sich im Verlauf des Tages durch das sich ständig wandeln-

de Licht immer neu präsentiert. Nach dem Abendessen und einem Schluck an der Bar wiegt das sanfte Schaukeln des Zugs in den Schlaf. Am Morgen hat man Ontario verlassen, durchfährt nun die Provinz Manitoba und hält bald nach dem Frühstück in Winnipeg.

DURCH DIE PRÄRIE

Gut 600 000 Einwohner zählt die Provinzhauptstadt, das knapp 650 000 Quadratkilometer umfassende Manitoba nur etwa 500 000 mehr. Viel Zeit bleibt nicht, um die Stadt zu erkunden, und so begnügt man sich damit, an den Red River zu laufen, sich ein bisschen Bewegung zu verschaffen, zumal die Innenstadt nicht besonders reizvoll ist. Der Zug rollt pünktlich in der Union Station an und durchquert nach und nach die Provinzen Manitoba, Saskatchewan und Alberta, die kanadische Prärie also. Wo einst riesige Bison- und Karibuherden ihre Wanderungen durch saftige Graslandschaften unternahmen und Indianer ihnen folgten, dehnen sich heute Weizenfelder und Rinderweiden – so weit das Auge reicht. Die drei Provinzen sind dichter besiedelt als Ontario, aber nicht annähernd mit Europa zu vergleichen. Neben einzelnen Farmen, die kilometerweit auseinander liegen, sind es insbesondere Getreidesilos, die von der Existenz der Menschen in diesen Regionen zeugen. Aber die Siedlungen werden häufiger und damit auch die möglichen Stopps des Canadian.

Nachfolgende Doppelseite: Kanadas Berge und Seen bilden eine großartige Kulisse für den Canadian.

Die Wälder sind nun größtenteils verschwunden, die Seen und Flüsse nicht. Das Gras der Prärie wiegt sich heute nicht mehr hoch im Wind, es ist recht kurz: Als eine der landwirtschaftlich bedeutendsten Regionen der Welt in Bezug auf Weizen, Rindfleisch und seit einigen Jahren auch wieder Bisonfleisch wird die Prärielandschaft intensiv genutzt.

So geht es durch Manitoba, am Abend und in der Nacht durch Saskatchewan, sodass man von dessen Hauptstadt Saskatoon nichts sieht (zumal der Bahnhof in einem Vorort liegt), gelangt noch in der Nacht nach Alberta und erreicht pünktlich zum Frühstück dessen Provinzhauptstadt Edmonton. Zwei Stunden dauert der Aufenthalt, das reicht für einen ausgiebigen Spaziergang rund um die Central Station, vielleicht auch hier zum Fluss herunter, aber viel wird man nicht von der Stadt, die auch wieder gut 800 000 Einwohner zählt, sehen.

Begegnungen mit der heimischen Tierwelt sind im Preis inbegriffen.

DURCH DIE ROCKY MOUNTAINS BIS VANCOUVER

Wieder im Zug, ist es nun bald vorbei mit den weiten Ebenen der Prärie, denn er hält nun direkt auf die Rocky Mountains zu. Es wird wieder waldiger und geht stetig bergauf. Der Zug folgt nun bis Jasper mehr oder weniger nah dem Athabasca River, der südlich der Stadt aus dem Athabasca-Gletscher entsteht. Bis Jasper, eine kleine Siedlung in einem weiten Tal der Rocky Mountains, die hauptsächlich vom Tourismus lebt, fährt der Zug durch den Jasper-Nationalpark. Mit sehr viel Glück laufen Schwarz- oder Braunbär, Elch, Waldkaribu, Dickhornschaf oder Wapiti am Fenster entlang. Immer wieder ragen die Viertausendergipfel der Gebirgskette eindrucksvoll an der Bahnstrecke und am Horizont auf. Jetzt wird der Nutzen von Panoramafenstern und Glasdach in den Skyline-Waggons offenbar: Insbesondere dann, wenn die Sonne allmählich untergeht, erlebt man im Zug ein einzigartiges Farben- und Formenspiel. Der letzte Abend ist vorbei, die letzte Nacht im Gebirge nun nicht mehr ganz so ruhig, da kann man besser sehr früh aufstehen, um auf der letzten Strecke Fahrt entlang des Fraser River Richtung Vancouver noch einmal aus dem Fenster zu schauen. Dann ist Vancouver erreicht. Nach drei Tagen im Zug hat nun jeder Gast das Bedürfnis, sich zu bewegen und frische Luft zu schnappen. Wer ausreichend Kondition hat, der kann das direkt vor der Haustür der Metropole auf dem Westcoast Trail auf Vancouver Island tun. Er gilt als einer der anstrengendsten und schwierigsten Trails in Nordamerika.

DER CALIFORNIA ZEPHYR

Auf den Spuren der frühen Siedler

Durch nicht weniger als sieben Bundesstaaten führt die Reise des California Zephyr von Chicago nach Emeryville.

In der Darstellung des antiken griechischen Dichters Hesiod zeugten Astraios und Eos – Gott der Abenddämmerung und Göttin der Morgendämmerung – die vier Windgottheiten, unter ihnen Zephyr, den „vom Berge Kommenden", der fortan den Westwind verkörperte. Der legendäre Fernzug California Zephyr trägt die griechische Gottheit in seinem Namen, und es bleibt jedem Gast selbst überlassen, ob er sich bei der Durchquerung des amerikanischen Kontinents vom Westwind tragen lassen möchte oder lieber der Westküste entgegenfährt. So oder so verspricht die Reise ein unvergessliches Bahnabenteuer, das durch sieben Bundesstaaten führt und zugleich die Erinnerung an den Bau der Transcontinental Railroad wachhält, dank derer die Besiedlung des Westens einen enormen Entwicklungsschub erfuhr.

DATEN UND FAKTEN

Strecke: von Chicago nach Emeryville
(Bucht von San Francisco)

Streckenlänge: 3924 Kilometer

Wichtigste Stationen: Chicago, Omaha, Denver,
Salt Lake City, Sacramento, Emeryville

Dauer der Reise: knapp 54 Stunden

Spurweite: Normalspur

Ausstattung: Bis zu vier diesel-elektrische Loks werden

den doppelstöckigen Personenwagen vorgespannt.
Letztere bestehen aus Sitz-, Schlaf- und Speisewagen und
einem Panoramawagen mit extra großen Fenstern.

Besonderheiten: Der California Zephyr fährt nicht bis ins
Stadtgebiet von San Francisco, sondern beendet die Reise
in Emeryville, um die San Francisco Bay nicht umfahren
zu müssen.

*Werbeanzeige aus den 1950er-Jahre der
Western Pacific für den California Zephyr.*

Der Luxus, den der California Zephyr seinen
Gästen bietet, liegt weniger in einer verschwen-
derischen und edlen Ausstattung des Zuges als
vielmehr in den zahllosen Eindrücken, die Reisende während der mehrtägigen Bahnfahrt für
sich gewinnen dürfen. Jedes Jahr nutzen rund
350 000 Menschen die Gelegenheit, die Strecke
zwischen der gigantischen Handels- und Bör-
senstadt Chicago und der kalifornischen Metropole San Francisco nicht mit dem Flugzeug,
sondern in entschleunigter Form mit dem Zug
zurückzulegen, um sich zwischen den urbanen
Höhepunkten von der Schönheit der Rocky
Mountains, der Sierra Nevada und anderer Regionen des Mittleren Westens einfangen zu lassen.

VON CHICAGO DURCH DIE KORNKAMMER
BIS IN DIE ROCKY MOUNTAINS

Der California Zephyr verlässt Chicago um zwei Uhr mittags. Er wird in den folgenden 54 Stunden insgesamt 33 Zwischenstopps einlegen, ehe er mit Emeryville an der San Francisco Bay sein Ziel erreicht. Es ist beeindruckend zu sehen, wie viele Schienenstränge in die 2,7-Millionen-Einwohner-Metropole führen: Obwohl in den 1970er-Jahren einige Fernbahnhöfe stillgelegt und auch abgerissen wurden, gilt Chicago noch immer als der größte Eisenbahnknotenpunkt der Welt. Die Union Station, wo der California Zephyr seine Gäste aufnimmt, ist ein fantastischer Auftakt der Reise, liegt sie doch im Schatten der gigantischen Hochhäuser, die sich in dem Geschäftsviertel The Loop auftürmen und Chicagos Rolle als Handels- und Finanzzentrum eindrucksvoll unterstreichen. Hier, nur wenige Hundert Meter vom Bahnhof entfernt, wurde 1848 die Chicago Board of Trade als älteste Terminbörse der Welt gegründet. Termingeschäftsverträge auf Agrarprodukte gewährten Produzenten wie Abnehmern eine gewisse Absicherung gegenüber den Preisrisiken im landwirtschaftlichen Sektor. Und damals wie heute spielte der Mittlere Westen in der Produktion

Quirlige Metropolen und einsame Landstriche – eine Fahrt mit dem California Zephyr bietet Abwechslung pur.

von Getreide und Fleischerzeugnissen, die an der Börse gehandelt wurden, eine entscheidende Rolle. Davon können sich auch die Gäste des California Zephyr überzeugen, denn der Zug führt am ersten Tag der Reise durch die Kornkammer und das „Cattle Country", das Rinderland, der Great Plains.

Bereits eine gute Stunde nach Verlassen des Chicagoer Bahnhofs wird sichtbar, was sich landschaftlich hinter dem „Brotkorb" des Mittleren Westens verbirgt: Flache Ackerflächen erstrecken sich kilometerweit gen Horizont, zwischendurch ragen die obligatorischen Farmhäuser, Silos und Ställe auf – und immer wieder kleine Kirchengebäude, die einen Eindruck von der Vielfalt christlicher Glaubensrichtungen in dieser Region geben: Katholiken, Methodisten, Presbyterianer, Lutheraner, Episkopale und andere Konfessionen.

Es ist bereits später Nachmittag, wenn sich der Zug dem Ufer des Mississippi nähert, der zugleich die Grenze zwischen Illinois und Iowa bildet. Über die Burlington Rail Bridge gelangt er über den breiten Flusslauf in die Kleinstadt Burlington, die zu Zeiten der Dampfschifffahrt als Hafenstadt von großer Bedeutung war, sich heute jedoch als Standort mehrerer Industriezweige behaupten muss.

Auch auf den nächsten 480 Kilometern wird der California Zephyr keine Großstädte ansteuern, son-

dern sich weiterhin durch agrarisch geprägtes Gebiet mit endlos reichenden Feldern und Äckern

bewegen. Erst gegen 23 Uhr erreicht er die 400 000-Einwohner-Stadt Omaha, doch die meisten

Reisenden richten sich zu dieser Zeit bereits in ihren Kabinen ein oder versuchen auf den Schlafsitzen

eine bequeme Position für die erste Nacht an Bord des Zuges einzunehmen, um am frühen Morgen

des zweiten Tages die Ankunft des Zuges in Denver nicht zu versäumen. Der California Zephyr legt

hier eine knapp einstündige Pause ein – Zeit genug, sich die Beine zu vertreten und einen Blick auf die

Kulisse der ehemaligen Goldgräberstadt zu werfen, die – nachdem die begehrten Edelmetalle nahezu

erschöpft waren – eine zwischenzeitliche Krise erlebte, aus der sie jedoch ein weiterer Rohstoff

rettete: Erdöl. Wohl jeder erinnert sich an die Erfolgsserie „Denver-Clan", die den Machtkampf von

Öl-Magnaten und ihrer Familien zum zentralen Thema machte und bei aller Fiktion eine Stadt zum

Schauplatz machte, die tatsächlich durch den Ölboom eine zweite Blütezeit erlebte, der zahlreiche

imposante Gebäude entsprangen, die noch heute das Bild der Stadt prägen.

Für die Reisenden des California Zephyr stellt sich Denver gewissermaßen auch als Demarkations-

linie dar. Östlich von Colorados Hauptstadt liegen die schachbrettartig angeordneten Agrarflächen, durchsetzt mit kreisrunden Feldern, die vom Bewässerungsfeldbau zeugen, der in dieser trockenen Region zum Einsatz kommt. Im Westen der „meilenhohen" Stadt, die genau auf 1609 Höhenmetern liegt, erheben sich die Rocky Mountains, die nun erklommen werden wollen. Auf den nächsten 80 Kilometern Strecke arbeitet sich der Zug 1200 Höhenmeter empor und erreicht dort den berühmten Moffat-Tunnel. Benannt nach seinem Konstrukteur, dem Eisenbahn-Pionier David Moffat, bedeutete die Eröffnung des Tunnels im Jahre 1928 eine enorme Erleichterung der Reisebedingungen bei der Überquerung der Rocky Mountains. Zuvor mussten sich Züge über den 3557 Meter hohen Rollinspass quälen, was nahezu einen ganzen Tag in Anspruch nahm. Der 10 Kilometer lange Tunnel, für den mehr als 1,4 Millionen Tonnen Gestein bewegt werden mussten, verkürzte die Reisezeit auf gut zehn Minuten. Während der Fahrt durch die Dunkelheit unterquert der Zug mehrere Kraterseen des James Peak Wilderness Parks, um bald darauf an der Station Fraser/Winter Park inmitten eines beliebten Skigebiets wieder in das Tageslicht einzutauchen. Die meisten Passagiere sind sich einig, dass ab dieser 2609 Meter hohen Bahnstation die schönste Etappe der Zugreise beginnt.

VON DEN ROCKY MOUNTAINS ÜBER SALT LAKE CITY BIS NACH EMERYVILLE

Wälder und Wiesen, schneebedeckte Bergkuppen, quirlige Bäche und klare Gebirgsseen prägen das Bild der Rocky Mountains, die sich von New Mexiko bis an die kanadische Grenze ziehen. Keiner der bequemen Sitze im Panoramawagen bleibt in den nächsten Stunden unbesetzt, denn die großen, bis in die Decke reichenden Fenster ermöglichen einen ungehinderten Blick auf die faszinierende Bergwelt und den Colorado River, der hier entspringt und nun ganz ungebändigt und mäandernd seinen Weg durch die Berge nimmt und auf seiner insgesamt 2330 Kilometern langen Reise bis zum Golf von Kalifornien beeindruckende Canyons durchfließen wird.

Gegen 14 Uhr erreicht der California Zephyr die kleine Ortschaft Glenwood Springs. Der Name lässt bereits erahnen, dass es hier Quellen gibt, die heißes Wasser zutage fördern, das unter anderem in dem weltweit

Halt an der Denver Union Station (links). Die Durchquerung der Rocky Mountains zählt sicherlich zu den Höhepunkten einer Reise mit dem California Zephyr.

größten Quellpool gesammelt wird. Inmitten einer beeindruckenden Bergwelt kommen Menschen aus der ganzen Welt in den Genuss, sich sommers wie winters bei konstanten 32 Grad Celsius im Quellwasser wohlzufühlen.

Die Landschaft wird nun zunehmend karger, doch damit nicht minder beeindruckend. Dafür sorgen im Umkreis der Ortschaft Grand Junction allein die imposanten Tafelberge, bestehend aus Sedimentgesteinen, auf denen vulkanisches Basalt aufliegt, oder die Sandsteinplateaus des Colorado

TRANSCONTINENTAL RAILROAD

Bevor Nordamerika mit einem transkontinentalen Schienensystem ausgestattet wurde, gab es zwei gleichermaßen beschwerliche Möglichkeiten, an die Westküste zu gelangen: per Schiff, das noch Kap Hoorn umsegeln musste, oder per Planwagen von der Ostküste aus. Erst seit 1855 eröffnete sich mit der Einrichtung der Panama Canal Railway eine Alternative, über die Landenge in Panama zu reisen. Die berühmten Planwagen-Trecks waren rund sechs Monate unterwegs und aufgrund der zu überquerenden Gebirgszüge vielen Gefahren unterworfen. Die Notwendigkeit einer Verbindung war offensichtlich, zumal Goldfunde den Westen längst zu einem begehrten Ziel gemacht hatten. 1857 entwickelte der Eisenbahningenieur Theodore Dehone Judah ein Konzept für eine transkontinentale Bahnverbindung, für das er vier Geldgeber fand, die später als die „Big Four" in die Geschichte eingehen

sollten. Sie gründeten die Central Pacific Railroad, die sich seit Anfang der 1860er-Jahre von Sacramento ausgehend nach Osten vorarbeitete, wobei die Trassierung der Sierra Nevada über den Donner Pass die größte Herausforderung darstellte, für die Tausende chinesische Arbeiter angeworben wurden. Zeitgleich kämpften sich Arbeiter der Union Pacific Railroad von Omaha aus gen Westen, sodass am 10. Mai 1869 die legendäre Zusammenführung beider Trassen am Großen Salzsee stattfinden konnte.

Man kann die Auswirkungen dieser Infrastrukturmaßnahme auf die Besiedlung des Westens der USA nicht hoch genug einschätzen: Nahm die Durchquerung des Kontinents zuvor noch Monate in Anspruch, so war sie nun binnen einer Woche und ohne große Gefahren möglich. Der Westen erlebte daraufhin einen gewaltigen Entwicklungsschub.

National Monument mit ihrem außergewöhnlich breiten Farbspektrum. Kurz hinter Green River inmitten einer wüstenähnlichen Landschaft weicht der Zug vorübergehend von seinem Westkurs ab und führt nach Norden, vorbei an Provo, das sich an das Ostufer des Utah Lake schmiegt. Der eigenwillige Provo Utah Temple ist ein erstes untrügliches Zeichen für die Besiedlungsgeschichte des Bundesstaates Utah, in dem sich der California Zephyr nun bewegt. Es waren Mormonen, die das unwirtliche Land seit den 1850er-Jahren besiedelten und nach und nach zum geografischen Zentrum ihrer Glaubensgemeinschaft anwachsen ließen. Noch heute sind rund 60 Prozent der Bevölkerung Mormonen, die sich in Salt Lake City, das sich bald hinter Provo anschließt, ihr größtes Gotteshaus errichtet haben.

Historische Aufnahme der Zusammenführung

beider Trassen am 10. Mai 1869.

Der Zug erreicht die Stadt am Großen Salzsee gegen 23 Uhr, sodass sich nur wenige Eindrücke

einfangen lassen – ebenso wie in dem gut 400 Kilometer entfernten Elko. Nordwestlich der kleinen

Stadt befindet sich mit der Goldstrike-Mine die größte Goldmine Nordamerikas, die erst 1987 er-

öffnet wurde und in der seitdem unaufhörlich Gold und Silber zutage gefördert werden.

Die endlose, steppenhafte Landschaft des Great Basin empfängt die Reisenden am Morgen des

dritten und letzten Tages. Der Zug bewegt sich nun auf die kalifornische Grenze zu, doch zuvor

legt er einen kurzen Halt in Reno ein, dessen wirtschaftliches Standbein – ebenso wie bei dem

„großen Bruder" Las Vegas – das Glücksspiel ist. Die Stadt ist kaum verlassen und der kalifornische

Bundesstaat erreicht, da schraubt sich der California Zephyr zur Eisenbahner- und Westernstadt Truckee und weiter bis zum Donner Pass hinauf, dessen Name auf ein geschichtliches Ereignis der Jahre 1846/47 zurückgeht. Damals wurden 87 Siedler unter der Führung von George Donner auf ihrem Weg gen Westen in den Bergen vom einbrechenden Winter überrascht. Monate harrten sie

unter widrigsten Bedingungen aus, 34 von ihnen kamen ums Leben. Ein Denkmal erinnert an das tragische Schicksal dieser Siedler.

Wie schon tags zuvor in den Rocky Mountains kommen die Zuggäste auch in der Sierra Nevada in den Genuss einer einmalig schönen Bergkulisse mit rauschenden Flüssen, die durch dichte Fichtenwälder zu Tal stürzen, und zu beiden Seiten der Trasse liegen malerische Seen, die gleichermaßen gern von Wassersportlern und Wanderern angesteuert werden. Es fällt nicht schwer, sich vorzustellen, dass in diesem Naturrefugium zahlreiche Tierarten heimisch sind, unter ihnen Hirsche, Luchse und Schwarzbären. Mit diesen imposanten Bildern im Gedächtnis verlassen die Zuggäste die Sierra Nevada und erreichen bald darauf Roseville und Sacramento. Bahnfreunde werden die Möglichkeit nutzen und bei nächster Gelegenheit das in Sacramento ansässige California State Railroad Museum besuchen, denn es hält mit zahlreichen wertvollen Exponaten die Geschichte des amerikanischen Eisenbahnbaus wach (siehe Exkurs S. 302).

Für die verbleibenden 140 Kilometer Strecke benötigt der California Zephyr zwei Stunden. Es ist die letzte Gelegenheit, sich die Vorzüge dieser entschleunigten Art des Reisens zu vergegenwärtigen, wenn die Landschaften gemächlich und eindrucksvoll an einem vorbeiziehen. Gegen 16 Uhr erreicht der Zug Emeryville, das die Reisenden sogleich mit einer unvergleichlich schönen Kulisse empfängt: Der Blick gleitet über die San Francisco Bay mit der Alcatraz-Insel auf die berühmte kalifornische Metropole am Pazifik, die über die Oakland Bay Bridge mit Emeryville beziehungsweise Oakland verbunden wird. Und obgleich dieses Brückenbauwerk in seinen Dimensionen konkurrenzlos ist, reist doch kein Besucher ab, ohne die zweite Brücke von San Francisco live erlebt zu haben: die Golden Gate Bridge. Sie ist bis heute zweifelsohne das Wahrzeichen einer Stadt, die dank ihrer Vielfalt und ihres Charmes zu einer der sehenswertesten Metropolen der USA zählt und als solche einen wunderschönen Abschluss der dreitägigen Reise bildet.

Durch enge Kurven, viele Tunnel und steile Canyons führt die faszinierende Strecke des California Zephyr. Von den Panoramawagen aus lässt sich die vorbeiziehenden Landschaft am besten genießen.

TREN A LAS NUBES

TREN A LAS NUBES

Der Zug in die Wolken

Bis zu 3000 Höhenmeter überwindet der
Tren a las Nubes auf seiner 217 Kilometer
langen Fahrt von Salta bis zum Viaducto la
Polvorilla.

Bereits der Name Tren a las Nubes, zu deutsch Zug in die Wolken, lässt erahnen, dass es bei dieser Fahrt hoch hinausgeht. Reisende erwartet nichts Geringeres als ein Tagesausflug in die atemberaubende Landschaft der argentinischen Hochebene und die Puna-Bergwüste, die durchsetzt sind mit architektonischen Relikten aus der Kolonialzeit. Unbestrittener Höhepunkt auch in topografischer Hinsicht ist das auf 4220 Metern Höhe gelegene Viadukt Polvorilla, das zugleich den Umkehrpunkt dieser unvergesslichen Reise bildet.

DATEN UND FAKTEN

Offizieller Name der Strecke: Ramal C14

Strecke: von Salta (1187 Höhenmeter) bis zum Viaducto la Polvorilla (4220 Höhenmeter)

Wichtigste Stationen: Salta, Campo Quijano, San Antonio de los Cobres, La Polvorilla

Streckenlänge: 217 Kilometer (einfache Strecke)

Reisezeit: April bis November, zu dieser Zeit verkehrt der Zug wöchentlich

Spurweite: Schmalspur/Meterspur

Besonderheiten: Auf seiner Reise fährt der Zug durch 21 Tunnel, überquert 29 Brücken und 13 Viadukte und überwindet über 3000 Höhenmeter.

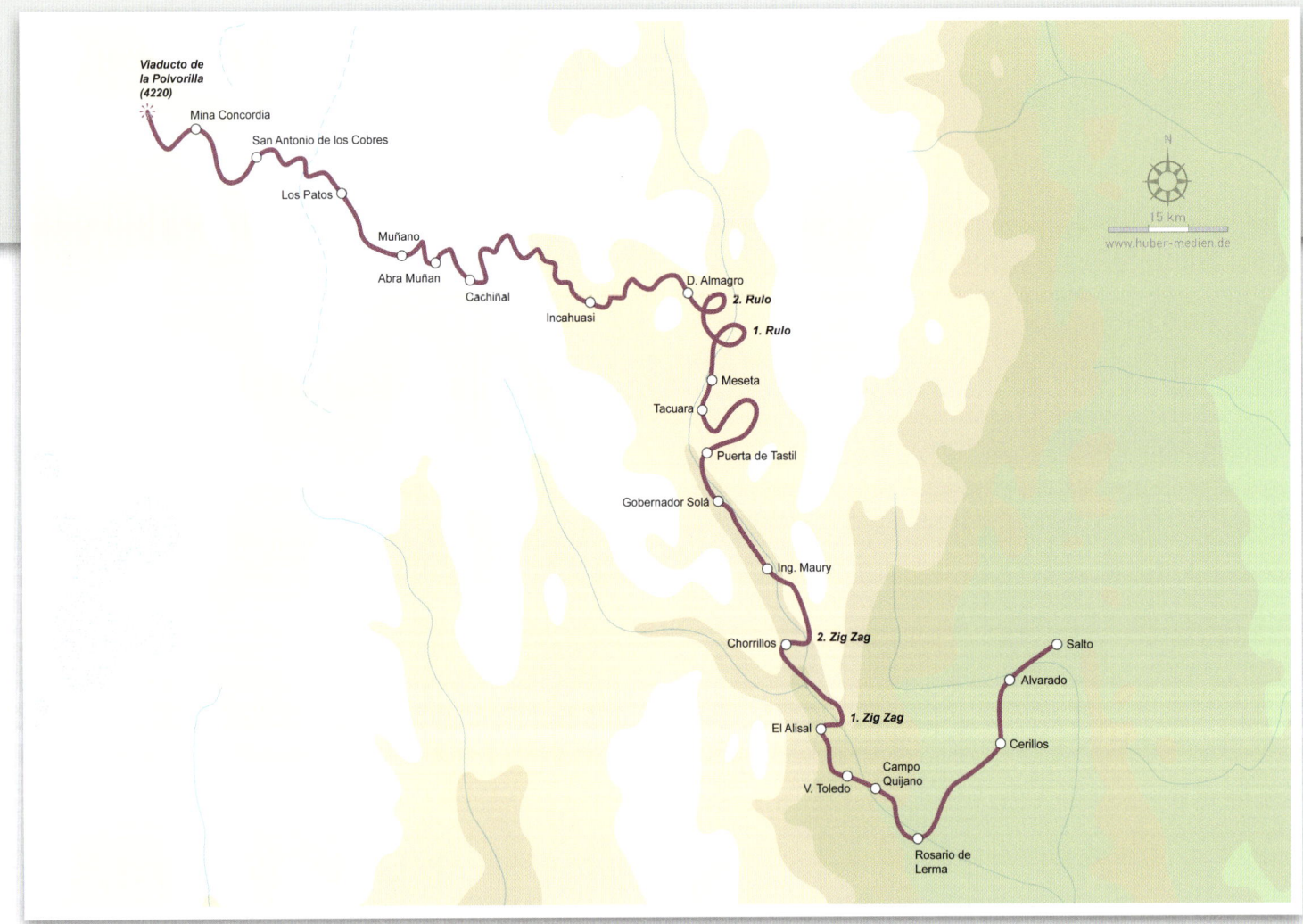

Etwa 15 Stunden dauert die Fahrt in die Anden und zurück – vorausgesetzt, alles verläuft planmäßig. 2005 mussten Zugreisende deutlich mehr Abenteuer erleben, als ihnen lieb war. Am höchsten Punkt der Strecke, dem filigranen Viadukt in La Polvorilla, rund 63 Meter über dem Erdboden, blieb die Diesellok einfach stehen. In schwindelerregender Höhe wurden die Touristen aus den Waggons evakuiert. Stundenlang warteten mehr als 500 Menschen bei eisigen Temperaturen, bis der Zug seine Weiterfahrt aufnehmen konnte. Die verantwortliche Bahngesellschaft Movitren verlor daraufhin ihre Genehmigung zum weiteren Betrieb der Bahn. Drei Jahre ruhte der Zug, bis er 2008 wieder zum Einsatz kam.

Die neue Betreiberfirma Ecotren versicherte, unter ihrer Leitung könne sich ein solcher Vorfall nicht wiederholen. 2014 wurde der Tren a las Nubes verstaatlicht und erneut stillgelegt. Doch seit April 2015 rollt er wieder und bietet somit eine einmalige Gelegenheit, die argentinischen Hochanden auf

1921 wurde mit dem Bau der anspruchsvollen Strecke begonnen. Doch erst 27 Jahre später konnte der erste Zug von Argentinien über die Anden nach Chile rollen.

Der Touristenzug durchquert die atemberaubenden Landschaft der argentinischen Hochebene.

einer unvergesslichen Tagestour mit dem Zug zu erkunden. Der diesel-elektrische Zug besitzt zehn klimatisierte und für argentinische Verhältnisse sehr komfortabel ausgestattete Erste-Klasse-Waggons. Insgesamt gibt es darin Platz für 640 Reisende. Um mit dieser Anhängelast auf 217 Kilometern einen Höhenunterschied von 3063 Metern zu überwinden, verbraucht die 2475-PS-Lokomotive pro Kilometer rund sechs Liter Dieseltreibstoff.

Über 30 000 Touristen erleben pro Jahr das Abenteuer Tren a las Nubes, und nicht wenige Individualreisende beklagen, dass der Zug, der einst Einheimischen wie Touristen als Fortbewegungsmittel diente, zu einer Touristenattraktion verkommen sei. Und tatsächlich zeigt sich spätestens am Viaducto la Polvorilla, dass kaum ein Einheimischer die Waggons verlässt, sondern Touristen aus aller Welt. Die Bewohner der kargen Bergregion tauchen hier in erster Linie als Händler und Souvenirverkäufer auf. Dieser Umstand mag die Reise für manch einen trüben, der auf ein authentisches Bahnerlebnis inmitten von Einheimischen hoffte. An den unendlich vielen Bildern und Eindrücken während dieser 15-stündigen Reise ändert das aber nichts.

RAMAL C14 – EIN TECHNISCHES MEISTERWERK

Der Tren a las Nubes verkehrt auf einem Teilabschnitt der legendären Ramal C14, die eine Schienenverbindung zwischen Salta und Antofagasta an der chilenischen Pazifikküste herstellt. Die Planung dieser anspruchsvollen Trasse über die Anden lag in den Händen des US-amerikanischen Ingenieurs Ricardo Fontaine Maury (Richard Maury). Dieser hatte 1902 sein Ingenieurstudium abgeschlossen und zunächst an der Entwicklung der Pennsylvania Railroad Tunnels mitgewirkt. Solchermaßen qualifiziert, kam er 1906 nach Argentinien und erhielt im Jahr darauf eine Beschäftigung bei der staatlichen Eisenbahngesellschaft Ferrocastilles del Estado. Die Planung einer Eisenbahnverbindung von Salta nach Antofagasta, deren vorrangigster Zweck der Transport von Salpeter aus dem Gebirge in die Hafenstadt Antofagasta war, sollte zu Maurys größtem Projekt werden.

Auf den Bahnhöfen bieten Einheimische den Zugreisenden Souvenirs, Getränke und Snacks zum Kauf an.

1921 begann der mühevolle und gefährliche Bau der 617 Kilometer langen Trasse, der insgesamt 27 Jahre in Anspruch nahm. Viele Tausend Arbeiter kämpften sich mit Schaufeln und Spitzhacken Kilometer für Kilometer gen Westen, und mit jedem weiteren Höhenmeter wurden Terrain und Klima lebensfeindlicher, die Luft dünner und die Arbeitsbedingungen entsprechend schwieriger. Angesichts dieser widrigen Umstände erscheint die Umsetzung des ehrgeizigen Streckenbauplans als ein noch größeres Bravourstück. Maury als verantwortlicher Ingenieur, dessen Grab sich in der kleinen Ortschaft Campo Quijano nur wenige Meter abseits „seiner" Ramal C14 befindet, wird noch heute für diese Leistung verehrt.

Damit der Zug ohne Zahnräder mit maximal 25 Promille Steigung über 3000 Höhenmeter überwinden kann, vollbrachte Maurys Mannschaft zahlreiche technische Meisterleistungen. Insgesamt ist die Strecke des Tren a las Nubes gesäumt von 21 Tunneln sowie 44 Brücken und Viadukten, wobei allein das La-Polvorilla-Viadukt mehr als 1600 Tonnen Stahl in Anspruch nahm. An zwei Stellen gibt es zusätzliche „Steighilfen" in Form einer Zick-Zack-Kehren, die auch beim Tren Crucero in Ecuador an der berühmt-berüchtigten Teufelsnase praktiziert werden: Der Zug bewegt sich vorwärts, hält an, Weichen werden gestellt, damit die Lok die Waggons nun in einer Diagonalen den Hang hinaufschieben kann. Erneut werden Weichen gestellt, und der Zug kann mit der nunmehr wieder ziehenden Lok seinen regulären Betrieb aufnehmen. Auf diese Weise werden über 50 Höhenmeter auf kürzester Distanz überwunden.

Den Wolken verdächtig nah kommt der
Tren a las Nubes. der „Zug in den Wolken".
in den Hochanden bei Salta. Argentinien.

Von Anfang an war die Ramal C14 in erster Linie dem Güterverkehr vorbehalten. Lediglich einmal die Woche pendelte ein Personenzug mit Schlaf- und Sitzwagen zwischen Salta und Antofagasta. Dieser Zug tat bis 1981 seinen Dienst, wurde dann jedoch aufgrund mangelnder Nachfrage eingestellt. Was blieb, war ein wöchentlich verkehrender Güterzug mit zusätzlicher Personenbeförderung zwischen Salta und Socompa. Interessanterweise kehrte sich das Nutzungsverhalten mit der Zeit um: Während viele Kupfer-, Gold- und Silberminen entlang der Ramal C14 eingestellt wurden und der Güter- und Linienbetrieb durch die Konkurrenz von Flugzeug, Auto und Lastwagen an Bedeutung verlor, gewann der Tren a las Nubes immer mehr Liebhaber auf Seiten der Touristen. Heute verkehrt der Zug über die Anden in den Monaten März bis November einmal in der Woche. Ansonsten wird die Strecke nur noch von einem wöchentlich im Einsatz befindlichen Gaszug und einigen unregelmäßig fahrenden Güterzügen genutzt.

ABENTEUER TREN A LAS NUBES

Die Reise mit dem Zug in die Wolken startet morgens um sieben Uhr in Salta. Die geschichtsträchtige Stadt – von ihren Einwohnern liebevoll als „la linda", die Schöne, bezeichnet – liegt im Nordwesten Argentiniens im Lerma-Tal auf rund 1200 Metern Höhe und ist umgeben von grünen Hügeln. 1582 von den Spaniern gegründet, erlebte die Stadt im 18. und 19. Jahrhundert eine wirtschaftliche Blüte als Handelszentrum. Die prachtvolle koloniale Architektur ist bis heute Ausdruck dieses historischen Erbes. Den Mittelpunkt von Salta bildet die Plaza 9 de Julio, die von imposanten Kolonialgebäuden gerahmt wird, allen voran die Cabildo, ein historisches Regierungsgebäude. Ebenfalls auf dem Platz befindet sich die in gelben und rosa Farben erstrahlende Kathedrale, die sich in ihrem Inneren als prächtiger Bau mit üppigen Vergoldungen erweist.

Aus dem grünen Salta kommend, führt der Zug zunächst durch das Valle de Lerma, das sich immer mehr verengt. Vorbei an kleinen Ortschaften wie Alvarado, Cerrillos, Rosario de Lerma und Campo Quijano, wo sich das Grab von Ricardo Fontaine Maury befindet, erreicht der Tren a las Nubes nach etwa einer Stunde Fahrzeit die rund 80 Kilometer lange Schlucht Quebrada del Toro. Die Gesteinsformationen in dieser Kette von Hochtälern bestechen in vielen Abschnitten durch ein ungewöhnlich vielfältiges Farbenspiel, das sich von den Sitzen des Zuges aus ganz komfortabel und bequem bewundern lässt.

Mit der Durchquerung der Quebrada del Toro verändert sich das Landschaftsbild dramatisch. Trug die Natur zu Beginn der Fahrt noch ein grünes Kleid, so treten die grünen Oasen mit jedem Kilometer, den sich der Zug vorwärts und aufwärts kämpft, zugunsten einer rauen und kargen Gebirgslandschaft zurück. Kilometerweit bezeugen nur hochragende Kakteen, dass in dieser Mondlandschaft Leben möglich ist.

Je höher sich der Zug mit einer Geschwindigkeit von maximal 35 Stundenkilometern um Kehren und Serpentinen schraubt, umso mehr ist der Schwindel, der einen auf den Abgründe überspannenden Brücken ergreift, der Höhenluft geschuldet. Wohl demjenigen, der sich vor der Fahrt einige Tage in den Hochanden akklimatisiert hat. Gänzlich Unvorbereitete werden – je nach gesundheitlicher Verfassung – nicht nur die Kurzatmigkeit der großen Höhe spüren, sondern auch mit Kreislaufproblemen und Kopfschmerz zu kämpfen haben. Vorsorglich gibt es deshalb im Zug eine Krankenstation. Zur Sicherheit wird der Zug zudem auf der parallel verlaufenden Gebirgsstraße von Geländewagen und einem Ambulanzfahrzeug begleitet.

An den weiteren Haltepunkten wie dem auf 3775 Höhenmetern gelegenen Dorf San Antonio de los Cobres finden sich vor Eintreffen des Zuges Einheimische aus der Umgebung ein. Sie, die vom Sterben der Minen betroffen sind und mit einer Arbeitslosenquote von rund 50 Prozent kämpfen, erhoffen sich durch den Verkauf von Textilien, kunsthandwerklichen Artikeln und Lebensmitteln einen zusätzlichen Umsatz. Viele von ihnen sind Nachfahren der indianischen Stämme der Omaguacas und Diaguitas, die viele Jahrhunderte vor der Entdeckung und Inbesitznahme des Kontinents durch Europäer in der Quebrada del Toro ihr Hauptsiedlungsgebiet hatten. Auch wenn Reiseanbieter versuchen, Touristen insbesondere zu den traditionellen Festen wie dem Erntedankfest in die abgeschiedene Region zu locken, steckt der Tourismus hier noch in den Kinderschuhen.

Der Tren a las Nubes setzt seine Fahrt durch die endlosen Weiten der argentinischen Hochwüste Puna fort. Kein Baum findet sich weit und breit, allein niedriges Gestrüpp und Gräser, die den robusten Lamas als Nahrung dienen, können sich bei den klimatischen und geologischen Bedingungen dauerhaft durchsetzen. Nur in wenigen Wochen des Jahres fällt überhaupt Niederschlag, nachts können die Temperaturen auf bis zu minus 20 Grad fallen.

Zwischen San Antonio de los Cobres und dem Endpunkt der Strecke liegen noch gut 40 Kilometer. Der Tren a las Nubes schraubt sich weiter empor, passiert mit der Mina Concordia eine stillgelegte Salpetermine und hält kurz darauf an. Hier wird die Lok abgekuppelt und an das hintere Ende angehängt, um den Zug nun seinem Endpunkt entgegenzuschieben, der – im tatsächlichen wie im übertragenen Wortsinn – den Höhepunkt der Strecke darstellt: das Viaducto la Polvorilla. Doch bevor der Tren a las Nubes das 67 Meter hohe und 224 Meter lange Meisterwerk der Ingenieurszunft befährt, müssen die Passagiere aussteigen, denn die Betreibergesellschaft möchte eine mögliche Wiederauflage des Desasters von 2005 unbedingt vermeiden. Die Reisenden haben Gelegenheit, das Viadukt eingehend zu begutachten und sich bei den einheimischen Händlern mit Souvenirs und Lebensmitteln einzudecken.

Vom Viadukt aus kehrt der Zug nach San Antonio de los Cobres auf 3774 Metern Höhe zurück, wo nach einem kurzen Halt die Rückfahrt nach Salta beginnt. Gegen 22 Uhr fährt der Tren a las Nubes wieder in den Bahnhof General Belgrano ein und entlässt seine von den vielen Sinneseindrücken gründlich erschöpften Mitreisenden in die Nacht.

Das 64 Meter aufragende Viaducto la Polvorilla ist für schwindelanfällige Passagiere des Tren a las Nubes keine Bewährungsprobe mehr, denn aus Sicherheitsgründen befährt der Zug heutzutage das Viadukt ohne Reisende und tritt von hier seinen Rückweg an.

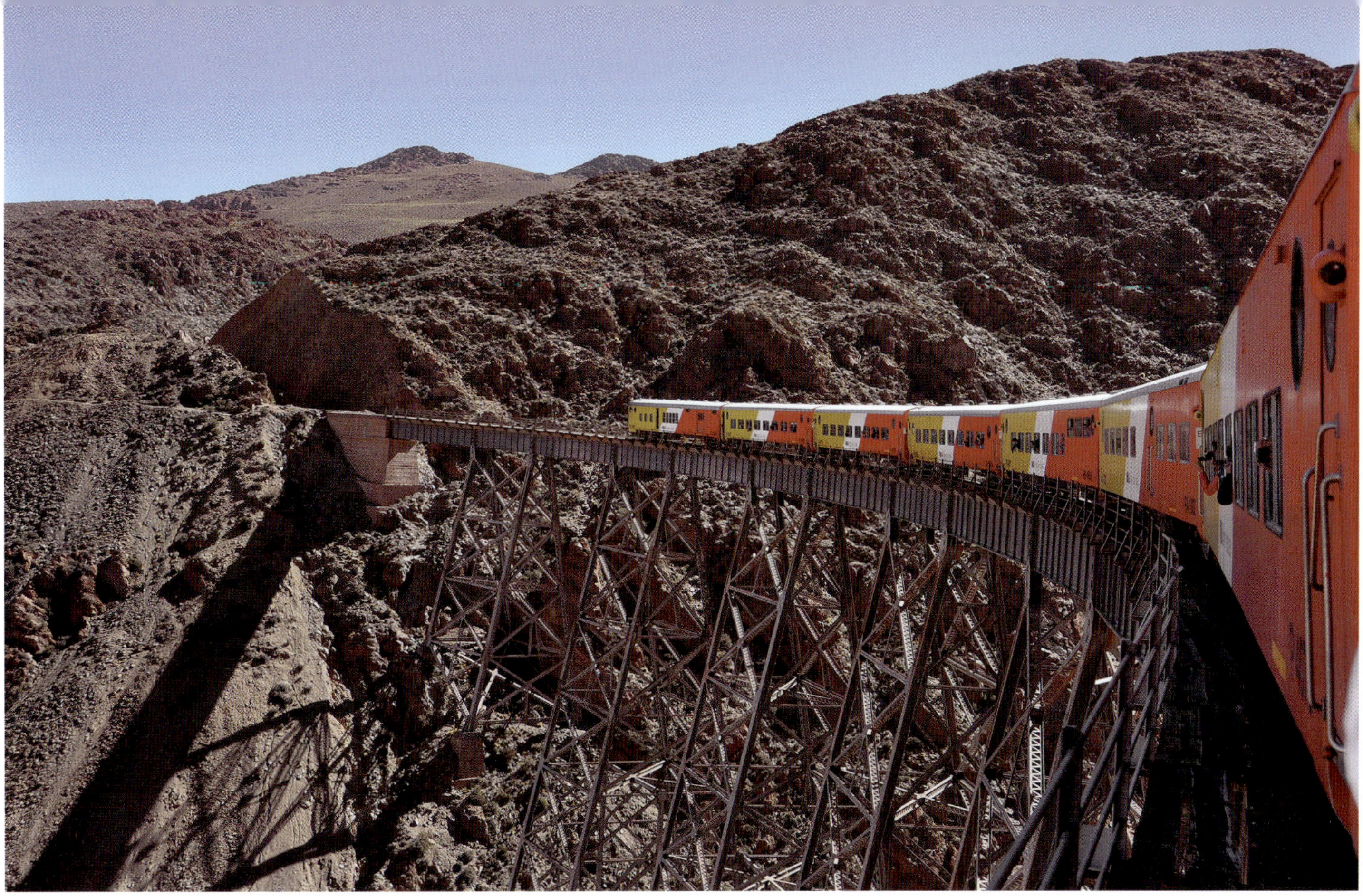

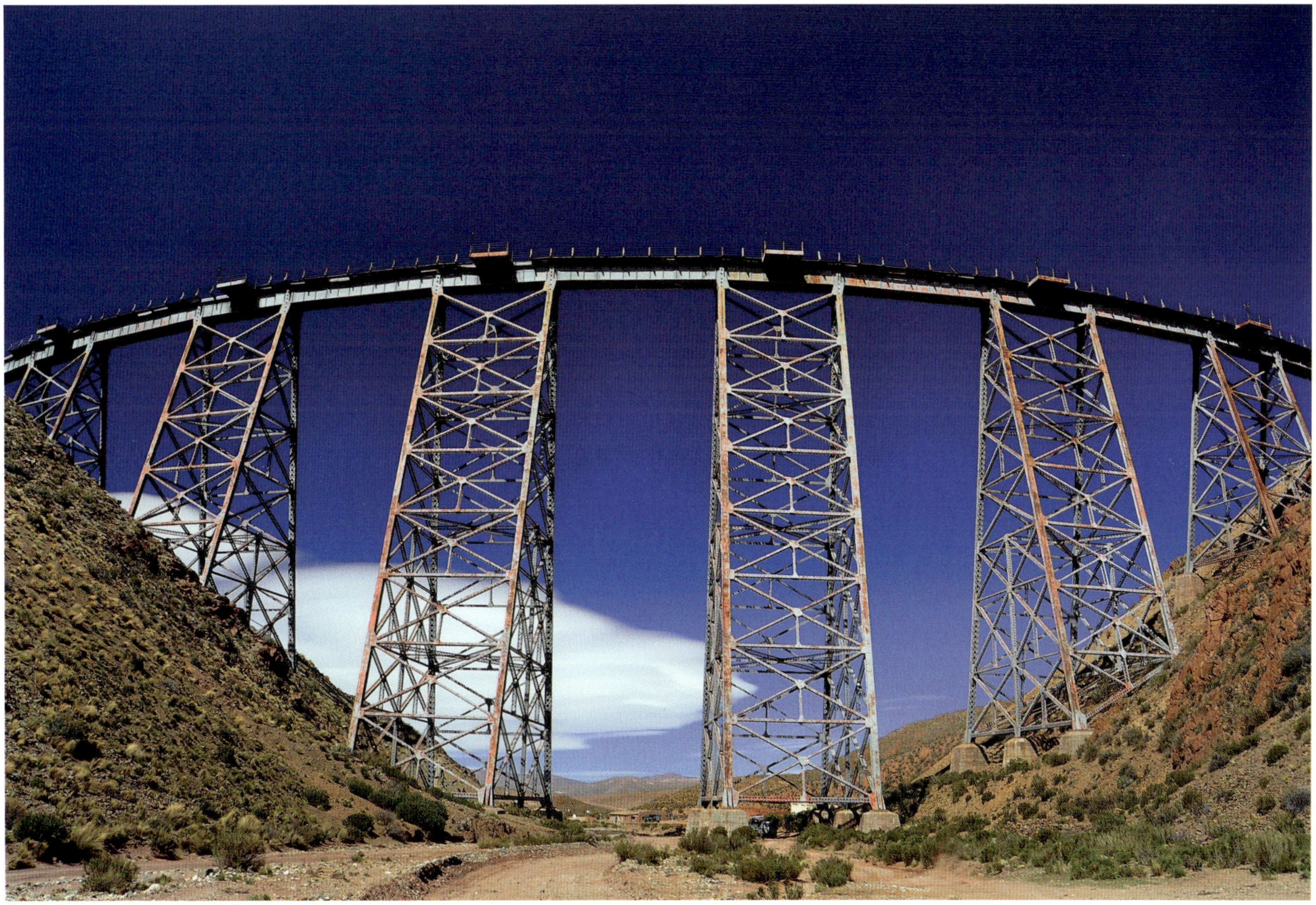

REGISTER

Die *kursiven* Seitenzahlen verweisen auf die Abbildungen

BILDNACHWEIS

© Belmond Ltd.
Seite 12 (Matt Hind), 15 (Matt Hind), 18 o.l. (Matt Hind), 18 o.r., 18 u.r. (Matt Hind), 19 o.l., 254–255 (Mark Hind)

© El Transcantábrico
Seite 163, 165, 166–167, 168, 170, 171

Fotolia.com
Seite 32 (© Dieter Hawlan), 66 (© Frank Wagner), 74, (© mlehmann78), 93 (© ClaraNila), 100 (© Ludmila Smite), 140 (© gaelj), 147 (© Aménothes), 155 (© liquid studios), 158 (© trofotode-sign), 159 (© liquid studios), 161 (© arenaphotouk), 162 (United Archives), 169 (© Sergio Martínez), 200 (© Brian Kinney), 201 l. (© gurgenb), 256 (© fazon), 285 (© mozZz), 298 (© Mirma)

Interfoto, München
Seite 128 (Granger, NYC), 134–135 (Sammlung Rauch)

© Majestic Train de Luxe GmbH
Seite 110, 111, 114, 118 o.l., 118 o.r., 118 u.l., 119 o.l., 119 o.r., 119 u.l., 119 u.r., 120

mauritius images, Mittenwald
Seite 6 (alamy), 19 o.r. (alamy), 19 u.l. (alamy), 19 u.r. (alamy), 20 (alamy), 29 (imageBROKER/Martin Siepmann), 35 (imageBROKER/Ernst-Georg Kohout), 42 (imageBROKER/Christian Handl), 44 (alamy), 45 (alamy), 47 (Robert Harding), 48 (age), 51 (alamy), 52–53 (alamy), 56 (alamy), 58 (alamy), 59 (alamy), 68–69 (alamy), 71 (alamy), 73 (Udo Siebig), 80–81 (imageBROKER/Christian Vorhofer), 83 l. (alamy), 85 (imageBROKER/Günter Lenz), 86 (alamy), 88–89 (Photononstop), 91 (alamy), 92 (alamy), 104 l. (alamy), 104 r. (Helmut Peters), 106 (imageBROKER/Günter Lenz), 107 (alamy), 122 l. (alamy), 130–131 (imageBROKER/Martin Siepmann), 136 (Photononstop), 137 (alamy), 138 (alamy), 142–143 (alamy), 146 (alamy), 149 (alamy), 154 (Axiom Photografic), 172 (alamy), 174 (age), 177 (Robert Harding), 192 (alamy), 193 (alamy), 194 (alamy), 196 (Flirt), 197 (alamy), 198 o. (alamy), 198 u. (alamy), 201 r. (alamy), 203 (alamy), 205 (alamy), 207 (Minden Pictures), 208 (age), 210 (SuperStock), 211 (alamy), 212–213 (Jose Fuste Raga), 214–215 (imageBROKER/Manfred Bail), 216 (age), 217 (John Warburton-Lee), 220 (imageBROKER/Stefan Auth), 221 (alamy), 222 (alamy), 222–223 (alamy), 224–225 (alamy), 227 (alamy), 228 (alamy), 234 o. (alamy), 234 u.l. (alamy), 234 u.r. (alamy), 325 o. (John Warburton-Lee), 235 Mitte (alamy), 235 u.r. (alamy), 236 r. (alamy), 238 (imageBROKER / Andrey Nekrasov), 243 o. (age), 243 u. (John Warburton-Lee), 244 (imageBROKER/Josef Beck), 245 (imageBROKER/Josef Beck), 246 (age), 248 (alamy), 250 o.l. (age), 250 o. Mitte (alamy), 250 o.r. (age), 250 u. (alamy), 251 l. Mitte (age), 251 o. l. (age), 251 o. r. (age), 251 u. (John Warburton-Lee), 252 (Robert Harding), 261 (alamy), 262 (alamy), 263 r. (alamy), 264 (imageBROKER/Karlheinz Irlmeier), 266 u. (imageBROKER/Josef Beck), 267 (alamy), 268 (imageBROKER/Manfred Bail), 268 (alamy), 273 o.l. (alamy), 273 o.r. (alamy), 273 l. Mitte (alamy), 273 u.l. (alamy), 275 (Frank Lukasseck), 276 (imageBROKER/Oleksiy Maksymenko), 280 (Robert Harding), 282–283 (alamy), 284 (alamy), 287 (alamy), 290–291 (alamy), 293 (alamy), 294 (alamy), 295 (alamy), 296 (alamy), 299 (alamy), 300 (alamy), 301 (alamy), 303 (United Archives), 309 (imageBROKER/Harald von Radebrecht), 310 (imageBROKER/Harald von Radebrecht), 311 (imageBROKER/Fabian von Poser), 312 (imageBROKER/Harald von Radebrecht), 315 o. (imageBROKER/Harald von Radebrecht), 315 u. (imageBROKER/Harald von Radebrecht), 319 (alamy)

picture-alliance, Frankfurt am Main
Vorsalz 2 (© dpa), Seite 9 (akg-images), 13 (© dpa), 16–17 (© World Pictures/Photoshot), 18 u.l. (© dpa), 22 (Lee Frost/Robert Harding), 34 (IMAGNO/Archiv Dr. Samsinger), 37 (IMAGNO/Alliance for Nature/Schuhboeck), 41 (IMAGNO/Alliance for Nature/Schuhboeck), 43 (IMAGNO/Archiv Dr. Samsinger), 54 (Bildagentur-online/TIPS-Images), 62 (akg-images), 63 (© dpa), 64 o. (akg-images), 64 u. (akg-images), 74 (chromorange), 76 (The Advertising Archives), 78 (Mary Evans Picture Library), 79 (Robert Harding Productions), 96 (KEYSTONE), 98 (© dpa), 112 (Heritage Images), 117 (Heritage Images), 122 r. (Rainer Hackenberg), 124 (Godong), 132 (akg-images), 141 (Arco Images GmbH), 145 (akg-images), 148 (blickwinkel/K. Thomas), 153 (United Archives/WHA), 178–179 (WILDLIFE), 187 (Mary Evans Picture Library), 202 (AAPIMAGES), 206 (AAP), 218 (CPA Media Co. Ltd.), 230 (akg-images), 233 (© dpa), 234 u. Mitte (Arco Imags GmbH), 235 u.l. (© dpa-Report), 236 l. (© dpa-Report), 240–241 (© dpa), 249 (ASSOCIATED PRESS), 263 l. (© dpa-Report), 272 (AP Images), 278–279 (© dpa), 281 (© dpa), 304 (AP Photo)

© Rovos Rail, South Africa
Seite 180 (alle), 181, 182, 184 (alle), 186 l., 186 r., 188, 189

shutterstock.com
Seite 24–25 (© Dave Head), 27 (© Shaiith), 28 (© fritz16), 39 (© fritz16), 83 r. (© Fulcanelli), 102–103 (© Marc van Vuren), 190–191 (© Pierpaolo Romano), 288–289 (© BGSmith), 306 (© Elena Mirage)

© Tren Al Andalus
Seute 157 o.l., 157 o.r., 157 Mitte, 157 u.l., 157 u.r., 160

Wikimedia
Seite 126, 133

Karten © Kartographie Huber, München
Seite: 14, 30, 46, 61, 77, 95, 113, 127, 139, 151, 164, 183, 195, 204, 219, 231, 247, 260, 270, 286, 297, 308

Bildinformationen zu den Aufmacherseiten: Seite 10–11: Der Bernina-Express auf Talfahrt; Seite 178–179: Der Pride of Africa an der Bahnstation Mareetsane (Südafrika); Seite 214–215: Der Bahnhof von Lhase (Tibet); Seite 282–283: The Canadien